RAT - Remscheider Arbeitshilfen und Texte

Akademie Remscheid (Hrsg.):
Konzept Kreativität in der Kulturpädagogik

1,50

Die Akademie Remscheid:

Das bundeszentrale Fortbildungsinstitut für kulturelle Jugendbildung, gegründet 1958. Fortbildungsangebote in den Bereichen Kulturarbeit und Kulturpädagogik, Musik, Tanz, Rhythmik, Spiel, Theater, Literatur, Bildende Kunst und Fotografie, Medien, Sozialpsychologie und Beratung. Die Akademie wird gefördert durch das Bundesministerium für Jugend, Familie, Frauen und Gesundheit sowie durch das Ministerium für Arbeit, Gesundheit und Soziales des Landes Nordrhein-Westfalen.

Direktor: Dr. Max Fuchs

Anschrift: Küppelstein 34, 5630 Remscheid. Tel.: 02191/794-1

RAT - Remscheider Arbeitshilfen und Texte:

In dieser Buchreihe veröffentlichen Dozenten und Fortbildungsteilnehmer der Akademie Remscheid ihre Methoden und Konzepte für eine neue, phantasievolle Praxis der Jugend-, Sozial- und Kulturarbeit.

Die "RAT - Remscheider Arbeitshilfen und Texte" werden herausgegeben von Ulrich Baer in Zusammenarbeit mit der Akademie Remscheid.

Die weiteren Titel dieser Reihe finden Sie hinten im Buch aufgelistet.

Akademie Remscheid (Hrsg.)

Konzept Kreativität in der Kulturpädagogik

Grundlagen - Theorie - Praxis

Akademie Remscheid

RAT - Remscheider Arbeitshilfen und Texte

RAT - Remscheider Arbeitshilfen und Texte

Herausgegeben von Ulrich Baer
in Zusammenarbeit mit der Akademie Remscheid

Bezug:

Robin-Hood-Versand
Große Brinkgasse 7, 5000 Köln 1
(ab Sommer 1989: Küppelstein 36, 5630 Remscheid)

Akademie Remscheid
Küppelstein 34, 5630 Remscheid

Originalausgabe

ISBN 3-923128-01-0

Inhalt

Tanz

Rhythmik

Spiel

Theater

Bildende Kunst

Medien

Medien

Sozialpsychologie und Beratung

Vorwort

Am 20. September 1958 wurde die "Musische Bildungsstätte Remscheid" eröffnet. Dies bedeutet, daß das Haus, seit 1968 "Akademie Remscheid für musische Bildung und Medienerziehung", im Jahre 1988 dreißig Jahre alt geworden ist.

Vorstand und Dozenten haben beschlossen, aus diesem Anlaß keine übliche Jubiläumsfeier zu veranstalten, sondern eine Fachtagung zu einem Thema durchzuführen, welches für die Arbeit dieser in der Bundesrepublik Deutschland immer noch einzigartigen Einrichtung von Bedeutung ist.

In der dreißigjährigen Geschichte der Akademie Remscheid finden sich einige Begriffe, die für alle hier vertretenen Fachgebiete über viele Jahre hinweg eine zentrale Rolle spielen: Die "Gruppe" gehört zu diesen ebenso wie "Wahrnehmung" oder "Kommunikation". Und doch haben wir uns für "Kreativität" entschieden, wohl wissend, daß dieser Begriff inzwischen auch in anderen Bereichen, etwa in der Wirtschaft oder der Werbung, stärker genutzt zu werden scheint als in der kulturellen Jugendbildung.

Die Akademie Remscheid hat sich die Aufgabe gestellt, Kreativität für die kulturelle Jugendbildung als zentrale Kategorie zu reklamieren, und das Dozententeam realisierte diese Aufgabe, indem es untersuchte, auf welche Weise und auf welches Ziel hin Kreativität in den einzelnen Fachbereichen gefördert werden soll und welche methodischen Aspekte dabei eine Rolle spielen oder zu beachten sind.

In diesem Reflexions- und Diskussionsprozeß sind z.T. sehr unterschiedliche Ergebnisse zustande gekommen, die hiermit vorgelegt werden. Das Spektrum reicht von detaillierten Darstellungen konkreter pädagogischer Situationen bis hin zu weitergehenden und allgemeinen anthropologischen Überlegungen.

Dieses Spektrum erweitert sich außerdem noch dadurch, daß jedem der Aufsätze zur Rolle der Kreativität und den Möglichkeiten ihrer Förderung in den einzelnen Fachbereichen ein z.T. auch kontroverses Korreferat und meist auch ein Bericht aus der Praxis zugeordnet sind.

Die einzelnen Beiträge wurden zwar als Folge eines längeren gemeinschaftlichen Prozesses verfaßt; jedoch wurde nicht eine einheitliche oder gar verbindliche Definition von "Kreativität" angestrebt. Der Leser wird die Verschiedenheit einzelner Bewertungen bereits in den beiden allgemeinen Aufsätzen feststellen.

Bei aller Unterschiedlichkeit in den Auffassungen scheint mir jedoch eine grundlegende Überzeugung verbindlich: In unserer kulturellen Bildungsarbeit haben wir es nicht mit einem wertneutralen, sich instrumentell verstehenden Kreatitivätsbegriff zu tun. Kreativität als "Verfaßtheit" oder "Disposition", die lediglich Neues anvisiert, ohne zu gewichten, ohne zu fragen, welchen Beitrag dieses Neue zur Verbesserung unserer Lebensqualität leistet: dies wäre kein Thema von Jugendkulturarbeit.

Natürlich müssen wir als bundeszentrale Fortbildungseinrichtung, die von Teilnehmern aus ganz unterschiedlichen Trägerstrukturen besucht wird, offen bleiben in Bezug auf die Art und Weise, wie wir die Ziele und die unserer Arbeit zugrundeliegenden Werte begründen, welche unseren engagierten Kulturbegriff ausmachen. Wir respektieren auf diese Weise die ganz unterschiedlichen (auch weltanschaulichen) Motive, die unsere Teilnehmer und die uns selbst zu ihrem und unserem beruflichen oder ehrenamtlichen Engagement für die sozialen und kulturellen Interessen der Jugendlichen bewegen. Natürlich gibt es hier auch immer unterschiedliche Meinungen darüber, was "Verbesserung unserer Lebensumstände" heißen kann und heißen sollte. Doch schon allein die Frage offen zu halten und sich das Recht zu nehmen, sie zu stellen und zu diskutieren: dies alleine schon hilft uns, vorschneller Einvernahme entgehen zu können; hilft unserer kulturellen Bildungsarbeit gegen ungewollte Funktionalisierung.

Die beiden allgemeinen Referate von Max Fuchs und Hubert Kirchgäßner arbeiten diesen Gedanken auf ganz unterschiedliche Weise und auf der Grundlage verschiedener theoretischer und sicher auch biografischer Voraussetzungen- heraus. Sie geben damit den Rahmen vor, in welchem sich die methodisch orientierten Fachbeiträge bewegen.

Höhepunkt und zugleich vorläufiger Abschluß dieses Prozesses war die Fachtagung "Konzept Kreativität", die vom 23. bis zum 25. September 1988 in der Akademie Remscheid stattgefunden hat. Einzelne Ergebnisse dieser Tagung sind im vorliegendem Buch ebenfalls dokumentiert.

Als Vorsitzender des Trägervereins der Akademie Remscheid begrüße und unterstütze ich es, das dreißigjährige Jubiläum unseres Hauses in dieser Form zu begehen. Sie ist eine gelungene Mischung von reflektierendem Rückblick zusammen mit einem problembewußten Blick auf zukünftige Perspektiven.

Die Akademie Remscheid mußte in ihrer Vergangenheit ein großes Maß an Kreativität immer wieder neu entfalten, um aus Ideen, Denkschriften und Vorschlägen ihre heutige lebendige Gestalt entstehen zu lassen.

Ich bin sicher, sie wird auch zukünftig ihren Beitrag zu einer qualifizierten Bildungsarbeit nicht zuletzt aus dieser kreativen Disposition heraus leisten.

Im Namen des Vorstandes der Akademie Remscheid danke ich der Leitung der Akademie und allen Autoren dieses Buches für sein Zustandekommen.

Wolfgang Breuer
Professor für Musikpädagogik/auditive Kommunikation;
1. Vorsitzender des Trägervereins der Akademie Remscheid

Kulturelle Bildung

Kreativität - Ein brauchbares Konzept für die kulturelle Jugendbildung?

Statement zur Kreativität

Max Fuchs
Dr. phil., Direktor der Akademie Remscheid

Von den verschiedenen Dimensionen der Kreativität

Hubert Kirchgäßner
Bildender Künstler, ehemaliger Studienleiter und Dozent für Bildnerisches Gestalten an der Akademie Remscheid

"30 Jahre Akademie Remscheid" Brainstorming zum Tagungsthema Kreativität

Heinz Schlage
Professor für Theater an der Hochschule für Musik und Theater Hannover

Kreativität

Ein brauchbares Konzept für die kulturelle Jugendbildung?

Max Fuchs

Problemstellung

Man kann es bedauern - ändern kann man es nicht: daß manche neue Wörter sehr schnell in vielen verschiedenen Bereichen angewandt ("vermarktet") werden und schließlich völlig sinnentleert für einen seriösen Gebrauch kaum noch zu verwenden sind. Die sehr verschiedenen Verwendungsweisen und -zusammenhänge von "Kreativität" zeigen, daß dies auch das Schicksal dieses Wortes war. Hubert Kirchgäßner skizziert in seinem Beitrag die Vielfalt und auch die Beliebigkeit der Anwendungen: Psychologie und Pädagogik, aber auch Marketing, Rüstung und Politik.

Und doch scheint bei all diesen Verwendungsweisen ein Bedeutungsgehalt durch, der für kulturelle Bildung relevant ist: stets zielt "Kreativität"[1)] auf neues Denken, Fühlen oder Handeln.

Man meint dabei zwar neue Verhaltens- und Wahrnehmungsweisen des Individuums, verbindet jedoch oft implizit oder explizit überindividuelle, z.T. sogar gesamtgesellschaftliche Ziele und Strategien. Dies macht "Kreativität" in einer ersten Annäherung in dieser Lokalisierung im Überlappungsbereich von Individuum und Gesellschaft (auch) zu einem sozialpsychologischen Konzept. Damit reiht sich dieser Begriff ein in eine Denkweise, die für uns plausibel und sogar selbstverständlich ist in einer Weise, daß man sehr leicht übersieht, wie eng ein solches Denken mit der spezifischen Form unseres gesellschaftlichen Lebens verbunden ist. Eine gute Methode, solche scheinbaren Selbstverständlichkeiten zu durchbrechen, ist ein Blick in die Geschichte.

Gesellschaftliche Voraussetzungen, Neues zu denken - historische Anmerkungen.

Bei der heutigen Hektik und dem Zwang, ständig Neues anbieten zu müssen, kann man sich kaum noch vorstellen, daß es über sehr lange Zeiträume in unserer Geschichte verpönt, ja geradezu verboten war, Herkömmliches zu verändern.

Die mittelalterliche Produktion, die Organisation des Handwerkers in Zünften, basierte auf der strikten Vermeidung jeder produktionstechnischen Veränderung. Nur so sah man gewährleistet, daß sich bei den begrenzten Absatzmärkten die Zunftmitglieder nicht ihre Existenz vernichteten. Immerhin ist es über eine recht lange Zeit mit solchen Regelungen gelungen, zumindest in gesellschaftlichen Teilbereichen Entwicklung zu verhindern.[2)]

Mit diesem historischen Hinweis ist eine zentrale Verbindung zwischen Individuum und Gesellschaftsstruktur aufgezeigt: Individueller Erfindungsreichtum, Innovation im Denken und Handeln ist sehr eng verbunden mit Vorstellungen über den "richtigen" Zustand der Gesellschaft. Der Beginn der Neuzeit bahnt sich daher nicht von ungefähr mit "utopischen" Entwürfen über ganz neue, ganz andere Formen des gesellschaftlichen Lebens an: Campanellas "Sonnenstaat", Bacons "Atlantis", Thomas Morus' "Utopia" sind einige Entwürfe.[3)]

Sie sprengen die mittelalterliche Denkweise des Bewahrens und bloßen Überlieferns. Mit der Ausweitung des Handelsraumes durch die Reisen der Händler und "Entdecker" öffnet sich auch die Denkweise: Das Bürgertum erringt die ökonomische Hegemonie, es erringt die ideologisch-geistige und kulturelle Hegemonie.

Seit der Renaissance finden daher vor allem solche Verfahren größtes Interesse, von denen man annimmt, daß sie Neues zu produzieren imstande sind. Die jüdische Kabbala - Hubert Kirchgäßner weist darauf hin - ist etwa Ursprung für eine sehr interessante und trotz ihrer zum Teil scharlatanaresken Anwendungen (etwa bei Raimondo Lullus) Ausgangspunkt für letztlich sehr produktive Versuche, neue Erkenntnis methodisch zu produzieren. Überhaupt verhilft dieses Motiv, neue Erkenntnisse nicht nur abhängig zu machen von dem Augenblick und der Zufälligkeit des Einfalls, der Thematisierung von "Methode" zu einer enormen Konjunktur. Gesucht ist die universelle Methode, die alles Wissen zu finden erlaubt, die zugleich alles Wissen[4)] an alle zu vermitteln gestattet.

Man will eine Methodisierung des Schöpferischen, und man will seine Demokratisierung. Der Aufstieg des Bürgertums ist von Anfang an begleitet von einer Forschungseuphorie und -offensive und zugleich von einer pädagogischen Offensive. Es liegt auf der Hand, daß man sich mit dieser Auffassung, die etwa in der Überzeugung, daß menschliches Wissen zwar an Umfang dem göttlichen Wissen unterlegen, an Qualität jedoch ebenbürtig ist, ihren Ausdruck findet, mächtige Feinde schafft. Der politische Streit um die Macht hat als einen wichtigen Austragungsort daher den Streit um das Bildungsmonopol.

Ein zentraler Schlüsselbegriff für die neue Form des Denkens, des Produzierens, der politischen und sozialen Ordnung ist der des Fortschritts. Neues zu entwickeln oder zu entdecken, das die "Beförderung des Menschengeschlechts"[5)] bewirkt, das die in den genannten Utopien antizipierten, geradezu paradiesischen Zustände herbeiführt: dies ist das Leitmotiv der beginnenden Neuzeit. Seinen elaboriertesten und reflektiertesten Ausdruck findet dies in der geistesgeschichtlichen Epoche der Aufklärung. Die Denker der Aufklärung haben alle starke pädagogische Ambitionen. Die typische Denkfigur des Aufklärungsdenkens ist, gesellschaftliche Zustände durch eine verbesserte Bildung und Ausbildung, durch vergrößertes Wissen und entsprechende Einstellungen und Werthaltungen zu verändern: Gesellschaftlicher Fortschritt durch eine durch pädagogische Maßnahmen zu bewirkende Bildung der Individuen.[6)]

Die "Dialektik der Aufklärung"[7)] ist hinreichend beschrieben. Die Illusionen und Hoffnungen in die neue Gesellschaftsordnung haben sich zum einen nicht so rasch und zum andern nicht in der gewünschten Form realisiert.

Man wird die Erfolgsaussichten pädagogischer Intervention heute bescheidener beurteilen als in dieser heroischen Etappe im Streit der gesellschaftlichen Gruppen um die Hegemonie. Für uns bleibt jedoch weiter bedenkens- und bemerkenswert die Deutlichkeit, mit der der Zusammenhang von Menschenbild, Erziehung und gesellschaftlicher Situation aufgezeigt wurde. Ich will nicht die Sympathie verhehlen, die ich für die zentrale aufklärerische Leitfigur empfinde: Prometheus, der den Zorn der Götter riskiert, als er den Menschen das Feuer brachte. Es gilt m.E. entgegen allem Kulturpessimismus immer noch die Aussage: "Auf Prometheus ist nicht zu verzichten!" Die Frage ist nur, in welcher Form eine solche wagemutige "Kreativität" als Konzept, das auf Neues, Entwicklung und Fortschritt orientiert, für uns noch brauchbar ist.

Um dies zu beurteilen, wird man eine Präzisierung der anthropologischen Grundlagen vornehmen müssen.

Kreativität und Menschenbild

Jede Verwendungsweise des Begriffs "Kreativität" unterstellt die prinzipielle Möglichkeit des Menschen, Neues zu denken und zu entwickeln und auch, anders zu handeln als bisher. Damit geht dieses Konzept auch in Verwendungszusammenhängen, die man aus der Sicht der kulturellen Bildung kritisch wird betrachten müssen, von der Entwicklungsfähigkeit des Menschen aus. Ich werte dies zunächst einmal positiv, da es übereinstimmt mit einer Vorstellung vom Menschen, die diesen als produktives und entwicklungsorientiertes Wesen begreift.

Die Entwicklung des Menschen[8)] war verbunden und konnte auch nur so stattfinden mit einer zunehmenden Herrschaft über die Natur, mit wachsenden Kenntnissen der Naturgesetze, mit wachsenden Bedürfnissen zur Gestaltung seiner Lebensbedingungen und mit wachsenden Fähigkeiten, diese Gestaltungsbedürfnisse zu befriedigen. Als Gattungswesen ist der Mensch wesentlich ein handelndes, ein gestaltendes Wesen. M.E. läßt sich aus dieser historischen Tatsache als zentrales Ziel menschlicher Entwicklung die (gemeinschaftliche) Beherrschung[9)] seiner Lebensbedingungen ableiten. Dies weitergedacht ergeben sich eine

Vielzahl von Handlungsanforderungen und auch von Kriterien zur Beurteilung der Lebensumstände, da das Ausmaß der Beherrschung der Lebensumstände dann als Indikator für den Grad ihrer "Humanität" gelten kann.

Was bedeutet diese anthropologische Skizze für das Problem mit der Kreativität? In unserer äußerst komplexen Gesellschaft steckt jeder Mensch in einer Vielzahl von Handlungsvollzügen. Ständig muß er Veränderungen seiner Umwelt verarbeiten, muß sich auf neue Situationen einstellen, Entscheidungen treffen, sich Ziele setzen und diese verfolgen. Für all dieses Handlungsaufforderungen gibt es keine ein für alle mal zu lernenden stereotypen Handlungsmuster, so daß man von der Notwendigkeit einer alltäglichen Kreativität ausgehen muß, ohne die auch ohne spektakuläre Großtaten das Leben nicht angemessen - und das heißt: "human" im oben verstandenen Sinn - bewältigt werden kann.

Kreativität zunächst einmal als eine alltägliche, im üblichen Lebensvollzug notwendige Eigenschaft der Lebensbewältigung zu verstehen, verschiebt das hier zu diskutierende Problem von der Ebene der großen Genies und Erfinder in unseren Alltag.[10)]

Wir finden die Notwendigkeit, kreativ zu handeln, natürlich in der künstlerischen Betätigung, wir finden sie jedoch auch bei Fragen der Organisation, Verwaltung und Finanzierung, und wir finden sie dann, wenn Gelerntes in die eigene Praxis umgesetzt werden muß. Wir finden sie als Clevernes geschickter Vertreter und Händler, bei Steuerspekulanten und natürlich in der Wissenschaft. Es stellt sich also nicht mehr die Frage, ob Kreativität relevant ist für uns, oder ob sie es nicht ist; die Frage kann nur lauten: in welchen Bereichen, in welcher Form, mit welcher Zielrichtung? Ist dies befriedigend beantwortet, kann man überlegen, wie man pädagogisch unterstützend damit umzugehen hat.

Kulturelle Bildung

Mit diesen Überlegungen zur alltäglichen Präsenz von Kreativität gerät diese leicht zu einer inhaltsneutralen, bloß formalen Ausrichtung der Persönlichkeit. Die Förderung einer solchen "Sekundärtugend" ist meines Erachtens nicht primäres Anliegen der kulturellen Bildung. Um dies zu erläutern, ist jedoch eine (kurze) Arbeit am Begriff der kulturellen Bildung nötig. Bei der Bestimmung des Humanen habe ich mich wesentlich auf den (m.E. entscheidenden) Aspekt des eingreifenden Handelns zum Zwecke der Beherrschung der Lebensbedingungen bezogen. An diese Ausprägung der Lebensumstände, nämlich weitestgehend unter Kontrolle und Verfügungsmacht der Menschen zu sein, binde ich die Bestimmung des Kulturbegriffs: Ich verstehe unter "Kultur" eine "menschenwürdige", humane Lebensweise im obigen Verständnis von "human".

"Bildung" bei diesem anthropologischen Grundverständnis bezieht sich auf eine bewußte Beziehung zu sich, zu seiner eigenen und gesellschaftlichen Geschichte und zur Umwelt.[11)]

"Gebildet" ist also weniger der bloß nachdenkende, über vielfältiges Wissen verfügende und kontemplative Mensch: "gebildet" ist vielmehr der aktiv eingreifende, sich reflexiv mit sich und seiner Umwelt auseinandersetzende Mensch.

"Bildung" ist daher eine spezifische Ausrichtung der dialektischen Beziehung zwischen Individuum und gesellschaftlicher und natürlicher Umwelt.

Das Attribut "kulturell" unterstreicht diese Ausrichtung: es orientiert den kulturell gebildeten Menschen auf das Ziel, sich zum Subjekt seiner Verhältnisse zu machen. Bei dieser Bestimmung von "kultureller Bildung" wird zunächst kein Bezug zu den Künsten und zu künstlerischer Praxis vorgenommen.

Nachdem jedoch das Wort "kulturelle Bildung" wie oben skizziert mit Inhalt gefüllt ist, kann sich künstlerische Praxis hierauf beziehen: Kunst und künstlerische Praxis als Form der Aneignung der Welt, als Verarbeitung der und Auseinandersetzung mit der Umwelt, als expressives Ausdrucksmittel und als Möglichkeit zur Vergegenständlichung auch von rational zunächst nicht faßbaren Erfahrungen, und schließlich als Möglichkeit zur Antizipation, zur Formulierung von Utopien und Perspektiven.

Insofern all dies eng verbunden ist mit der Frage nach dem Sinn des Lebens, wird Kunst und künstlerische Praxis zur sinnvollen - wenn auch nicht notwendig unmittelbar zweckhaften - Ausdrucks- und Handlungsform des Menschen.

Kulturelle Bildung und Kreativität

Derart begrifflich gerüstet, können wir uns nun an unsere zentrale Fragestellung heranwagen. Die negativen Folgen einer unkontrollierten Anwendung technisch-naturwissenschaftlicher Ergebnisse haben heute den Fortschrittsbegriff generell in Verruf gebracht. Kaum jemand würde heute noch den Optimismus der Aufklärer in eine automatische und lineare Entwicklung der Gesellschaft zum Besseren teilen. Damit ist zugleich die Bedeutung des "Neuen" in Frage gestellt. Tatsächlich wird man alleine die Tatsache, daß etwas "neu" ist, heute nicht mehr als positives Werturteil gelten lassen. Die Fülle und Überfülle unseres Warenangebotes, die Anstrengungen der Werbung, diese Waren zum Verkauf zu bringen: all dies zieht zunehmend Skepsis auf sich.

Eine Kreativität, die sich also bloß auf Neues kapriziert, ist sicherlich nicht das, was wir heute brauchen.

Wir benötigen vielmehr eine kritische Sichtung, die Vorhandenes und Neues an Werten mißt. Forderungen wie die nach einer "sozialen Nutzung des technischen Fortschritts" oder Programme wie das nordrheinwestfälische Vorhaben einer "sozialverträglichen Technikgestaltung" deuten, sofern sie ernstgenommen werden, in diese Richtung. Obwohl in dieser allgemeinen Form nicht operationalisierbar und anwendbar ist der m.E. entscheidende Maßstab die Frage, inwieweit Neuerungen Ausgeliefertsein abbauen, Einflußnahme und Gestaltung ermöglichen, Perspektiven eröffnen, Erkenntnisse über die eigene Situation in der Gesellschaft vermitteln, das Netz der Beziehungen zur Umwelt verstärken und vergrößern. [12)]

Das Neue kann so gesehen eindeutig negativ gewertet werden, wenn es sich um neue Verfahren der Unterdrückung, der Ausbeutung, der Fremdkontrolle, der Militarisierung, des Betruges handelt. Diese moralische Sichtweise gilt natürlich in den schicksalhaften Fragen wissenschaftlicher Forschung - und wurde auf verschiedene Weise von Dürrenmatt in den "Physikern", von Brecht in seinem "Galilei" oder von Weiß in "Oppenheimer" eindrucksvoll gestaltet. Brechts "erfindungsreiche Zwerge", also hoch-, aber einseitig qualifizierte Technokraten, die äußerst kreativ neue Verfahren der Menschheitszerstörung austüfteln, die ihre kreativen Potenzen meistbietend verkaufen: diese Persönlichkeitsformen können nicht Entwicklungsziel kultureller Bildungsprozesse sein. Aber nicht nur in diesen großen Fragen: auch bei der alltäglichen Kreativität ist zu fragen, wofür und mit welcher Zielrichtung kreatives Verhalten gebraucht wird.

Daraus folgt, daß Pädagogik, die sich verantwortungsvoll um die Förderung von Kreativität bemüht, stets mehr sein muß als die Einübung methodischer Tricks und Verfahren, Neues zu generieren. Wird dies bedacht, dann eröffnet gerade die reflexive Auseinandersetzung mit solchen Fragen wie:

- Wem wird die Möglichkeit zugestanden, kreativ zu sein?
- Wo darf man kreativ sein?
- Welche Ziele werden vorgegeben?
- Welche Realisierungschancen für Erdachtes gibt es?

eine gute Chance für die kulturelle (und politische) Bildungsarbeit.

In diesem Rahmen wird dann eine pädagogische Auseinandersetzung mit Möglichkeiten zur Förderung und Unterstützung kreativen Verhaltens nicht nur legitim, sondern sogar notwendig. In diesem allgemeinen Beitrag sind jedoch auch nur allgemeine Rahmenbedingungen für einen pädagogischen Umgang mit Kreativität zu geben. Mehr als knappe Aussagen sind auch deshalb nicht möglich, da m.E. kreative Prozesse vorwiegend bereichsspezifisch ablaufen. Ohne dies hier belegen zu können und zu wollen, meine ich, daß man zwar (begrenzt) eine allgemeine Haltung oder Orientierung dafür, einmal etwas Neues zu wagen, mal "querzudenken", einmal andere Sicht- und Wahrnehmungsweisen auszuprobieren, vermitteln kann, daß jedoch die Effektivität der Umsetzung oder der nachhaltigen Habitualisierung des so gefundenen Neuen nur in Bereichen möglich ist, bei denen auch die bereichsspezifische fachliche Fundierung bei der pädagogischen Anleitung vorhanden ist.[13)]

Die allgemeinen pädagogischen Anmerkungen sind daher wenig originell: Die Lust am Neuen setzt ein gewisses Maß an Sicherheit voraus. Ein unsicherer Mensch riskiert in der Regel wenig, da er ohnehin ständig das Gefühl der Fremdkontrolle hat.

Notwendig ist also ein "Milieu", das vorhandenes Verhalten stabilisiert, damit neues Verhalten überhaupt zustande kommen kann.

Die notwendige menschliche - und auch pädagogische - Grundhaltung ist daher Vertrauen. Man kann unter diesem Blickwinkel dann das Ausmaß des kreativen Verhaltens zum Indikator dafür machen, inwieweit eine pädagogisch fruchtbare Atmosphäre herzustellen gelungen ist. Das angesprochene "Milieu" ist dabei sowohl das räumlich- gegenständliche, vor allem aber das soziale Milieu.[14)]

Die Ermutigung zu kreativem Verhalten sowohl im Hinblick auf die pädagogische Atmosphäre als auch auf die mit intrin sischer Motivation verbundene fachliche Fundiertheit der Anleitung wird daher zu einem nicht bloß - wie in der Überschrift gefragt - "brauchbaren", sondern sogar zu einem notwendigen Konzept in der kulturellen Bildung.

Anmerkungen und Literatur

1) Ziel dieses Beitrages ist nicht eine neue "Definition" des Begriffs, sondern die diskursive Entwicklung einzelner Bestimmungen. Eine definitorische Annäherung, die für unsere Zwecke ausreicht, bieten Hans Mayrhofer und Wolfgang Zacharias in dem Artikel "Kreativität" in Bauer u.a. : Kritische Stichwörter: Kinderkultur?, München 1978, S. 227 ff. Danach meint man in den verschiedenen Verwendungszusammenhängen von "Kreativität" eine 'spezifische menschliche Fähigkeit bei der Aneignung der materiellen, sozialen und idealen Wirklichkeit', deren Besonderheit darin liegt, "daß sie zu Veränderungen führt und daß in einem produktiven Prozeß Neues entsteht, wobei je nach Forschungsinteresse und -hintergrund un-

terschiedliche Auffassungen darüber herrschen, ob dieses "Neue" etwas grundsätzlich Neues sein muß oder neu nur in Bezug auf das hervorbringende Individuum, eine Gruppe, einen Lebenszusammenhang."

2) So heißt es in recht moderner Sprache in mittelalterlichen Nürnberger Akten zu dieser Frage: "Technischer Fortschritt in arbeitssparender Form wird im allgemeinen von den Zünften und dem Rat scharf abgelehnt, da sie... von seiner Einführung eine Freisetzung von Arbeitskräften, damit Einkommensminderungen, Almosenlasten und dergleichen befürchten". Zitiert nach W. Jacobeit: Arbeit und Arbeitswerkzeuge, in J. Kuczynski: Geschichte des Alltags des deutschen Volkes, Bd. 1, Köln 1981, S. 365.

3) Vgl. hierzu Bloch, E: Vom Geist der Utopie, Frankfurt/M. 1965.

4) Der kombinatorische Umgang mit Buchstaben und Symbolen, der der Kabbala zugrunde liegt, findet sich als "Aggregationsmodell" der Wisenschaft bereits in der griechischen Antike. Unmittelbar auf die Kabbala bezieht sich später Leibniz, als er seine ars combinatoria entwickelt. Die Realisierung des weitreichenden Planes, hiermit einen universellen Wissensgenerator zu entwickeln, ist ihm zwar in der gewünschten Form nicht gelungen. Immerhin diente seine Grundidee dazu, korrekt zu beweisen, daß ein solcher formaler Wissensgenerator prinzipiell unmöglich ist - eine zentrale Aussage gerade bei der Diskussion der Frage, wie weit kreative Computerprogrammierung bei der Produktion noch unbekannten Wissens reichen kann.

   Die wissenschaftshistorische Entwicklung kann man bei M. Fuchs: Untersuchungen zur Genese des mathematischen und naturwissenschaftlichen Denkens. Weinheim/Basel 1984, nachlesen. Der "Erbe" von Leibniz, der mit dessen Methode die Unmöglichkeit seines Zieles nachweisen konnte, ist Kurt Gödel mit seinem kaum zu überschätzenden "Gödelschen Unvollständigkeitssatz"; vgl. D. Hofstadter: Gödel, Escher, Bach.

Stuttgart 1985. Für die Streiter für menschliche Phantasie ist dieses Ergebnis insofern äußerst bedeutungs voll, als es zeigt, daß der Formalisierung des menschlichen Denkens prinzipielle Schranken gesetzt sind und auf inhaltliches Nachdenken, sachbezogene Kreativität und Intuition nicht verzichtet werden kann. Gödels bahnbrechende Arbeit hieß übrigens "Über formal unentscheidbare Sätze der Principia Mathematica und verwandter Systeme, I" und erschien 1931 in den Monatsheften für Mathematik und Physik. Die rationale Analyse kreativer Prozesse beginnt, wie man auch bei Hubert Kirchgäßner nachlesen kann, natürlich nicht mit Guilford: Die aristotelische Topik gewährt als eine Art Wahrscheinlichkeitslogik auch unsicherem Wissen philosopischen Rang. Die Thematisierung von Heuristik in der Geschichte der Wissenschaft, die zahlreichen Selbststudien von Künstlern und Wissenschaftlern, etwa Hadamards Studie über die" Psychology of Mathematical Invention" bis hin zu der Entwicklung einer "Kreativitätslogik" von Loeser, zeigen das große Interesse an dieser Fragestellung. Eine Auswahl bietet G. Ulmann (Hg.): Kreativitätsforschung. Köln 1973.

5) So ein gängiger Topos in Titeln oder Untertiteln von wissenschaftlichen Arbeiten aus dieser Zeit.

6) Sehr eindrucksvoll wird dies bereits im vollständigen Titel des epochebestimmenden Werks des großen tschechischen Pädagogen und Philosophen Jan Komensky (Johan Comenius) ausgedrückt:"GROSSE DIDAKTIK. Die vollständige Kunst, alle Menschen alles zu lehren oder sichere und vorzügliche Art und Weise, in allen Gemeinden, Städten und Dörfern eines jeden christlichen Landes Schulen zu errichten, in denen die gesamte Jugend beiderlei Geschlechts ohne jede Ausnahme rasch, angenehm und gründlich in den Wissenschaften gebildet, zu guten Sitten geführt, mit Frömmigkeit erfüllt und auf diese Weise in den Jugendjahren zu allem, was für dieses und das künftige Leben nötig ist, angeleitet werden kann; worin von allem, wozu wir raten, die GRUNDLAGE in der Natur der Sache selbst gezeigt, die WAHRHEIT durch Vergleichsbei-

spiele aus den mechanischen Künsten dargetan, die REIHENFOLGE nach Jahren, Monaten, Tagen und Stunden festgelegt und schließlich der WEG gewiesen wird, auf dem sich alles leicht und mit Sicherheit erreichen läßt. Erstes und letztes Ziel unserer Didaktik soll es sein, die Unterrichtsweise aufzuspüren und zu erkunden, bei welcher die Lehrer weniger zu lehren brauchen, die Schüler dennoch mehr lernen; in den Schulen weniger Lärm, Überdruß und unnütze Mühe herrsche, dafür mehr Freiheit, Vergnügen und wahrhafter Fortschritt; in der Christenheit weniger Finsternis, Verwirrung und Streit, dafür mehr Licht, Ordnung, Friede und Ruhe." Comenius ist übrigens auch ein typischer Vertreter der in Anmerkung 4 angesprochenen kombinatorischen Methode, vgl. M. Fuchs: Didaktische Prinzipien, Geschichte und Logik, Kap. 2.2., Köln 1984.

7) Natürlich bezieht sich dies auf die gleichnamige Aufsatzsammlung von M. Horkheimer und Th. Adorno. In der Studie "Das Scheitern des Philantropen Ernst Christian Trapp zur sozialen Genese der Erziehungswissenschaft im achtzehnten Jahrhundert", Weinheim/Basel 1985, untersuche ich Größe und Grenzen des philosophischen, politischen und v.a. pädagogischen Aufklärungsdenkens.

8) Die hier skizzierte Persönlichkeitstheorie ist ausführlicher dargestellt und begründet in meinen Büchern "Kulturelle Bildung und Ästhetische Erziehung" (Köln 1986) und "Jugend als Entwicklungsaufgabe" (Ms.; Remscheid 1987). Sie stützt sich vor allem auf K. Holzkamp: Grundlegung der Psychologie. Frankfurt/ M.1983.

9) Von "Herrschaft" über die Lebensbedingungen und vor allem über die Natur zu sprechen, ist heute problematisch geworden. Zu sehr leiden wir inzwischen an den Folgen dieser Herrschaft, die uns ermahnen, häufiger an die Stelle von Herrschaftswünschen Respekt treten zu lassen und nicht durch ständiges Eingreifen zum Zwecke der Verwertung Schaden anzurichten, dessen Folgen nicht abzusehen sind. Diese Skrupel und diese

Skepsis gegenüber solchen Allmachtvorstellungen sind zweifellos berechtigt. Nur: Es gibt auch einen Begriff von Herrschaft, der gerade die Einsicht in nicht beeinflußbare Gesetzmäßigkeiten einschließt, der in Einklang mit ökologischen Erwägungen steht. Möglicherweise kann dieser Begriff von Herrschaft bei dem heutigen Diskussionsstand nicht vorausgesetzt werden. Ich möchte trotzdem diese Begrifflichkeit beibehalten, da sie sich einer bestimmten geistesgeschichtlichen Tradition verpflichtet fühlt, und appelliere an den Leser, sich ein Stück weit auf ein inhaltliches Veständnis von Begriffen einzulassen, wie es im Text erläutert oder zumindest angedeutet wird, auch wenn es der eigenen Begrifflichkeit nicht entspricht.

10) Diese These deckt sich mit einem spezifischen Verständnis der Ontogenese: diese nämlich nicht bloß als Übernahme fertiger Wissenselemente und Verhaltens- und Einstellungsmuster zu begreifen, sondern als deren individuelle Produktion , d.h. als (re-)kreativen Akt.

11) Dieser Bildungsbegriff findet sich auch in der Reformulierung von Aussagen der geisteswissenschaftlichen Pädagogik etwa durch Wolfgang Klafki; vgl. W. Klafki: Geisteswissenschaftliche Pädagogik. (Fernuniversität) Hagen 1982.

12) Damit wird zugleich eine Kreativität kritisiert, die Innovation im Kleinen bei gleichzeitiger Konformität im Großen fordert. Neuerdings darf man sich bei dieser kritischen Haltung gerade im Bereich der Kunst auf den Bundespräsidenten beziehen. Aus marxistischer Sicht kritisieren G. und H.-H. Mehlhorn solche Konzepte in ihrem Buch "Zur Kritik der bürgerlichen Kreativitätsforschung", Berlin 1977.

13) Natürlich gibt es zu den einzelnen Dimensionen der Persönlichkeit lehr- und lernbare Verfahren, wie man zu neuem Denken, Empfinden, Wahrnehmen oder Handeln kommen kann. Am weitesten gediehen sind dabei sicherlich Untersuchungen zum kognitiven Bereich. Strategien zur Entwicklung

von Wissen wie etwa systematische Reorganisation, Perspektivwechsel, Analogienbildung etc. kann man lehren und lernen. Schwieriger ist es schon bei den Empfindungen oder gar beim Handeln. Es dürfte immer noch weitgehend rätselhaft sein, wie neue Einstellungen oder Überzeugungen zustande kommen, die letztlich auch ein anderes Verhalten motivieren. Vgl. hierzu meinen Aufsatz: "Lernziel: Gestaltung und Inszenierung des "Milieus". In: Dokumentation der Fachtagung "Hospital Art" des Instituts für Bildung und Kultur (im Erscheinen).

Statement zur Kreativität

Max Fuchs

1. Der Begriff der Kreativität fordert gerade in der kulturellen Jugendbildung zum Widerspruch heraus. Man fragt sich, ob ein Begriff, der in der Herstellung und im Vertrieb von Gütern ebenso problemlos verwendet wird wie im Rüstungsbereich, überhaupt noch tauglich ist für unsere Anliegen.
   Ich meine, daß wir uns gerade hier einschalten müssen, und ich meine dies aus zwei Gründen:
   - Wir können nicht jeden Begriff preisgeben, nur weil er plötzlich für Verwendungsweisen gebraucht wird, die uns nicht gefallen. Nötig ist vielmehr ein Kampf um Begriffe, eine Auseinandersetzung um ihre inhaltliche Füllung und letztlich auch das Streiten für eine Praxis, die sich mit unserer inhaltlichen Füllung der Begriffe deckt.
   - Damit hängt zusammen, daß bei einem normativen oder engagierten Kulturverständnis "Kultur" zu einer auch moralischen Meßlatte für alle gesellschaftlichen Bereiche wird. Der Kampf um Kultur- (und Kreativitäts-)begriffe ist daher auch das Engagement für Menschenwürde.

2. Damit stellt sich sofort und es stellt sich auch heute bei unserer Diskussion über Kreativität die Frage nach unseren Zielen und nach unseren Werten. Denn mag man sich auch immer defensivere und behutsamere pädagogische Verfahren ausdenken aus Angst vor Bevormundung und Indoktrination: letztlich orientieren sich pädagogische Prozesse an Zielen, die wir auch aus Gründen der intellektuellen Redlichkeit explizit benennen und begründen müssen. Konkret: Welche Ziele verfolgen wir, wenn wir die Entwicklung von Kreativität fördern und unterstützen wollen?

3. Ebenso, wie es stets explizite oder implizite Ziele in pädagogischen Prozessen gibt, orientiert sich jeder von uns bewußt oder unbewußt an Vorstellungen darüber, was Wesen und Natur des Menschen ausmachen. Wir müssen uns also fragen: Was für ein Menschenbild setzen wir voraus, wenn wir über Kreativität sprechen?

   Und um es noch ein wenig zuzuspitzen: Kreativität meint in einer ersten Annäherung stets das Finden von Neuem. Das Finden von Neuem, die Orientierung auf Entwicklung ist für uns vielleicht selbstverständlich. Aber verabsolutieren wir dann vielleicht nicht doch Vorstellungen, die nur auf *unseren* Kulturkreis und auch nur auf *unsere* Gegenwart bezogen sind?

4. Mit diesem Bekenntnis zur individuellen Entwicklung, zum individuellen Fortschritt müssen wir uns zugleich mit der Frage des gesellschaftlichen Fortschritts auseinandersetzten. Der Fortschrittsbegriff in unserer Gesellschaft ist jedoch gründlich gerade durch eine ungesteuerte und nicht kontrollierte "Kreativität", die uns Belastungen des Friedens und der Umwelt beschert hat, in Verruf geraten. Andererseits wollen wir jedoch, daß die Kreativität nicht nur in individuellen oder in kleinen gesellschaftlichen Freiräumen und Spielwiesen verbleibt. Wie lösen wir diesen Widerspruch zwischen der dem Kreativitätsbegriff immanenten Fortschrittsorientierung und der gleichzeitigen Kritik am Fortschrittsbegriff bei gesellschaftlichen Prozessen?

5. Haben wir diese Widersprüche alle theoretisch befriedigend gelöst und können uns guten Gewissens weiterhin für die Förderung von Kreativität aussprechen: Wie erreichen wir diese dann ganz praktisch? Erreichen wir sie nur in einzelnen Arbeitsfeldern für dieselben Arbeitsfelder oder gibt es eine allgemeine Kreativitätserziehung? Wie gelingt uns der Transfer von den pädagogisch inszenierten Lernmilieus in den Alltag? Und was geschieht dort mit unseren nunmehr kreativen Menschen?

Von den verschiedenen Dimensionen der Kreativität

Hubert Kirchgäßner

> Freut euch des wahren Scheins,
> euch des ernsten Spieles;
> Kein Lebendiges ist Eins,
> Immer ist es ein Vieles.
> Goethe

Das Wort Kreativität ist jung, nicht so sein Inhalt. In den älteren philosophischen Nachschlagewerken würde man vergeblich diesen Begriff suchen. Was aber von den jeweiligen Denkern und Denkschulen zur Sache gemeint wurde, findet sich unter Stichworten wie Einbildungskraft, Vorstellungsvermögen, Phantasie, Produktivität.

In theologischen Lexika gibt es beim Buchstaben C immerhin einen Artikel über die Creatio ex nihilo, die als Privileg und Fähigkeit Gottes beschrieben wird, im Unterschied zu den schöpferischen Fähigkeiten des Menschen, die immer auf schon vorhandene Vorstellungen, Verfahren oder Gegenstände angewiesen sind und nie aus dem Nichts heraus agieren.

Oder man stößt da auf einen Artikel über Creationismus, eine bestimmte Lehrmeinung zu der Frage, wann der Mensch seine Seele bekommt, im Augenblick der Zeugung oder bei der Geburt, und ob er sie durch die Zeugung von den Eltern erhält, oder ob Gott sie ihm in einem jedesmaligen schöpferischen Akt schenkt (eine Frage, die noch heute bei der Diskussion um den § 218 eine gewisse aktuelle Bedeutung hat).

Also mit der Diskussion um die Kreativität, so wie sie in den letzten Jahrzehnten geführt wurde, hat das offensichtlich nur wenig zu tun. Das Wort taucht 1950 auf in einem Aufsatz von Joy Paul Guilford in der amerikanischen Zeitschrift **American Psychologist** Nr. 5 unter der programmatischen Überschrift "Creativity".

Obwohl Guilford da schon alle Kriterien nennt, die für die spätere Kreativitätsforschung wichtig werden, ist es keineswegs so, daß die Welt sich mit Begeisterung auf die neue Entdeckung stürzte. Es mußte erst ein anderes, damit scheinbar nicht verwandtes Phänomen am Himmel auftauchen, um die Fragestellung zu aktualisieren: der russische Sputnik. Guilford hätte vielleicht noch lange seine Intelligenzforschungen von der breiteren Öffentlichkeit unbeachtet fortgesetzt, hätte nicht 1958 der erste künstliche Erdsatellit das Selbstbewußtsein der Nordamerikaner und mit ihnen der ganzen westlichen Welt aufs ärgste strapaziert. Wie konnte es kommen, daß die anderen zuerst oben waren, wo man doch sonst immer der Bessere ist, technisch, moralisch etc.?

Was mußte getan werden, daß sich eine solche Niederlage nicht noch einmal wiederholen konnte? Es mußte bei der Schule angefangen werden.

Schon die Kinder müssen zu kleinen Erfindern erzogen werden.

Jetzt auf einmal war das Wort Kreativität in aller Mund. Mittlerweile ist der Himmel voll von Satelliten der verschiedensten Provenienzen, aber das Wort hat sich gehalten. Es hat sogar seinerseits höchst kreativ in alle möglichen Bereiche hineingewirkt. Man schickt seine Kinder in die Kreativitätsschule, man macht selbst ein Kreativitätstraining mit oder besucht Kurse in der Abteilung Kunst und Kreativität bei der Volkshochschule. Vielerorts ist das Wort zum Argument geworden, so sehr akzeptiert, daß es keiner Herleitung mehr bedarf, um es einzusetzen.

Die Kunsterzieher haben die These aufgestellt, daß Kreativität unspezifisch sei, daß also die gleiche Art von Kreativität den Techniker, den Künstler oder den Wissenschaftler erfolgreich sein ließe, was dann so verstanden werden konnte, als lernte man diese Passepartout-Kreativität durch die Kunsterziehung für jeden möglichen Fall. Ob das Argument auch stimmt, ist nie bewiesen worden. Aber benutzt wird es ständig, obwohl es letztlich auch nicht geholfen hat, mehr Kunsterziehung in die Stundenpläne zu kriegen.

Dafür haben die privaten Anbieter den Markt für den Kreativurlaub entdeckt. Und das Wort hat sich auch dann noch gehalten, als sich die Vorstellung von den grenzenlosen technischen Innovationen mit der Angst um die Kalkulierbarkeit von so viel Kreativität verband.

Sollte die trainierte Kreativität für grenzenlosen Fortschritt sorgen und insbesondere den Menschen helfen, sich an die Erfordernisse der Wirtschaft und Technik - und selbstverständlich auch an deren Zumutungen - anzupassen, so mußte sie auch für die Folgen des durch Kreativität verursachten Zustandes aufkommen. War die Arbeit erst den Menschen weggenommen, so mußte für Ersatz gesorgt werden - natürlich in Kreativ-Werkstätten.

Hermann Glaser hat das kürzlich in einem Aufsatz unter dem Titel "Der fatale Regelkreis" beschrieben, wobei allerdings offenbleibt, ob seine Forderungen nach Werkstätten, um die Tätigkeit zu retten, Teil oder Gegenteil dessen ist, was er mit der Gesellschaft beschreibt, der die Arbeit auszugehen droht. Gemeint ist eine "produktiv-kreative Tätigkeit, die sinnvoll ist" und für die eine gesellschaftliche Anerkennung gefordert wird, indem für sie eine "der Erwerbsarbeit adäquate 'Aura'" beansprucht wird. (Die Zeit Nr. 44/1987.)

Am kreativsten ist dabei vielleicht der Vorschlag, für beliebige Tätigkeiten die Aura gesellschaftlicher Anerkennung einzufordern - unter der Bedingung, daß man Kreativität mit schierer Spinnerei übersetzen möchte.

1896 hat Karl Bücher ein bemerkenswertes Buch geschrieben, das danach noch mehrmals neu aufgelegt wurde, dann aber, wie mir scheint, sehr zu Unrecht in Vergessenheit geriet. Es trägt den Titel "Arbeit und Rhythmus" (Teubner, Leipzig) und beschreibt an zahllosen Beispielen aus allen Kulturen, wie die Formen der Arbeit in ursprünglichen Kulturen, aus zwei gegensätzlichen Bewegungen des Körpers bestehend, den Wechsel von Hebung und

Senkung zwangsläufig mit sich brachten und wie ganz folgerichtig Tanz, Versmaß und Musik, der Rhythmus überhaupt, daraus hervorgingen. Aus gleichmäßigen Arbeitsbewegungenen entstanden Lieder, Tänze, Gedichte und wirkten ihrerseits zurück auf die Arbeit, indem sie dieser eine **Leichtigkeit** gaben und sie so vereinfachten.

Eine solche, übrigens materialistische, Kunsttheorie wäre vielleicht geeignet, über die Bedeutung der Kreativität etwas auszusagen. Denn die Arbeit bezieht sich auf bestimmte Verrichtungen, die getan werden **müssen**, die durch ihre Dauerhaftigkeit und die gleichförmigen Wiederholungen ermüdend wirken und Überdruß erzeugen. Durch das Auffangen des Arbeitstaktes und das Über-Spielen, also Umdeuten ins Spielhafte und in einen Rhythmus, der wiederum die Bewegungen leichter erscheinen läßt, geschieht ein Übersprung (transcedere) von einem System in ein anderes, konkret: aus einer Notwendigkeit in eine Freiheit.

Wohlgemerkt, die Mühe wird nicht leichter, sie wird nur als leichter erlebt. Und so ist auch die Freiheit keine reale, sondern vielmehr eine in der Vorstellung, die mit einer wahren Freiheit nichts zu tun haben muß. Anders wäre nicht erklärbar, warum ausgerechnet das Militär solche Vorliebe für rhythmische Musik als Begleitung zum Marschieren hat.

Auch die Drescher auf der Tenne oder die Ruderer beim Fischfang waren trotz ihrer Lieder in die Strenge der Notwendigkeiten genommen und weit davon entfernt, Sport zu treiben.

Aber sie überwanden den Zwang im Lied und die Strapaze im Tanz. So wird verständlich, wieso die extrem schweren Lebensbedingungen die Menschen früherer Zeiten keineswegs daran gehindert haben, mit einem hohen Material- und Kraftaufwand und mit viel Erfindungsgabe etwas so Überflüssiges wie Kunst zu schaffen.

Wenn wir den Übersprung als etwas dem kreativen Akt Eigentümliches im Gedächtnis behalten haben, dann wird auch die besondere Dialektik erkennbar, die der Kreativität anhängt: Sie tritt in Gegensatz zu ihren Produkten. Das Produkt ist der Widerspruch des Prozesses. Das Lied und der Tanz werden erfunden aus der Not und Mühe der Arbeit heraus; sind sie aber da, dann geraten sie schnell zum Ritual, verfestigen sich zur Form, die sich mehr und mehr von ihrem Ursprung löst. Den Nachkommenden ist die so gewordene Form die Verhinderung von Kreativität. Das Sakrosankte, durch ein Tabu geschützt, muß erst um seinen Nimbus gebracht werden, ehe der Weg offen ist für neue Erfindungen.

So bringt auch ein Architekt die Wünsche seines Bauherrn, die relevanten Vorschriften und seine eigenen Formvorstellungen in einer Gestalt zusammen, was ein kreativer Akt ist. Aber das gebaute Haus ist in der Regel für lange Zeit unveränderlich, mindestens so lange, bis es späteren Generationen allzu unbequem geworden ist. Und Rembrandts "Nachtwache" hängt hinter Panzerglas, damit niemand auf die Idee kommen könnte, daran in irgendeiner Weise weiterzumalen.

So scheint mir, daß drei wesentliche konstitutive Merkmale genannt sind, die der Kreativität zugehören: ihre Transzendentalität, ihre Subjektivität und die Offenheit der Situation.

Zur Transzendentalität, das was am Bild des Übersprungs dargestellt war, hat Gothe in den Gesprächen mit Eckermann eine für uns noch immer wichtige Aussage gemacht. An der sehr bekannten Stelle vom 11. März 1828, wo über die Produktivität gesprochen wurde, unterscheidet Goethe zwei Arten, eine höhere und eine alltägliche Produktivität, die im übrigen für ihn genau das bezeichnet, was wir Kreativität nennen.

Es heißt da:

"Jede Produktivität höchster Art, jedes bedeutende Apercu, jede Erfindung, jeder große Gedanke, der Früchte bringt und Folge hat, steht in niemandes Gewalt und ist über alle irdische Macht erhaben. Dergleichen hat der Mensch als unverhoffte Geschenke von oben, als reine Kinder Gottes zu betrachten, die er mit freudigem Dank zu empfangen und zu verehren hat. Es ist dem Dämonischen verwandt, das übermächtig mit ihm tut wie es beliebt, und dem er sich bewußtlos hingibt, während er glaubt, er handle aus eigenem Antriebe.

In solchen Fällen ist der Mensch oftmals ein Werkzeug einer höheren Weltregierung zu betrachten, als ein würdig befundenes Gefäß zur Aufnahme eines göttlichen Einflusses. Ich sage dies, indem ich erwäge, wie oft ein einziger Gedanke ganzen Jahrhunderten eine andere Gestalt gab, und wie einzelne Menschen durch das, was von ihnen ausging, ihrem Zeitalter ein Gepräge aufdrückten, das noch in nachfolgenden Geschlechtern kenntlich blieb und wohltätig fortwirkte.
Sodann aber gibt es eine Produktivität anderer Art, die schon eher irdischen Einflüssen unterworfen ist und die der Mensch schon mehr in seiner Gewalt hat, obgleich er auch hier immer noch sich vor etwas Göttlichem zu beugen Ursache findet. In diese Region zähle ich alles zur Ausführung eines Planes Gehörige, alle Mittelglieder einer Gedankenkette, deren Endpunkte bereits leuchtend dastehen; ich zähle dahin alles dasjenige, was den sichtbaren Leib und Körper eines Kunstwerkes ausmacht." (Joh. Peter Eckermann, Gespräche mit Goethe, Hrg. v. Erich Ruprecht. Lahr 1948. S. 475 f.)

Wem der alte Goethe da zu emphatisch klingt, der mag sich mit gegenwärtiger Forschung zum Wesen der Intuition beschäftigen, wo sie als "sprunghafte Lösung von Aufgaben" beschrieben wird. (Günther K. Lehmann, Phantasie und Künstlerische Arbeit. Berlin, Weimar: Aufbau-Verlag 1966). Auch hier werden verschiedene Dimensionen des produktiven Prozesses unterschieden: schöpferisch, neu, progressiv, tätig.

Auch hier wird gesehen, daß der schöpferische Akt das Unterbewußte und nicht Steuerbare als wesentliches Element enthält. Allerdings müssen wir sehen, daß sich gerade in unserer Zeit die Forschung sehr darauf konzentriert hat, das Gesetzmäßige des hoch komplexen kreativen Prozesses zu entdecken. (In der Sowjetunion existiert sogar eine "Kommission zur komplexen Erforschung des künstlerischen Schaffens".)

Über die Kreativität, "die der Mensch schon mehr in seiner Gewalt hat", ist vor allem von der modernen Psychologie viel gearbeitet worden. Man kann sehen, daß, ohne das Wort Kreativität zu gebrauchen, schon Max Wertheimer 1920 über das "produktive Denken" Forschungsergebnisse veröffentlicht hat, ebenso wie Wolfgang Köhler (1924) und Wolfgang Metzger (1941), der über die "Schöpferische Freiheit" eine Veröffentlichung vorlegte. Nach Guilford (1950) hat man dann eine Reihe von Komponenten der Kreativität aufzuzeigen versucht. Schon Guilford nannte:

a) Geläufigkeit (fluency)
b) Flexibilität
c) Neudefinieren, Umdenken
d) Elaboration
e) Originalität
f) Sensitivität.

Dem kreativen Moment werden die Merkmale von Spontaneität und Diskursivität zugesprochen, jedoch wird keine zwingende Korrelation zwischen Intelligenz und Kreativität gesehen. Über die Frage, ob es eine allgemeine Kreativität gibt oder ob diese immer an objektive und konkrete Phänomene und Situationen gebunden ist, herrscht keine Einigkeit, jedoch ist das kreative Persönlichkeitsbild als eher introvertiert, feminin und sensitiv dargestellt, also als wenig an Strenge, Willenskraft und linearem Denken orientiert.

Eigentlich erweist sich Kreativität, so gesehen, als eine ganz alltägliche Erscheinung. Jede Satzbildung wäre nicht möglich, wenn nicht im Satzanfang schon der **Übersprung** auf das Satzende enthalten wäre. Der gesprochene und im Sprechen gebildete Satz dehnt sich in einem zeitlichen Nacheinander der Wörter aus. Untereinander sind sie syntaktisch-logisch verbunden, um einen Sinn zu formulieren. Um nun das erste Wort im Satz syntaktisch richtig zu bilden, müssen alle relevanten Satzteile im Anfang schon mitgewußt sein. Hier bereits findet jener Übersprung statt, den schon Aristoteles in der dialektischen Beziehung von Anfang (ἀρχή) und Ziel (τέλος) darstellte und als dessen Wesen er die Bewegung (δύναμις) bezeichnete. In diesem Beispiel von der Bildung eines Satzes wäre die Spannung, aus der der Sinn-Funke überspringt, am ehesten als Geist (πνεῦμα) zu benennen.

Ausführlicher läßt sich das hier nicht darstellen, schon weil es genug Darstellungen davon gibt, dann aber auch, weil meine Fragestellung sich auf die noch offenen Stellen bezieht, die in der Kreativitätsdiskussion existieren.

Wenn Kreativität dem offenen und diskursiven Bereich unserer Subjektivität zugehört, so können wir aber auch sehen, daß sie immer wieder auf endgültige, perfekte Lösungen zielt. Über diese Dialektik habe ich weiter oben Andeutungen gemacht.

Aber eine bestimmte Sicht dieses Gegensatzes sollte noch ergänzt werden, weil sie besonders aktuell ist. Eingangs wurde auf den Sputnik-Schock hingewiesen als Auslöser einer breiteren Kreativitätsforschung in der westlichen Welt.

Vermutlich werden kreative Akte ständig durch die Notwendigkeit von Lösungen provoziert

Das Offene und Diskursive strebt immer nach endgültiger Form und Ruhe. Das aber hat mit Fortschrittsvorstellungen zu tun, denen wir heute aus Erfahrung mißtrauen.

Es gibt großartige Entwürfe perfekter Gesellschaften, die, wären sie verwirklicht worden, eine Plage und Geißel der Menschen geworden wären. Was Gesellschaften werden, die als Realisierung großer Ideologien erzwungen werden, zur Beglückung aller am erreichten Ende, das beweisen die totalitären Reiche der Vergangenheit und Gegenwart.

Der Musterbeispiele sind genug, etwa Campanellas Utopie vom "Sonnenstaat" mit der Gleichsetzung von autoritärer Ordnung und sozialem Glück. Hier sollte die perfekte Ordnung geschaffen werden durch die Aufhebung von Zufall, Einzelfall, Glücksfall (contingentia, casus, fortuna).

Bloch schreibt dazu: "Das Wesen der Ordnung ... bleibt so die Utopie der Zufallslosigkeit, der Situationslosigkeit. ... (Es) macht die Verführung oder halbe Wahrheit in Campanellas Strenge-Pathos, sozialem Baupathos aus, in der Harmonie, welche aus dem mundus situalis gegen contingentia, casus, fortuna aufsteigt und

Sein der Situationslosigkeit setzt." (Bloch, Das Prinzip Hoffnung, Frankfurt 1959, S. 619).

Aus der Zeit der französischen Aufklärung und Revolution kennen wir utopische Architekturentwürfe, insbesondere von Bouillé und Ledoux, die faszinieren, solange sie Entwurf sind, und die erschrecken würden, wären sie gebaut worden. Noch Albert Speer hat seine Anleihen dort gemacht, als er Hitlers megalomanische Stadtmodelle konzipierte.

Und noch heute steht im französischen Jura, in Arc et Senans, ein Teil von dem riesigen Projekt einer Saline, die in der Zeit Ludwigs XVI. von Ledoux gebaut wurde, eine Fabrik, die zwar nie richtig funktionierte, in der aber der Versuch gemacht wurde, durch die Form ihrer Baukörper die Funktion und Hierarchien in der Produktion unmittelbar darzustellen.

Außerdem sollte das Ensemble als Ganzes eine Monade der Perfektion sein. Es ist faszinierend zu sehen, was hier versucht wurde, aber auch versöhnlich für uns Nachgeborene, daß es Fragment geblieben ist.

Da fällt mir eine Stelle aus Max Frischs Tagebüchern ein. Der gelernte Architekt notiert im Oktober 1947:

"*Im Schatten sitzend lese ich die Geschichte des Domes, die Geschichte einer Vermessenheit. Siena will den größten aller Dome. Der bisher vorhandene Dom, lese ich, wäre gerade noch als Querschiff verwendet worden. Das neue riesenhafte Längsschiff, das dann nie vollendet worden ist, steht da mit einer Seitenwand, fünf Achsen mit Rundbogen, und mit einer fertigen Stirnwand; dann kommt die Pest, die Siena für etliche Jahrzehnte lähmt, aber nicht von seinem verstiegenen Vorhaben abzubringen vermag. Die Enkel bauen weiter.*

Das Unbesonnene, das dem Größenwahn eigen ist, zeigt sich, sobald man den Plan genauer prüft; die bereits vorhandene Mittelkuppel und das neue Hauptschiff hätte man nie vereinen können; hinzu kommt, daß die Fundamente sich zur Enkelzeit als ungenügend erweisen, die begonnenen Gewölbe beginnen sich zu spreizen: Man gibt es auf.

Das Ergebnis ist wunderbar! Es bleibt ein Platz unter offenem Himmel, aber der Innenraum, der gewollte, ist bereits vorstellbar."

Das Wort Vermessenheit drückt die tiefere Problematik der Kreativität aus.

Ihr ist keine Grenze gegeben. "Die Phantasie kennt keine Grenzen," sagt das Sprichwort. In unserer unmittelbaren Gegenwart erleben wir besonders abstruse Phantasien von Rüstungen und sogenannten Verteidigungen, die auch vor dem Wort Weltraum nicht erschrecken. Das ist auf seine Weise nicht minder gigantomanisch als es die Weltreichsvorstellungen aller Vorgänger schon waren.

Die olympische Maxime (citius, fortius, altius) ist hier ins Militärsportliche pervertiert. Vermessenheit meint hier nicht mehr, daß es an menschlicher Wohlfahrt sich bemessen würde, sondern das ver- hat als Präfix eher die Bedeutung des gotischen fra - = fern. Kreativität hat ihren Freibrief gegenüber allem Maß. So ist es nicht weiter verwunderlich, daß sie in den unverbindlichsten und in den brisantesten Bereichen am höchsten geschätzt wird: in der Erwachsenenpädagogik und im militärisch-wissenschaftlichen Komplex. Les extrémes se touchent.

Wenn man über Kreativität irgend etwas liest, dann wird man sehr schnell auf den ästhetischen Bereich stoßen.

Vielen Autoren scheint Kreativität dasselbe zu sein wie künstlerische Produktion (vgl. Psychologie der Kultur. Bd. 2: Imagination, Kunst und Kreativität, Hrg. v. Gion Condran: Beltz Weinheim und Basel 1982).

Als Künstler weiß ich, daß Kreativität eher den kleinsten Teil der künstlerischen Arbeit ausmacht, und als Leser theoretischer Bücher weiß ich, daß Umberto Eco eine wichtige Sammlung von

Aufsätzen veröffentlicht hat unter dem Titel "Opera aperta", unter dem deutschen Titel "Das offene Kunstwerk" 1973 erschienen (Suhrkamp, Frankfurt; als Taschenbuch: Suhrkamp Taschenbuch Wissenschaft 222, 1977).

Mir erscheint Ecos Arbeit in diesem Zusammenhang deshalb wichtig, weil sie angesichts der unbestreitbar unabgeschlossenen Formen in den Künsten dennoch auf dem Begriff des Kunstwerks besteht. Tatsächlich signalisiert die Situation der Künste schon seit der Jahrhundertwende ein offenes und dynamisches Weltbild. Von der Mehrheit der Menschen wurde dieses erst nach dem Ersten Weltkrieg überhaupt bemerkt und dann in einer Massenpsychose verdrängt und bekämpft, die vielerorts zu den faschistischen Machtergreifungen führte, von denen dann die deutsche bekanntlich die gründlichste und widerwärtigste wurde.

Seit den ersten Jahren dieses Jahrhunderts zerbrechen die überkommenen Formen in den Künsten, ist der innovative Anteil an den künstlerischen Produktionen groß und zerstörerisch, wenn man es an den ehrwürdigen Traditionen bemißt, die da zugrunde gehen. Der kreative Impuls ist also sehr groß, gemessen an dem, was sonst in den Künsten üblich war, schwindelerregend. Und diese Tendenz hält bis zur Stunde an. Teils läuft die Kunst ihrer Etablierung im bürgerlichen Verwertungsbetrieb davon, teils läuft sie ihm aber auch nach, insofern als dieser Betrieb auch wesentlich durch die Sucht nach Originalität und Einmaligkeit bestimmt ist.

Eine solche Atmosphäre ist erkennbar dem Kreativen nahe, zu dem die Offenheit als konstituierendes Merkmal grundsätzlich gehört. Eco schreibt seine Aufsätze zudem in einer Phase, die durch den Tachismus in der bildenden Kunst und durch die ersten Arbeiten Becketts gekennzeichnet ist, parallel zu den Spätformen eines bereits vulgarisierten Existentialismus. Nichtsdestoweniger legt er Strukturen frei, die über diese Phase hinaus Gültigkeit haben. Er beschreibt die Situation so:

"In der Poetik des offenen Kunstwerks liegt eine geschichtliche Möglichkeit dieser Art vor: das Sichausprägen einer Kultur, für die gegenüber dem Universum der wahrnehmbaren Formen und interpretativen Operationen die Komplexität unterschiedlicher Anschauungsweisen und Lösungen möglich ist; die Rechtferti-

gung einer Diskontinuität der Erfahrung, die jetzt anstelle der konventionalisierten Kontinuität als Wert aufgefaßt wird; die Organisierung unterschiedlicher Entscheidungen bei der Auswahl des Stoffes der Wahrnehmung, die zur Einheit geführt werden durch ein Gesetz, das keine absolut identische Lösung vorschreibt, sondern diese Entscheidungen als gültig auffaßt, gerade insofern sie einander widersprechen und ergänzen, sich dialektisch gegenüberstehen und so neue Perspektiven und umfassendere Informationen erzeugen."

Und an anderer Stelle:

"Hinsichtlich des ersten Aspektes untersteht das Informelle deutlich einer für alle offenen Kunstwerke gültigen Bedingung. Es handelt sich um Strukturen, die als epistemologische Metaphern erscheinen, als strukturelle Entscheidungen eines diffusen theoretischen Bewußtseins (nicht einer bestimmten Theorie, sondern einer assimilierten kulturellen Überzeugung): Sie repräsentieren innerhalb der gestaltenden Tätigkeit die Spiegelung bestimmter Errungenschaften der modernen wissenschaftlichen Methologien, die Bestätigung jener Kategorien der Unbestimmtheit, der statistischen Verteilung, die für die Deutung der natürlichen Fakten maßgebend sind, in der Kunst.
Das Informelle stellt so mit seinen Mitteln die Kategorien der Kausalität, die zweiwertigen Logiken, die Eindeutigkeitsbeziehungen, das Prinzip des ausgeschlossenen Dritten in Frage (S. 152 und 160)."

Was sich in den Künsten abspielt, hat Apollinaires auf die Kurzformel vom Kampf "de l'ordre et de l'aventure" gebracht, was ja gleichzeitig nicht anderes ist als die kürzeste Definition des Spiels. Roland Barthes sei hier als Autorität genannt: "... Damit das Spiel zustande komme (...), müssen bestimmte Ordnungen beachtet werden: es ist einerseits erforderlich, daß das Werk wirklich eine Form sei und daß es andererseits wirklich einen unbestimmten, nicht einen geschlossenen, festgelegten Sinn bedeute." (Avant-propos, Paris, Senil 1963). Es erstreckt sich also die Offenheit ganz direkt auf den Rezipienten mit, denn anders hätte es keinen Sinn, von Sinn zu reden. Das offene Kunstwerk schafft eine zusätzliche kreative Komponente, die früheren, stärker an herrschenden Konventionen orientierten Werken so offensichtlich nicht eignete: der Rezipient ist aufgerufen, das Werk in sich zum Abschluß zu bringen.

Die Mehrdeutigkeit bleibt unklar und unbefriedigend, solange nicht ein kreativ-mitgestalterischer Akt zu einer subjektiven Aneignung führt. Ein kreativ-produktives Dreieck entstand zwischen Produzent-Werk-Rezipient, das für alle neuere Kunst konstitutiv ist.

Dennoch gilt auch und gerade in diesem Zusammenhang das Wort von Pierre Boulez: "Es gibt einen Riesenunterschied zwischen Komponieren und Erfinden". Die Gleichsetzung von Kunst und Kreativität ist nicht gerechtfertigt. Sie verweist eher auf jenen Geniekult des späten 19. Jahrhunderts, der uns in übler und schwülstiger Erinnerung ist. Einfälle taugen in der Kunst nicht viel; sie bilden höchstens jenen Anfang der Arbeit, von dem Braque sagte, daß er im Lauf der Bildentstehung restlos verschwinden müsse. Was zählt, ist die langsam im Handwerk sich entwickelnde Erfahrung und die Lust, sich technischen Problemen auszusetzen. Im übrigen aber bleibt ein Rest im Dunkeln, bei dem Dämon (δαιμόνιον) wie Sokrates das genannt hat (oder bei dem Es?), bei einem Un- und Halbbewußten, das dennoch seinen Weg weiß und ihn vorwärtsdrängend findet. Das Kreative ist da höchstens eine Methode, den anstehenden Druck etwas zu lösen, befreiende Ausdrucksformen zu finden, die dem Bedürfnis einigermaßen adäquat sind. Kunst ist mehr Arbeit als Einfall.

Baudelaire hat in sein Intimes Tagebuch notiert: "La sensibilité de chacun, c'est son génie." Das führt uns zu der Frage nach dem Verhältnis von Kreativität und Psychopathologie. Wir wissen, daß Künstler und Patienten der Psychiatrie ähnlich leicht erregbar in ihrer Sensibilität sind. Und wir wissen, daß seelisch Kranke überdurchschnittlich produktiv sind, wobei ihre Werke in ähnlicher Weise Strömungen des Unterbewußten widerspiegeln wie die Werke von Künstlern. Seit den 20er Jahren konzentriert sich die Forschung auch gerade auf den Zusammenhang von Psychopathologie und Kunstproduktion (Prinzhorn).

Der Künstler schafft sein Werk auf der Grenze zwischen Persönlichem und Allgemeinem, zwischen innerer und äußerer Realität, zwischen Bewußtem und Unbewußtem. Und wir können in vielen Künstlerbiographien ihren stark psychotischen Zustand entdecken, etwas, was genau wie bei Psychopathen eine Ausdruckswelt braucht, um nicht von den Emotionen erdrückt zu werden.

Möglicherweise ist sogar die Pathologie die Nahtstelle, wo das Kreative und das Künstlerische sich berühren

Eben dort, wo die leidenschaftliche Suche nach authentischem Ausdruck auch zwanghafte Züge besitzt und einen Druck mindert, der, fände er nicht sein Ventil, zerstörerisch wirkte. Die eigene subjektive Wirklichkeit wird im Kunstwerk erkennbar und verliert das Bedrängende des Dunkel-Unbewußten, ist also Ventil und Spiegel zugleich. Aber auch Objektivierung. Denn das Werk löst sich, wird zur Sache unter Sachen, beginnt ein schicksalvolles Dasein, ganz losgelöst von den subjektiven Intentionen des Produzenten. Die Rezipienten machen ihren eigenen Gebrauch davon. Dem Produzenten hilft es jedoch rückwirkend, seine persönliche Authentizität in eine solche gesellschaftliche Natur zu verwandeln.

Walter Benjamin hat die Entwicklung der Kunst so zusammenfassend beschrieben: "Der einzigartige Wert des 'echten' Kunstwerkes hat seine Fundierung im Ritual, in dem es seinen originären und ersten Gebrauchswert hatte... Mit der Säkularisierung der Kunst tritt die Authentizität an die Stelle des Kultwertes." (Das Kunstwerk im Zeitalter seiner technischen Reproduzierbarkeit. In: Gesammelte Schriften, Bd. I. Frankfurt: Suhrkamp 1974, S. 450.)

Wir können bei Kindern häufig sehen, wie sie "Übergangsobjekte" (Winnicott) gebrauchen, um eine Vermittlung, ein Mittelding zwischen sich und der Welt zu haben, ein Schlaftier etwa, ohne das sie nicht einschlafen können, oder ein Einschlafritual. Sie benutzen beliebige Gegenstände und geben ihnen situativ beliebige Bedeutungen. Auch kombinieren sie auf oft abenteuerliche Weise. Ähnliches wird erkennbar bei Künstlern und bei psychopathischen Persönlichkeiten. Im Surrealismus, in der Bildwelt primitiver Kulturen und in der "Kunst" Geisteskranker finden sich Mischwesen und Monstren, "Verdichtungen" (Freud).

Aus der Psychopathologie ist bekannt, daß Menschen in ihren Psychosen Ungewöhnliches, Faszinierendes, Schockierendes zum Ausdruck bringen und nach ihrer Heilung zu all dem unfähig sind, nur noch banale, durchschnittliche Leistungen hervorbringen.

Die Psychose also hat eine Kreativität freigesetzt, die ihrerseits wiederum Strukturen der Persönlichkeit zum Ausdruck brachte, die im "normalen" Zustand im Unbewußten geblieben wären. Dabei fiel immer wieder die Ähnlichkeit zwischen diesen Hervorbringungen Geistesgestörter und moderner Künstler, insbesondere Dichter und Maler, auf.

Auf beiden Seiten die Neigung zu Geometrisierung, zum Abstrahieren und Schematisieren, zur Stereotypisierung und Rhythmisierung und zur Symbolbildung (Navratil). Das Gemeinsame dieser Erscheinungen ist nicht, daß beide in gleicher Weise Kunst wären, sondern daß in beiden Kreativität herrscht.

Die Kunst der Künstler bezieht sich in anderer Weise auf ihren sozialen Umraum, ist mehr oder weniger deutlich "Emblem eines gesellschaftlichen Sachverhalts" (H.H. Holz), aller Privatisierung in der neueren Zeit zum Trotz, Über die pathologischen Produkte schreibt Leo Navratil: "Es ist leicht verständlich, warum die Psychose, nicht aber die Neurose künstlerische Kreativität verleihen kann, wenn man Freuds (...) Anschauungen über diese beiden Störungen zugrunde legt. Der Unterschied zwischen Neurose und Psychose besteht nach Freud in der Beziehung zur Realität.

Während der Neurotiker in Abhängigkeit von der Realität seine triebhaften Wünsche und Ängste verdrängt, wird der Psychotiker von seinem Es derart überwältigt, daß er die Realität verleugnet. Die Psychose beginnt mit einem Realitätsverlust, und sie endet damit, daß sich der psychotische Mensch eine Privatwelt, eine Ersatzrealität errichtet. Auch der Neurotiker entfernt sich von der Realität. Sein Realitätsverlust ist aber sekundär, Folge der

Verdrängung eines inneren Konfliktes bei scheinbarer Anerkennung der gegenständlichen und sozialen Wirklichkeit.

Während also die Neurose in der Regel nur die Inhalte des Erlebens und Gestaltens beeinflußt, die konventionellen Formen aber beibehält, zerstört die Psychose als die schwerere Störung auch die Form; hierauf führt die psychotische Kreativität zu einer Überbetonung formaler Kriterien. Der Destruktion folgen Geometrismus, Manierismus, Hyperreflexion.

Diese formalistische Tendenz kommt in der Psychose vermehrt zum Vorschein, sie ist aber auch in den schöpferischen Akten der Gesunden als eine kreative Grundfunktion wirksam." (Leo Navratil, Die Kreativität der Psychose, In: Psychologie der Kultur, Bd. 2, Weinheim/Basel: Beltz 1982, S. 589 f.)

Wichtig bei dieser Beschreibung ist die Feststellung, daß sie sich auf Kreativität und nicht auf Kunstproduktion bezieht. Und diese pathologische Kreativität ist im Grunde nicht verschieden von der allgemein menschlichen Kreativität. Die Psychose führt aber zu einem Ausbruch an Kreativität, zu der der gleiche Mensch als Gesunder nicht fähig gewesen wäre.

Diese Feststellung von der grundsätzlichen Vergleichbarkeit der Kreativitäten hat es überhaupt möglich gemacht, daß das Wesen der Kreativität an den Krankheitsbildern von psychisch Kranken studiert werden konnte und kann. So sind über die schöpferischen Produktionen Schizophrener in einer Veröffentlichung von 1965 bereits 7000 Arbeiten genannt. Bis heute mag die Zahl ein Mehrfaches betragen.

Parallel dazu fällt auf, daß es vielerorts die Tendenz von Künstlern gibt, in Psychiatrien mit Patienten zu arbeiten. Eine gewisse Nähe scheint gegeben. Und ich stehe nicht an zuzugeben, daß ich von den Arbeiten Wölflis, die im Kunstmuseum Bern hängen, als von einem Kunstwerk fasziniert und erschüttert bin.

Ich kann mich mit dem Bekenntnis von Gaetano Benedetti identifizieren: "Heute können wir über den (...) Satz von Prinzhorn ('... ein für das Leben verlorener Geisteskranker ...') hinausgehen, indem wir die Überzeugung aussprechen, daß die heutige Sensibilität des Menschen für die schizophrene Kunst zu den Identifizierungen der Gesunden gehört, welche der Gegenidentifizierung des Kranken mit den Normalen und somit die gegenseitige mitmenschliche und soziale Integration fördern kann." (G. Benedetti, Pschopathologie und Kunst, in: Psychologie der Kultur, opcit. S. 579)

Ich kehre noch einmal zurück zum Ausgangspunkt des vorigen Abschnitts und zu Baudelaires Satz: "Eines jeden Empfindlichkeit ist sein Genie". Es scheint mir nämlich, als müßte von dort noch ein anderer Denkweg als der psychologische seinen Ausgang nehmen. Ich nehme als weiteres Stichwort den Satz von Paul Valéry:

"Der Maler bringt seinen Leib mit"

Auch bei den Beobachtungen Karl Büchers über den Zusammenhang von Arbeit und künstlerischer Erfindung steht in der Mitte und an der Stelle der Ver-Mittlung der Leib und seine Bewegungen. Wer die älteren Beiträge der Philosophen zur Einbildungskraft und Phantasietätigkeit liest, der stößt immer wieder auf jene vom Realen abgehobene Anschauung, als wäre hier nur Schein und Fiktionalität.

Und diese Scheinwelt ist auch gleichzeitig auf den Innenraum des Ich beschränkt. In- tuitio, das ist Innen-Schau. (Fichte: "Das schöpferische Prinzip ist absolut imaginative Tätigkeit".) Die Frage, die sich hier stellt, ist, ob das die ganze mögliche Aussage über das Wesen der Kreativität darstellen kann, oder ob da noch eine realere Dimension genannt werden muß.

Einer der verbreitetsten Slogans des Pariser Mai '68 war der Ruf: "La phantaisie au pouvoir!" Wie politisch, wie revolutionär, wie unmittelbar die Wirklichkeit bestimmend ist die Einbildung? Kant hat ihr eine ganz wichtige Rolle in der Erfahrung zugewiesen, indem er sie für die eigentliche Produzentin unserer Erkenntnisse erkärt. Ohne sie würde unser Weltbild in die chaotische Vielheit und Mannigfaltigkeit von Anschauungen zerfallen.

Die produktive Eindbildungskraft, wie er die menschliche Kreativität nennt, ist "eine Bedingung a priori der Möglichkeit aller Zusammensetzung des Mannigfaltigen in einer Erkenntnis". Sie ist jene Tätigkeit (ποίησις), aus der die Welt als eine einheitliche Vorstellung hervorgeht. Später werden die Existentialisten sagen, daß der Mensch seine Welt erschafft, und zwar nach den Maßen seiner subjektiven Befindlichkeit. Sinn ist "prinzipell ein Sinn im Entstehen" (Merleau-Ponty).

Oder anders Bloch: "Die Ausfabelung ist ein im Bewegt-Vorhandenen umgehender Vorschein von Wirklichem". Was da in der Phantasie aufscheint, ist kein Unverbindliches, keine Spinnerei, sondern vorauseilende Tat. "Unmittelbare Erschaffung (création) des Menschen durch den Menschen ist die eigentlich ästhetische Erfahrung", sagt Garaudy, und "Kunst ist ihrem Wesen nach zukunftsbezogen".

Zwar bin ich überzeugt davon, daß künstlerische Produktion und Kreativität nicht dasselbe sind, daß in einer kontinuierlichen Produktion das Kreative sogar eine eher gelegentliche Rolle spielt, aber als Künstler weiß ich auch, daß Erfindungen nicht im leeren Raum geschehen, sondern immer im Zusammenhang mit schon Vorhandenem, Vorausgegangenem. Überschreitet die Kreativität einerseits den bis dahin gültigen Rahmen, so kommt sie doch von einer Linie her, die sie fortführt, ist nicht creatio ex nihilo, sondern von Menschen in Hier und Jetzt gebracht, von uns, die wir unseren "Leib mitbringen" und die Vielfalt der Dinge und Verhältnisse, die uns die Welt sind.

Und deshalb denken wir im Zusammenhang mit Kreativität auch so schnell an ästhetische Phänome, weil sie uns da am augenfälligsten, sozusagen in nuce erscheint. Als bildender Künstler bin ich dem Sehen am meisten verpflichtet. Und von daher weiß ich auch, wie sehr das Sehen selbst viel mehr als nur ein Aufnehmen von Eindrücken ist, wie sehr es selbst produktiv ist, wie es schon im Vorfeld der Wahrnehmung die Reize selektiert, wie es Befriedigung oder Mißbehagen ganz unmittelbar wahrnimmt und wie es auf höchst kreative Weise im diffusen Vielerlei Gestalten ausfiltert oder entstehen läßt.

Was ich nicht mehr merke, weil es dem Sehen sozusagen Grundlage ist und das Sehen selbst ausmacht, also von diesem nicht mehr als Tat unterschieden werden kann, das ist der ganze produktive Vorgang, wie das Auge die Umwelt und ihre Reize zu Bildern des Sehens überhaupt erst gestaltet. Denn wie diese Umwelt "aussieht", ohne den vermittelnden Prozeß meines Sehens, weiß ich nicht.

Die Welt entsteht als Vorstellung und Erfindung unserer leiblichen Organe zuerst, dann unserer geistig-seelischen Verarbeitungen. Beides sind kreative Akte. Und indem wir die Welt hervorbringen, bringen wir uns selbst hervor; beides ist ein und derselbe Akt.

Und auch das ist ein kreativer Akt, daß wir nicht nur dicht am Geschehen hängen und Teil sind davon, sondern daß wir dazu in Distanz sein können, also darüber, daneben, gegenüber stehen und darüber aussagen, nachdenken, befinden, uns austauschen. Das Selbst spaltet sich in eines, das darinnen ist, und in eines, das gegenüber ist. Anders wäre Freiheit nicht möglich.

Merleau-Ponty hat das klar beschrieben: "Das Sehen ist kein bestimmter Modus des Denkens oder eine Selbstgegenwart; es ist mein Mittel, von mir selbst abwesend zu sein, von inn her der Spaltung des Seins beizuwohnen, durch die allein ich meines Selbst innewerde.

... Das Auge vollbringt das Wunder, der Seele das zu öffnen, was nicht Seele ist, die glückselige Welt der Dinge und ihren Gott, die Sonne. ...

Was das Sehen uns lehrt, muß wörtlich genommen werden: daß es uns die Sonne, die Sterne berühren läßt..." (S. 40). Und an anderer Stelle: "Wenn die Schöpfungen kein ein für allemal erworbener Besitz sind, so nicht nur darum, weil sie wie alle Dinge vergänglich sind, sondern auch, weil sie fast ihr ganzes Leben noch vor sich haben." (s. 43). (M. Merleau-Ponty: Das Auge und der Geist. dt. v. H.W. Arndt. Reinbeck 1967.)

Mir scheint die Stelle deshalb so wichtig im Zusammenhang dieses Nachdenkens über die Kreativität, weil sie besonders klar die Dialektik zum Ausdruck bringt, die in diesem Begriff verborgen liegt. Es ist die Dialektik von Unmittelbarkeit und Distanz, von Vergehendem und Werdendem, von Leib und Geist. Eines der schönsten Brentano-Gedichte nennt das Gespinst aller Bezüge, die da gleichzeitig anwesend sind:

Oh Stern und Blume,
Geist und Kleid,
Lieb, Leid und Zeit
und Ewigkeit.

Das von mir am Anfang gesetzte Stichwort vom Übersprung bleibt mir durch alle Reflexionsebenen hindurch zentral. Nähe springt um in Ferne und Ferne in Nähe. Erleben springt über in Nachdenken, und aus Nachdenken wird Erleben. Uraltes wird aktuell, und das Aktuellste erweist sich als konservativ. Aus Entwicklung lösen sich spontane Sprünge, und aus Spontanem wird Tradition. Die Kreativität ist jeweils das Gelenk, die Schnittstelle.

Noch etwas kommt hinzu: Kreativität ist häufig an Mittel gebunden, sei es, daß die Mittel ein Produkt kreativer Prozesse sind, sei es, daß die Verfügung über Sachen mittels Werkzeuge eine neue Form kreativen Verhaltens freisetzt. In unserer aktuellen Situation sind es z.B. die Computer, die eine Provokation darstellen, mit ihnen nicht nur funktional, sondern auch kreativ umzugehen.

Werkzeuge, auch so komplizierte wie Computer, gehören uns erst wirklich, wenn es uns gelungen ist, sie uns kulturell anzueigenen, d.h., wenn wir damit ins Spielen gelangt sind. Erst dann sind wir ihnen gegenübergestellt in Freiheit. Anders wird unser Verhältnis zu den Mitteln zur "Vergötzung", von der Garaudy sagte, daß sie "ein Teil der Wachstumsideologie" sei. Dieses, auch wieder dialektische Verhältnis zu den Mitteln berührt den Fragekomplex der Kreativität ganz direkt.

Max Fuchs hat auf den entscheidenden Punkt des Mittelgebrauchs für unsere menschliche Entwicklung hingewiesen. Was er die "entscheidende Sprungstelle" nennt, ist das, was ich mit dem Wort Übersprung auszudrücken wünsche. Die Stelle lautet bei ihm:

> *"Die Werkzeuge als die wesentlichen Mittel bei der Menschwerdung spielen in der Anthropogenese insofern eine zentrale Rolle, als gerade der Übergang von der bloßen Verwendung bereits vorhandener Gegenstände als Mittel bei der Zielerreichung zum bewußten und vorsorglichen Herstellen von Mitteln für gegenwärtig noch gar nicht akute, jedoch bereits antizipierte zukünftige Zwecke eine entscheidende Sprungstelle in der Gattungsgeschichte darstellt.*
> *Mit der vorsorgenden Herstellung von Werkzeugen wird nämlich nicht nur eine Distanz zwischen körperlichem Bedarf (der noch gar nicht vorhanden ist) und die Bereitstellung geeigneter Mittel für die Befriedigung eines erst entstehenden Bedarfs geschaffen; zugleich mit der zeitlichen Distanz zwischen Herstellung und Gebrauch liegt mit den Werkzeugen eine Distanzierung von Mittel und ihrem Anwendungsbereich (dem Objekt der Arbeitstätigkeit) vor, das heißt, daß ihre über den einzelnen Anwendungsfall hinausgehende (verallgemeinerte) Verwendbarkeit erkannt wurde.*
> *So gesehen sind die ersten Werkzeuge "steinerne Begriffe", also stofflich vorliegende "Realabstraktionen". Ebenso wie in der Anthropogenese markiert der Sprung zur Verwendung von Mitteln oder sogar zur Beschaffung von Mitteln für noch gar nicht vorhandene Zwecke ein entscheidendes Stadium der individuellen Ontogenese des Kindes." (M. Fuchs, Kulturelle Bildung und Ästhetische Erziehung, Pahl-Rugenstein Hochschulschriften 214, Köln 1986, S. 8 f.)*

Nun ist es allerdings wichtig, diese Stelle nicht als Automatismus: Mittelgebrauch = Entwicklung zur Humanität zu lesen. Wir erleben heute, wie diese Fortschrittsideologie ihre Glaubwürdigkeit verliert. Und wir können sehen, wie gewachsene Kulturen zerstört werden, nur weil der Gebrauch und Besitz betimmter Mittel für gleichbedeutend mit menschlichem Fortschritt gehalten wird.

Der Übersprung in eine Welt neuer Technologien, die alle auf Innovationen beruhen, kann weit in die Entfremdung und Vergötzung führen, so daß es wieder eine Distanz braucht auch zu dem technisch Möglichen, um gerade über die doppelte Distanzierung wieder zurückzufinden in den ausfüllbaren menschlichen Lebensraum. Die hier erkennbare Dialektik muß heißen: Mittel und Unmittelbarkeit, die in ihrer antagonistischen Partnerschaft einander notwendig sind. Heute brauchte es vielleicht viel mehr kreatives Potential, um die Rückbindung der total vermittelten Welt an die menschliche Unmittelbarkeit zu erreichen. Die Seele soll im sogenannten Fortschritt mitkommen können.

Viele der Versuche, inmitten einer vom technischen Plunder geradezu verstellten Welt eine Unmittelbarkeit der Erfahrung und Begegnung zu finden, sehe ich bei den Jungen. Das klingt oft wie konservative Verweigerung. Aber da es aus solcher Machtlosigkeit heraus geschieht und auch in so engem Pakt mit allem gleichzeitigen Medienkonsum, kann es allenfalls eine (notwendige) Mahnung sein, die andere Seite nicht zu vergessen.

Denn von zwei Seiten droht das Verhängnis: von der Verdinglichung der Beziehungen, die auf die Mittel zugerichtet werden, und von der Verselbständigung der Mittel in der Weise, wie es die Geschichte vom Zauberlehrling erzählt. Beides spüren die Jungen als Gefahr, beidem versuchen sie sich zu verweigern. Wenn uns also nach dem Sputnik-Schock die Kreativität als neues Erziehungsziel verkündet wurde, dann haben wir mindestens vergessen zu fragen, in wessen Interesse die Verkündigung geschah. Wann gehen die Übersprünge ins Unkalkulierbare, nicht mehr Verantwort-bare? Das ist eine Sorge, die sich vor die ungehemmte Lust an der Kreativität stellt.

An dieser Stelle muß ich doch noch einmal auf den eigentlichen religiösen Usprung des Begriffes und der Vorstellung von der Kreativität kommen. Es gibt da eine alte Erzählung, vom Golem, die eine tiefe Einsicht über die Kreativität enthält. Jakob Grimm berichtet in der romantischen "Zeitschrift für Einsiedler" von 1808 die folgende Geschichte:

"Die polnischen Juden machen nach gewissen gesprochenen Gebeten und gehaltenen Fasttagen die Gestalt eines Menschen aus Ton oder Leimen, und wenn sie das wundertätige Schemhamphoras (den Gottesnamen) darüber sprechen, so muß er lebendig werden. Reden kann er zwar nicht, versteht aber ziemlich, was man spricht oder befiehlt. Sie heißen ihn Golem und brauchen ihn zu einem Aufwärter, allerlei Hausarbeit zu verrichten. Allein er darf nimmer aus dem Hause gehen. An seiner Stirn steht geschrieben emeth /Wahrheit/, er nimmt aber täglich zu und wird leicht größer und stärker als alle Hausgenossen, so klein er anfangs gewesen ist.
Daher sie aus Furcht vor ihm den ersten Buchstaben auslöschen, so daß nichts bleibt als meth (er ist tot), worauf er zusammenfällt und wieder in Ton aufgelöst wird. Einem ist sein Golem aber einmal so hoch geworden und hat ihn aus Sorglosigkeit immer wachsen lassen, daß er ihm nicht mehr an die Stirn hat reichen können.
Da hat er aus der großen Angst den Knecht geheißen, ihm die Stiefel auszuziehen, in der Meinung, daß er ihm beim Bücken an die Stirn reichen könne. Dies ist auch geschehen und der erste Buchstabe glücklich ausgetan worden, allein die ganze Leimlast fiel auf den Juden und erdrückte ihn". (Zitiert nach: Gershom Scholem, Zur Kabbala und ihrer Symbolik, Suhrkamp, Frankfurt 1973, S. 210 f.)

Der tiefere Hintergund ist der, daß die jüdische Tradition die Tora als einen mystischen Organismus ansieht, der aus den Kombinationen des hebräischen Alphabets besteht. Diese Kombination ist, nach esoterischer Tradition, nicht immer die gleiche gewesen, sondern sie war vor Adams Sündenfall eine andere, und sie wird in der Zeit nach dem Erscheinen des Messias wiederum eine andere sein. Die gegenwärtige Lesart der Tora entspricht unserer gegenwärtigen Schemitta (Weltperiode), die der Strenge und dem Gesetz, der Sefira Geburah, zugeordnet ist.

Nun haben die Kabbalisten schon sehr früh die Praxis der Themura, der Umstellung der Buchstaben bestimmter Wörter, entwickelt. Mit der hebräischen Schrift, die nur die 22 Konsonanten enthält, die zugleich Zahlzeichen sind und die nach Ansicht bestimmter Theologen auch jedes den Anfang eines Gottesnamens darstellen, läßt sich das so veranstalten, daß stets neue Wortbedeutungen und Sinnverknüpfungen entstehen. In einer alten Darstellung der Kabbala (Papus, Paris 1903, deutsch von J. Nestler, Wiesbaden o.J.) heißt es dazu: "Jeder Buchstabe ist eine Macht, mehr oder weniger eng mit den schöpferischen Kräften des Universums verbunden. Indem er diese Kräfte in drei Welten, der psychischen, astralen und physischen, auslösen kann, ist jeder Buchstabe der Ausgangs- und Endpunkt einer Menge von Beziehungen. Hebräische Wörter kombinieren heißt infolgedessen, auf das Universum selbst einwirken...".

Da nach manchen Spekulationen von Kabbalisten die Tora nicht geschaffen wurde, sondern von Anfang an bei Gott war, wie eine Frau, mit der er die Schöpfung erzeugte, da andererseits die wahre Gestalt der Tora durch Adams Ungehorsam verborgen und durch eine ersetzt wurde, die zwar alle Schriftzeichen enthält, aber in anderer Ordnung und Reihenfolge, war es vorstellbar, daß der, dem es gelang, die ursprüngliche Tora wieder herzustellen, die gleichen Möglichkeiten zur Erschaffung lebender und toter Gegenstände hat.

Es war also möglich, daß Menschen etwas erschaffen konnten, wenn sie die richtige Buchstabenfolge herausfinden konnten. In mehreren kabbalistischen Midraschim (Kommentare zum Talmud) wird erzählt, wie heilige Männer drei Jahre über die Tora meditiert haben und wie es ihnen danach gelungen ist, etwas Lebendiges zu erschaffen, einmal ein Kalb, öfter aber den Golem, der aus Lehm gemacht und zum Leben gebracht wird, wobei auch immer das Moment der Bedrohung auftaucht, daß sich nämlich die Kreatur der Kontrolle ihres Schöpfers entzieht und furchtbares Unheil anrichtet.

Es erscheint an dieser Stelle, wo die Möglichkeit des Menschen, ein Schöpfer zu sein, über lange Zeit immer wieder erzählt wird, das Gefährliche dieses Vorhabens ganz deutlich. Das Bewußtsein von der Gefährlichkeit der Kreativität ist im orthodoxen Judentum sehr klar gewesen.

Gershom Scholem schreibt dazu: "Wir wissen aus der Mischna (= Sammlung mündlicher Rechtsüberlieferungen, die mit der

Gemara zusammen den Talmud bildet), daß der Anfang der Genesis und das erste Kapitel des Ezechiel als esoterische Texte par excellence betrachtet wurden und es daher verboten war, öffentlich über sie vorzutragen, und selbst privates Studium mit Einzelnen nur erlaubt wurde, wenn der Betreffende schon ein reifes Alter, eine angesehene Position bei seinen Mitbürgern erlangt hatte." (Gershom Scholem, von der mystischen Gestalt der Gottheit, Suhrkamp, Frankfurt 1977, S. 23). Origines berichtet dasselbe auch vom Studium des Hohen Liedes.

Diese Geschichten vom Golem wären in diesem Zusammenhang nicht so wichtig, wenn sie nicht eine so deutliche Ähnlichkeit mit der Problematik der Gentechnologie hätten. Auch bei den Manipulationen an der DNS ging es darum, das riesige Alphabet zu entziffern, das in jeder Zelle als Faden vorhanden ist und das aus ca. 3 Milliarden Informationen besteht. Dann ging es weiterhin darum, dieses Kompendium zu verändern, z.B. Informationen auszutauschen, um so Lebewesen neuer Art, andere als die, welche die Natur hervorgebracht hat, zu erzeugen. Auch hier warnen die einen vor der Gefährlichkeit und die anderen vergleichen diese Verfahren mit denen der Züchtung von Kulturpflanzen und Nutztieren, was schon immer ein wesentlicher Bestandteil menschlicher Kulturtätigkeit gewesen ist.

Nach der Vorstellung mancher Kabbalisten ist bei Adams Sündenfall nicht nur die Tora durcheinandergekommen, sondern es ist auch einer ihrer Buchstaben verstümmelt worden, das Shin, das ursprünglich mit vier senkrechten Balken geschrieben worden sein soll. Ähnlich haben die Genforscher herausgefunden, daß Erbkrankheiten von einem defekten Gen herrühren, das ständig weitergegeben wird, von Zelle zu Zelle und von Generation zu Generation. Und ähnlich wie die Tora immer wieder in ihre ursprüngliche Gestalt zurückkehren möchte, so hat die DNS die Möglichkeit, Verletzungen auszugleichen, wenn neue Erbverbindungen es erlauben.

Es geht vielleicht zu weit, hier Vergleiche zwischen der Tora und der DNS herzustellen. Was mich daran fasziniert, ist das Bild des Menschen als Schöpfer in einem so weitgehenden Sinn, wie er sonst nur in den Vorstellungen eines Schöpfergottes vorkommt.

In beiden Fällen fehlt nicht das Bewußtsein von der Hybris, die damit verbunden ist, und den davon ausgehenden Gefahren. Es gibt auch zur Gentechnologie Szenarien von Monstern und neuen aggressiven Bakterien, die die Welt in riesiges Unglück stürzen, nur weil einer unachtsam oder verbrecherisch mit den kreativen Möglichkeiten umgegangen ist. Und es sind nicht die schlechtesten Wissenschaftler, die ein Verbot dieser Experimente oder wenigstens ihre strengste Kontrolle fordern.

Eines unterscheidet den Golem von den neuen gentechnologischen Produkten: Der Golem war immer als ein zweckfreies Produkt menschlicher geistiger Kraft vorgestellt worden. Von der Genmanipulation läßt sich das nicht sagen. Kaum war sie den Wissenschaftlern als Möglichkeit erschienen, da war sie auch schon zum großen Geschäft geworden. Zwischen multinationalen Konzernen und kleinen Garagen-Laboratorien ist bereits in kürzester Zeit ein unübersichtliches und unkontrollierbares Feld aus Forschung und Anwendung entstanden. Seit bekannt ist, daß auch das US-Verteidigungsministerium mit Geld und Aufträgen darin mitmischt, ist die Situation völlig bedrohlich geworden.

Da zeigt sich wieder die alte Dialektik der Kreativität: Segen springt um in Fluch. Was geeignet wäre, Nahrung für alle und Gesundheit zu erzeugen, läßt sich ebenso dazu gebrauchen, die Menschen zu unterdrücken, zu vernichten oder zu deformieren. Und was so harmlos in der Volkshochschule im Fachbereich Kunst und Kreativität beginnt, das landet plötzlich bei der Frage, ob ein befruchtetes menschliches Ei wissenschaftliches Spielmaterial sein darf. Die Wissenschaftler forschen, und die Menschheit rätselt fasziniert und geängstigt, welche Monstren ihr demnächst über den Weg laufen werden.

Ich lebe in der kognitiven Dissonanz zwischen der Kritik an einer Welt, die von Händlern, Soldaten und Bürokraten bestimmt und von sogenannten Politikern legitimiert wird und dem Bedürfnis nach Harmonie in meinen Arbeiten. Ich merke, daß ich nichts zum Abschluß bringen kann. Ich lasse den Epilog schreiben von einem, der damit auch nicht besser zurecht kam: Carl Einstein. Ich zitiere eine Stelle aus seinem 1909 entstandenen Aufsatz "Der Snob":

"Die allzugroße Freiheit hat uns verarmt, Phantasie gestattet, alles ohne tatsächliche Realität zu genießen. Die Welt vergeistigte sich solchermaßen in den Gewändern der sie unablässig schmückenden Gedanken und Künste, daß wir in der sich mehrenden Künstlichkeit des Lebens den Wahnsinn begingen, über Hülle und Schleier hinaus zu staunen, ein Rätsel schufen von beglückender Unlösbarkeit und glaubten, wir könnten mehr auffangen in den Schalen unserer Worte, als uns selbst. Wir haben unsere Seele so oft gespiegelt, worin? in uns selbst, daß wir die sich zu Reihen gebärenden Reflexe zu Tatsachen, zu Dingen erstarren ließen." (Carl Einstein, Gesammelte Werke, Limes, Wiesbaden 1962, S. 33)

"30 Jahre Akademie Remscheid"

Brainstorming zum Tagungsthema Kreativität

Heinz Schlage

Kreativität - und eine Reihe synonym gebrauchter Begriffe wie Phantasie, Spontaneität, Flexibilität - werden hier in der Bundesrepublik oft ins Abseits der nur schmückenden, verschönernden, "musischen", also eigentlich nicht notwendigen Bereiche menschlichen und gesellschaftlichen Lebens gestellt. Oder unter Nützlichkeitsaspekten wie Werbung, Produktions- und Absatzsteigerung geht die eigentliche Bedeutung der kreativen, schöpferischen Fähigkeiten verloren, Fähigkeiten, die den Menschen von allen anderen Lebewesen unterscheiden und ihn als Menschen eigentlich erst konstituieren mit der Möglichkeit, sich und sein Leben zu konzipieren und zu gestalten.

Aber ich möchte hier nicht theoretisieren, sondern von einem Erlebnis erzählen, das mir die wirkliche Bedeutung von Kreativität nachdrücklich bewußt machte. Bei mehreren Besuchen von Moskauer und Leningrader Theatern und Schauspielschulen seit 1972 gerieten wir mitten in die Kontroverse, ob Disziplin künstlerisches Arbeiten erst möglich macht, oder ob künstlerisches Arbeiten die Notwendigkeit von Disziplin nach sich zieht.

In der in Moskau für konservativ geltenden Stanislawskij-Schule, in der Disziplin an erster Stelle steht, wurden wir z.B. von den Studenten stets so begrüßt, daß sie sich schweigend von ihren Sitzplätzen erhoben, wenn wir den Raum betraten. Improvisationen wurden in strengem, oft metrisch taktierten Zeitmaß durchgeführt. Die Studenten der Wachtangowschule begrüßten uns schon vor der Schule mit Hallo, bestürmten uns mit Fragen, und zogen uns binnen kurzem in die Arbeits- und Probenprozesse hinein, in denen Improvisation stets durch das totale Risiko des

Gelingens und Ankommens bestimmt waren. Daß dieser Unterschied nicht nur zufällig und atmosphärisch war, wurde uns durch den - im Beisein eines Vertreters des Kulturministeriums - kämpferisch vorgetragen historisch unterschiedlichen Bezug dieser Schule auf die Gründerzeit deutlich gemacht: Jewgenij Wachtangow hatte die schöpferischen Phantasiekräfte seiner Schauspieler herausgefordert, um dadurch den von Hunger und Krankheit geplagten Menschen im Moskau der frühen Revolutionsjahre, kurz nach dem Weltkrieg, Mut zu machen, ihre eigene Phantasie für die Gestaltung eines neuen, endlich freien Lebens zu gebrauchen.

Das 1963 von einer Abgangsklasse der Wachtangow-Schule gegründete "Theater an der Taganke" ist von seinem Anfang an, im ersten Tauwetter der Chruschtschow-Zeit, künstlerisch und inhaltlich immer wieder für die Freiheit der eigenschöpferischen Kräfte im gesellschaftlichen Prozeß eingetreten gegen die ideologische Gleichschaltung und Bevormundung durch das Zentralkomitee der Partei. Die Schauspieler nahmen damit bewußt das Risiko von Verhaftung und Verbannung auf sich. Manches Stück wurde verboten und kam nie zur Aufführung. Der Gründer des Theaters, der Regisseur Juri Ljubimow, der sich 1983 weigerte, von einer Gastinszenierung aus London zurückzukehren, wenn nicht seine drei letzten Inszenierungen zugelassen würden, wurde ausgebürgert. Ebenfalls in der Breschnew-Zeit, wie man heute sagt: in der starren Zeit, wurde die Spruchsäule vor dem Theater entfernt, die auf den unter Stalin verbotenen Dramatiker und "Sänger der Revolution" Wladimir Majakowski und eine Produktion des Theaters mit seinen Texten plakativ hinwies. Hört her - Majakowski!"

Aber nicht nur von Künstlern, sondern auch von Wissenschaftlern und Technikern wurde der Gebrauch der kreativen Kräfte gefordert: 1972 hörte ich von einer Debatte in Fachblättern, ob in den Mathematik-Elite-Schulen der dort geforderten Disziplin nicht auch die Möglichkeit kreativer Problemlösungen hinzuzufügen sei.

Auch die grausamste Unterdrückung und die Vernichtung der politischen Intelligenz unter Stalin in den 30er Jahren konnte das Verlangen nicht ausrotten, menschenwürdig zu leben, und das hieß seit den frühen Revolutionsjahren, sein eigenes Leben und das gesellschaftliche Leben frei gestalten zu können, nicht im Richtlinienkorsett des Zentralkomitees zu verkümmern, sondern am dialektischen Prozeß einer lebendigen Entwicklung mitzuwirken.

Auf diese revolutionäre Hoffnung greift jetzt Gorbatschows Perestroika zurück. Und es sind die Künstler, Wissenschaftler und Techniker, die sich aktiv engagieren, um "in den Hirnen und Herzen der Menschen" den Mut zur "Umgestaltung" der Verhältnisse zu entfachen und zu stärken. Es geht eine ungeheure Kraft von dieser Hoffnung aus, die auch uns ergreift, wie ich bei einem Treffen deutscher und sowjetischer Dramatiker in diesem Frühjahr in München feststellen konnte, als durch die bei uns festsitzende Resignation plötzlich ein Luftzug ging, als könne man doch etwas bewirken.

Angesichts nicht nur der politischen und wirtschaftlichen Unausgeglichenheiten und Ungerechtigkeiten der "drei Welten", sondern auch angesichts der Zerstörung der Erde durch die hemmungslose Ausbeutung und Vernichtung der Natur durch wirtschaftliches Profitdenken und technische Erfindungen, brachte ein Moskauer Kollege, der einen Monat lang bei uns hospitierte, unsere Lage auf den Punkt: es käme jetzt alles darauf an, Ideen für ein menschliches und besseres Miteinanderleben zu finden und zu entwickeln, oder die Menschen werden sterben, im Westen wie im Osten.

Wie aber unsere Wünsche, Hoffnungen und Ideen von der Meinungsindustrie der technisch-ästhetischen Medien längst aufgegriffen, vermarktet und damit pervertiert sind, das haben Oskar Negt und Alexander Kluge in ihrem Buch "Öffentlichkeit und Erfahrung" aufgezeigt. Ich denke, die Frage, ob Kreativität zerstörerisch oder lebenserhaltend wirkt, muß in jedem konkreten Anlaß neu gestellt und handelnd beantwortet werden.

Musik

Wie kommen Musiker zu ihrer Kreativität?

Werner Rizzi
Dozent für Musikpädagogik an der Akademie Remscheid

Musik und Kreativität in der Schule

Klaus Holthaus
Lehrer für Musik und Spiel an einer Fachschule für Sozialpädagogik

Wie kommen Musiker zu ihrer Kreativität?

Werner Rizzi

"Creative Sound Systems" werden uns heute angeboten. Was ist nun dabei kreativ? Der Sound? Oder wird man möglicherweise bei Benutzung derselben kreativ? Vielleicht können diese Systeme aber auch nur von jemandem benutzt werden, der schon kreativ ist, wer weiß ...!

"Wir beziehen ja auch den kreativen Bereich mit ein", sagt der Funktionär eines großen Laienmusikverbandes. Er ist sich sicher, daß dieser "kreative Bereich" (was immer das sein mag) wohl im Angebot benötigt wird, denn erstens wird danach gefragt und zweitens "tun das inzwischen fast alle". Gleichzeitig wird damit auch unterschieden zwischen der "richtigen" Musik, die zünftig betrieben wird und diesem modernen "kreativen Bereich", in dem jeder bisher ungewohnte Umgang mit dem Medium untergebracht wird.

"Kreativer Umgang mit Musik" heißt eine Ausschreibung für einen Ferienkurs. Ein Erzieher erhofft sich, daß er hier endlich keine Noten lesen muß, eine Musiklehrerin befürchtet "wieder lauter spielerischen Klimbim". Für beide erfüllen sich ihre Erwartungen nicht.

Unterschiedlich, aber vage wird ein und derselbe Begriff in diesen drei schillernden Varianten gebraucht. Je nach Blickwinkel gibt es auch in der Wissenschaft unterschiedliche Definitionen, die uns - aus ihren Zusammenhängen gerissen - m. E. nicht weiterhelfen. Ein Schluß ist aus dieser Tatsache aber zu ziehen: Wenn Erziehung überhaupt nur auf ein bestimmtes Ziel hin möglich ist, so bedeutet Erziehung zur Kreativität das Vorhandensein so vieler unterschiedlicher Wege, wie unterschiedliche Definitionen des Begriffs Kreativität vorliegen, also Vielfalt der Möglichkeiten. Intensives Fühlen, Denken und Handeln, das immer an ein Subjekt im zeitlichen Prozeß gebunden ist und über ein Medium nach außen hin erkennbar wird, ist auch die Grundvoraussetzung für Kreativität, wie ich sie verstehe. Diese Grundvoraussetzung wird im Laufe dieser Arbeit ergänzt durch die für mein Verständnis notwendigen Bedingungen und Faktoren. In einem Großteil der maßgeblichen Literatur über Kreativität seit der Mitte des Jahrhunderts kommt die Dimension des Fühlens nicht vor. Auch Flechsig, obschon er eine emotionale Dimension beschreibt, polarisiert darunter lediglich: defensiv-ichbezogene Affektlage und expressivsachorientierte Einstellung[1)].

Vom Wortsinne "viel hervorbringend" her, könnte man aber durchaus von etwas wie produktiver Empfindung sprechen. In Selbstäußerungen von Komponisten wurde oft beschrieben, wie diese nicht nur auf Inspiration warten, sondern sich in Stimmung bringen, sich gleichsam stimmen, was ja vom Fühlen nicht zu trennen ist[2)].

Wenn also im folgenden von musikalischen Gedanken die Rede ist, so heißt das, daß bei Entstehung und Bewertung derselben die Dimension der Empfindung nicht ausgeschlossen ist.

Bei der Einschätzung musikalischen Tuns wird besonders oft das spontane Herstellen eigener Musik, allem voran die Improvisation als das kreative Umgehen mit Musik schlechthin angesehen. Dieser Einschätzung liegen - wie wir sehen werden - zwar gewichtige Argumente zugrunde, jedoch scheint sie mir zu undifferenziert und in ihrer plakativen Aussage auch modisch zu sein. Deshalb sollen hier die drei Bereiche **Produktion, Reproduktion** und **Rezeption** soweit wie möglich getrennt unter dem Blickwinkel von Kreativität besprochen werden.

Trotz einiger Verschiebungen setzt die allgemeinbildende Schule teilweise noch bis heute starke Akzente auf die Rezeption, während die Musikschulen eher die Reproduktion betonen. In anderen Formen der Jugendbildung und Jugendarbeit wird - sieht man vom Disco-Phänomen einmal ab - mehr Wert auf die Produktion gelegt, jedenfalls in den Wunschvorstellungen der betreffenden Pädagogen. Sicher **kann** das Setzen solcher Schwerpunkte die vielfältige Bildungslandschaft auch bereichern[3], aber die Praxis zeigt, daß gerade die jeweils anderen beiden Bereiche kreativ befruchtend auf den dritten einwirken können[4]. Hier sind integrative musikpädagogische Konzepte gefragt. Kulturelle und soziale Kreativität - die Bezeichnungen werden sonst eher abgrenzend gebraucht - wünschte ich mir ebenfalls integriert.

In der Gruppenpädagogik wird aus evidenten Gründen die Arbeit im Kollektiv gegenüber der mit dem Individuum oft wertend hervorgehoben. Im Zusammenhang mit Kreativität kommt es mir aber auf ein ausgewogenes Verhältnis im Wechselspiel der beiden Sozialformen an und nicht auf das Ausspielen der einen gegen die andere. Beide sind gleichwertig zu betrachten, solange sie zur positiven Entwicklung des Menschen und zur Humanisierung einer Gesellschaft beitragen.

Hallmann hat Hemmnisse für Kreativität beschrieben, die zumeist aus Haltungen resultieren[5]. Im Umkehrschluß könnte man sagen, daß durch oftmaliges kreatives Handeln eine kreative Haltung entstehen kann. Das der Kreativität innewohnende divergierende Denken und Überschreiten von Grenzen produziert gerade in musikbezogenen Berufsfeldern unserer Gesellschaft natürlich auch Aus-, Ein-, Um- und Aufsteiger, was einer Fortbildungsinstitution durchaus entgegenkommen kann, in den Konzepten aber berücksichtigt werden muß.

Auf folgende Fragen soll das Problem eingegrenzt werden: Wo wird in der Musik Kreativität möglich, wo ist sie nötig und was bewirkt sie?

Kreativität in der Produktion

Damit ist hier ausschließlich der direkte Entstehungsprozeß von Musik sowohl im Individuum als auch kollektiv gemeint. Obwohl sie sich in der Praxis oft berühren, überschneiden oder abwechselnd einander folgen, sollen drei Bereiche der Produktion von Musik einzeln betrachtet werden: **Phantasie, Improvisation und Komposition.** Beim musikalischen **Phantasieren** ist der Mensch zunächst ganz bei sich. Kreative Momente sind das Fließenlassen, das Zulassen direkter, spontaner musikalischer Ereignisse, womöglich absolut oder in Verbindung mit Gedanken oder Bildern, sicher aber ohne bewußt gesetzte Regeln. Hörerfahrungen und theoretische Kenntnisse, die auch im Vorbewußten vorhanden sind, prägen das Ergebnis genauso mit wie physiologische Gegebenheiten. Die Ergebnisse kann der Mensch wohlgemerkt auch in sich hören, sie benötigen nicht unbedingt die klangliche Äußerung. Soll diese stattfinden, sind die motorischen Gegebenheiten und die damit verbundene Geübtheit bestimmter Muster beim Einsatz der Stimme oder beim Instrumentalspiel ein Filter für das Ergebnis. **Phantasieren** kann in der Aktion verbleiben, es verlangt nicht zwingend Interaktion mit anderen Menschen. Es findet aber in der Zeit ablaufend statt, wobei schon im individuellen Prozeß das Nachfolgende vom Vorhergehenden beeinflußt wird.

Eingeübte Muster können hier sowohl hilfreich als auch hemmend sein. Interaktion ist möglich. Zwei oder mehrere nebeneinander musikalisch phantasierende Menschen werden sich gegenseitig anregen, ergänzen oder auch stören, Regeln zur Interaktion werden auch ohne Absprache aus dem Verhalten entstehen, die Grenze zur **Improvisation** ist fließend geworden.

Zwar setzen viele Lexika musikalisches **Improvisieren** und freies **Phantasieren** noch gleich, doch haben sich aus der Tradition der Praxis selbst Abgrenzungen ergeben. Die (Spiel)regel spielt eine wichtige Rolle.

Selbst bei der sogenannten freien Gruppenimprovisation ist die erste Regel, daß es scheinbar keine Regel gibt, daß z.B. jeder sich aussuchen kann, womit er was spielen will (in der vorgegebenen Gruppe, im Raum, zu dieser Zeit). Die Interaktion ist ein wichtiger Faktor. Das Klangerlebnis ist aber hier notwendig, da auf die innere Phantasievorstellung eines Partners schlecht musikalisch reagiert werden kann.

Die traditionelle kirchenmusikalische, die stilkopierende und die Jazzimprovisation haben zueigen, daß - individuell oder kollektiv - über ein Thema oder eine Struktur improvisiert wird, etwa eine Melodie, ein bekanntes Lied, eine Harmoniefolge, einen Rhythmus usw. Das setzt voraus, daß dieses "Thema" (im erweiterten, nicht im klassischen Sinn) allen Beteiligten bekannt ist, ja, daß sie es verinnerlicht haben. **Improvisieren** ist **nicht** jedesmal anders spielen, weil man das Thema nicht mehr "hinbekommt". Unter mehr oder weniger Beachtung der Regelvorgabe wird spontan gespielt oder gesungen. Wie beim freien Phantasieren gilt auch hier, daß die motorischen Fertigkeiten der Filter sind, durch den der gewollte musikalische Ausdruck hörbar wird[6] oder nicht.

Man stelle sich ein behindertes spastisches Kind vor, das von Zeit zu Zeit erkennbar Rhythmen fühlt und diese auch in Lauten äußern kann, jedoch durch seine motorischen Probleme schon ein Erfolgserlebnis hat, wenn es mit einem Schlag satt die Trommel in der Mitte trifft. Es sei die These gewagt, daß zum gesunden, "normalen" Improvisator nur ein gradueller Unterschied insofern besteht, daß seine musikalischen Ideen, die realisiert werden könnten, wegen "Behinderung" durch mangelnde körperliche Fertigkeiten nicht zum Klingen gebracht werden.

Nehmen wir als anderes Beispiel einen Jugendlichen, der vor der Trommel steht und zwar fähig ist, einen Rhythmus zu sprechen, diesen aber nicht zu spielen, was er eigentlich gerne können möchte. Sehr vereinfacht kann man sagen: Was ihm in der feinmotorischen Artikulation bereits möglich ist, weil er es will, und seine Artikulationswerkzeuge bewußt nach diesem Willen funktionieren, das kann er in der grobmotorischen Übertragung auf Arme und Hände (noch) nicht.

Er hat nun die Wahl zwischen zwei Polen (und dazwischenliegenden graduellen Kompromissen). Entweder paßt er seine Wünsche und seinen Willen seinem motorischen Defizit an, oder er gleicht die körperlichen Fertigkeiten an Wunsch und Wollen an. Das bedeutete, die motorischen Defizite soweit aufzuarbeiten, daß das, was dieser Mensch anderen - in diesem Fall musikalisch - mitteilen will, in der Interaktion anderen als Figur deutlich werden können sollte, egal, ob es sich um einen rationalen Gedanken oder den Ausdruck eines Gefühls handelt.

Vollständig ist dieser Prozeß sicher nicht beschreibbar, denn Musik gewinnt in der Improvisation Gestalt (oder auch nicht) sowohl aus dem Vorbewußten als auch aus dem rationalen Bewußtsein, wobei das soeben Ausgedrückte im Bezug auf das vorher Gewesene sehr stark das Folgende beeinflußt. Gestalten entstehen somit in der wahrgenommenen Zeit aus der Erinnerung und dem Hoffen auf das Kommende, erlebt im Augenblick der

Gegenwart. Das Phänomen der Spontaneität geht hieraus hervor. Wohlgemerkt: In einer Erziehung zur Kreativität muß das Annehmen von mir und meiner Befindlichkeit einer Veränderung voraus gehen[7)].

In der Praxis erlebe ich aber oft, wie der Umkehrschluß des oben dargestellten Problems, d.h. daß das, was herauskommt, schon von mir so gewollt sein wird, dazu führt, daß tatsächlich nur noch Ideen zugelassen werden, die sofort realisierbar sind und der Agierende glaubt, er habe dies so gewollt bzw. sein Potential ausgeschöpft. Das kann sehr unkreativ sein, weil dadurch Grenzen festgeschrieben werden, die es eigentlich zu überwinden gilt. Trotzdem wird solches Verhalten landläufig oft als "ganzheitlich und kreativ" verkauft.

Die hauptsächlich kreativen Elemente der Improvisation sind - neben der Flüssigkeit im Ausdruck - das Spiel mit Variationsmöglichkeiten sowie die Chancen, die (womöglich) selbstbestimmte Regeln zur Gestaltbildung und die Interaktion bieten.

Es soll hier erwähnt, aber nicht weiter ausgeführt werden, daß natürlich jede musikalische Betätigung wieder sehr leicht zu außermusikalischen Gefühlen, Gedanken und Bildern führen kann, die wiederum im kreativen Prozeß genutzt werden können. Bei souveränen New Jazz-Musikern oder Improvisationsgruppen, die sogenannte Konzeptimprovisationen/-kompositionen spielen, ist der fließende Übergang zur Komposition anzusetzen.

Vergliche man das **Phantasieren** mit dem Aneinanderreihen von Lauten, Buchstaben, Silben, Wörtern und auch Sätzen ohne formale Bindung, das **Improvisieren** mit dem spontanen Darstellen, Kommentieren, Verändern und Umspielen eines Themas mit all seinen - oft kaum konstruierbaren - originellen Äußerungen und Geistesblitzen, aber auch lähmenden Längen, so kommt beim **Komponieren** dem bewußten Entscheidungsmoment große Bedeutung zu.

Die Aussage soll wiederholbar sein und für eine beliebige Zeitspanne Gültigkeit besitzen. Am Ende steht die bewußte Gestaltung, das aus kreativer Arbeit entstandene Produkt, nicht die nur ungefähr umrissene Skizze. Im prozessualen Verlauf können Elemente durchaus aus Phantasie und Improvisation entstanden sein, sofort als fertige Gestalt ins Bewußtsein treten oder als einzelne Einfälle komponiert, nämlich zusammengestellt bzw. konstruiert werden. Da der Herstellungsprozeß aus der kurzfristigen zeitlichen Bindung herausgenommen werden kann, ist es hier möglich, der rationalen und emotionalen Dimension genauer nachzuspüren. Aufgrund der Wiederholbarkeit lassen sich Gedanken wie Empfindungen im Gedächtnis behalten, in Beziehung setzen und überprüfen.

Während bei der **Improvisation** die Entscheidungen vorher durch Regel, Stil oder Rastervorgaben und während des Spielverlaufs meist spontan und schnell getroffen werden, geschieht die Selektion, das "Sieben" aus der unendlichen Menge von Möglichkeiten beim **Komponieren** in der Regel bewußter, weil in der Zeit abwägbar. Der Wechsel von Detailarbeit und der Wahrnehmung des Ganzen kann in Langsamkeit vollzogen werden. Deshalb können auch die innere Klangvorstellung (und das Umsetzen in eine Schrift) sowie die klangliche Realisierung zeitlich weiter auseinanderliegen als bei der Improvisation.

Sowohl individuell als auch im Kollektiv liegen die Unterschiede zwischen **Phantasieren, Improvisieren** und **Komponieren** also im Prozeßverlauf, indem dort die beschriebenen Faktoren eine unterschiedliche Wichtigkeit bekommen.

Ob diese Prozesse kreativ sind, hängt maßgeblich davon ab, ob ausgehend vom Fühlen und Wollen des/der Agierenden im richtigen Moment der passende Schwerpunkt innerhalb von Polaritäten gesetzt wird[8)], wie z.B.:

Lösen - Festigen
Chaos - Gestalt
bewußt - vorbewußt
individuell - kollektiv
diffusem Gefühl - gestaltgewordener Empfindung
bewußt entscheiden - nicht bewußt entscheiden

Die fließenden Übergänge zwischen den drei Bereichen offenbaren das Problem der Trennung. Auch wurde gezeigt, wie ein Bereich dem anderen zuarbeiten kann. Für die Qualität des musikalischen Produktes als Klangereignis ist es aber völlig unwichtig, ob es im Moment Gestalt gewinnt oder ob Monate des Konstruierens und Feilens dazu nötig waren. Für den Zuhörer stellt sich die Frage, inwieweit das kreativ entstandene Produkt von allgemeinem Interesse ist. Die ganze Bandbreite zwischen symbolhafter und expliziter Darstellung von Inhalten steht zur Verfügung. Werden etwa archetypische Inhalte vermittelt oder andere, die aus irgendeinem Grunde für andere als die Ausführenden selbst wichtig sind? Oder handelt es sich um ein Produkt, das - aufgrund der Prozeßerfahrungen - zwar für die Ausführenden Bedeutung hat, davon losgelöst aber nicht mehr für Zuhörer, es sei denn, sie wollen über das Klangergebnis spezielle Informationen über die Ausführenden erfahren?

Für die Kreativität in der Produktion gilt: Das Gewinnen von Gestalt ist immer auch Begrenzung in der Wahl der Mittel. Hier helfen beispielsweise die Aufstellung von Regeln sowie Abgrenzung, die zu wahrnehmbaren und erkennbaren Konturen und Strukturen führt. Zuviel davon ruft Erstarrung hervor, zuwenig davon ein Zerfließen.

Kreativität in der Reproduktion

Üblicherweise wird in der Pädagogik der herkömmlichen Art von Reproduktion (z.B. dem Spielen klassischer Stücke im Instrumentalunterricht), die eher als unkreativ gilt, die eigene Produktion von Musik als kreativ gegenübergestellt. Diese Einstellung wird beiden Tätigkeiten insofern nicht gerecht, als es auch durchaus nicht kreatives Komponieren gibt und kreatives Spielen eines notierten Musikstückes, auch, wenn wahrscheinlich der umgekehrte Fall öfter vorkommt.

Bei der **Reproduktion** sollen drei Felder in den Vordergrund gestellt werden, in denen Kreativität gefragt ist: das Wahrnehmen und Erkennen, die Interpretation und zuletzt das Überschreiten von Grenzen.

Zugrunde liegt das geschaffene Werk in irgendeiner Aufzeichnung (visuell oder auditiv) oder im erinnernden Gedächtnis. Es kann sich sowohl um ein mittelalterliches Werk als auch um ein im Moment von mir selbst fertiggestelltes handeln. Nebenbei:

Hier zeigen sich Verbindungen zur Produktion, denn viele Werke bis zur Barockzeit und dann verstärkt wieder in unserem Jahrhundert fordern vom Spieler beides. Man denke z.B. an Improvisation durch freigelassene Teile oder etwa an ein Stück Musiktheater von Maurizio Kagel, das trotz klarer Anweisungen so viele Möglichkeiten für den Ausführenden bietet, daß die Grenzen wieder fließend sind.

Nehmen wir also etwas scheinbar äußerst genau Festgelegtes, etwa ein Stück Klaviermusik von Johann Sebastian Bach: Zunächst nehme ich das Stück wahr, betrachte das Stück hermeneutisch in der Historie, sammle Informationen über Entstehungszeit, den Komponisten usw.

Ich versetze mich nun in die Zeit, zu den Menschen, in die Musik hinein, versuche nachzuempfinden, wie es gewesen sein könnte, wie ich mir es vorstelle, probiere dabei unterschiedliche Möglichkeiten aus. Vergleiche ich danach meine vielen nachempfundenen und spekulativen Ergebnisse mit den mir zur Verfügung stehenden Fakten und dem, was offen ist, bleibt viel Raum für eigene Entscheidungen, wie das Gestaltete gestaltend umgesetzt werden kann.

Einige wichtige Fragen seien herausgegriffen: Auf welchem Instrument, in welchem Zusammenhang will ich spielen, welches Tempo wähle ich, welche Agogik[9)], Dynamik, welche Artikulation und Phrasierung im Detail? Beim praktischen Ausprobieren kann ich einmal die objektiven Unterschiede bewerten, zum anderen stellen sich dabei wieder unterschiedliche Gedanken und Empfindungen ein. Durch das Aufzeigen mehrer Möglichkeiten der Ausführung vor unterschiedlichen Hörern, bekomme ich wieder eine Vielzahl von Feedbacks. Ebenso stelle ich mir die Frage, welche Bedeutung ein solches Stück heute für mich und für andere haben kann. Was ist es, das mich tiefer berührt und es nicht nur ein Stück Geschichte sein läßt?

Weiter sind Grenzüberschreitungen möglich, indem Grenzwerte der musikalischen Parameter ausgelotet werden (Höhe, Dauer, Dynamik, Farbe). Kontraste in der Präsentation bieten sich an, ferner die Einbeziehung technischer Möglichkeiten, die zur Zeit der Entstehung nocht nicht vorhanden waren usw., bis ich durch den ganzen kreativen Prozeß ein für mein eigenes Fühlen,

Denken und Handeln neues Modell entwickelt habe, das ich als meine Interpretation in die Klangwelt transferiere und für welches ich wesentliche Entscheidungen getroffen habe. Nicht die gestellten Fragen sind jedoch die kreativen Elemente, sondern die Wege zu ihrer Lösung durch die eigene Entscheidung.

Kreative Elemente hierbei sind - vergleichbar mit einem Brainstorming - z.B. das Sammeln der benötigten Bausteine und das Ausprobieren unterschiedlicher Wege unter Berücksichtigung der Komponente des Fühlens, was spielerische Möglichkeiten von hoher Erlebnisqualität zum Inhalt hat. Kreative Lösungen für die angesprochenen Fragen setzen auch hier den kreativen Prozeß voraus. Man wird es am Ergebnis hören.

Vergleicht man Glenn Goulds, Friedrich Guldas und Keith Jarretts Aufnahmen von J. S. Bachs Klavierzyklus "Das Wohltemperierte Klavier"[10)], so wird man hören, wieviel Freiheit und Mannigfaltigkeit trotz der Notenvorlage noch möglich ist.

Manche kreativen Künstler nehmen das gleiche Stück oder den gleichen Zyklus im Laufe ihres Lebens mehrmals auf oder bieten es immer wieder in Konzertprogrammen dar, nicht, weil sie die Noten dann besser können, sondern weil die Lebenszeit neue Erfahrungen und Erkenntnisse gebracht hat, die Veränderungen verlangen.

Ähnliche Fragestellungen ergeben sich natürlich auch bei der Arbeit mit Jugendlichen in einer Musikgruppe. Intensität und Tiefgang werden sicher vom Zustand der Gruppe, den Fähigkeiten und der Ausstrahlung der Anleiterpersönlichkeit und dem musikalischen Inhalt mitbestimmt. Auch bei der Reproduktion eines Stückes des Musikers "Sting" tauchen die genannten musikbezogenen Fragen auf. Selbst ein vorliegendes Arrangement läßt diese noch zu.

Je festgelegter die Parameter in einem Stück sind, desto eher fordert dies Stück - aufgrund des relativ engen Freiraums für kreative Gestaltung - zur Differenzierung im gegebenen Rahmen und zur Lösung durchaus komplexer Probleme heraus, denn die Vorgaben des Arrangements oder der Komposition sollen ja auch noch erfüllt werden (Erfüllung, "mit Leben erfüllen" stehen dem Wort nahe).

Je offener reproduzierbare Stücke konzipiert sind, obwohl sie bereits gültige und entschiedene Gestalten vorgeben, desto leichter lassen sich innerhalb der komponierten Gegebenheiten eigene, zunächst auch weniger differenzierte Wege zur Realisierung finden. Ganz allgemein bieten hier Kompositionen für variable Besetzungen gute Möglichkeiten, denn sie müssen ja mit unterschiedlichen Instrumenten, die ihrerseits wieder ihren Eigencharakter haben, spielbar sein oder gemacht werden.

Zwischen Rock-, Pop- und Jazzkompositionen und auch zwischen Chick Coreas Children's Songs und Karlheinz Stockhausens Tierkreis gibt es hier auf allen Gebieten noch viel zu entdecken.

Kreativität in der Rezeption

In der Jugendbewegung und in der Reformpädagogik der zwanziger Jahre ebenso wie in der Mitte der siebziger Jahre unseres Jahrhunderts wurde aus unterschiedlichen Gründen dem musikalischen Tun innerhalb der Pädagogik explizit große Wichtigkeit eingeräumt, Zuletzt geschah dies zumeist, um der sogenannten "Verkopfung", der Übertonung des Kognitiven in den Curricula zu begegnen.

Kreativ sei in erster Linie das Tun, das aktive Musizieren, passiv dagegen das Hören, so war vielfach zu lesen. So einfach läßt sich dieser Gegensatz aber nicht beschreiben. Zuhören ist Tätigsein, es bedeutet Kanalisierung meiner Energie in Konzentration auf etwas hin, ganz im Gegensatz zur Musikberieselung im Kaufhaus oder in anderen Zusammenhängen, wo Musik Kulisse bzw. Raumgestaltung ist[11)].

Das Tanzen zu funktionaler Musik[12)] ist noch nicht grundsätzlich kreativ, kann es aber werden[13)]. Aber auch ohne Tanz und Bewegungsgestaltung, die sowohl aus sich selbst, als auch aus dem Impuls von rezipierter Musik heraus möglich sind, kann der Körper in seiner Bewegung zur Verstärkung der Wahrnehmung beim Hören auf kreative Weise mit beitragen. Als Beispiel sei hier eine Übung genannt:

Ich stehe im Raum, ein Musikstück beginnt. Nachdem ich das Grundtempo der Musik erfaßt habe und innerlich spüre, gehe ich dieses Grundtempo im Raum. Beim nächsten Hören versuche ich mich auf eine Stimme oder ein Instrument zu konzentrieren und nur im Tempo oder Rhythmus zu gehen, den die ausgesuchte Stimme oder das Instrument spielt (z.B. Schlagzeug, Baß, Melodie oder Begleitstimmen). Beim erneuten Hören versuche ich, eine tiefe Stimme oder ein Instrument, bzw. das Grundtempo zu gehen und dabei mit einem Arm die Melodie nachzuzeichnen, ja eventuell sie sogar hoch und tief mitzubewegen, wenn sich die Melodie in eine Richtung hin ändert.
Ich achte bei dieser Übung darauf, daß ich nicht ins Tanzen oder Darstellen von Typen verfalle, denn das wäre zwar sicher als Hinführung zu Spiel und Tanz eine gute Übung, würde aber von der jetzigen Absicht, nämlich mit Hilfe der Körperbewegung konzentrierter zu hören, ablenken, da dadurch die Energie stärker in die Bewegung fließen würde.

Musik ist Schwingung, ist **Bewegung.** Sie wird klingend durch Stimme und Instrument, also durch **Bewegen.** Allein schon durch das Phänomen der Resonanz im weiteren Sinne muß sie zu innerer und/oder äußerer **Bewegung** anregen können.

Eine kreative Musikerziehung wird auch Spielen und Hören integrieren, beispielsweise "erhörte" Strukturen isolieren und über Variation und Improvisation zur eigenen Produktion führen. Wie unterschiedlich ein und dasselbe Musikstück oft rezipiert wird, zeigt sich leicht bei der gleichzeitigen oder anschließenden Umsetzung ins Bildnerische: Ein Mensch nimmt abstrakt bestimmte Parameter der Musik auf und setzt sie um in Punkte, rhythmische Schwünge etc. Ein anderer malt zur gleichen Musik eine Burg oder ein Kornfeld.

Im ersten Fall wird die Musik als sie selbst wahrgenommen, im zweiten Fall regt die Musik lediglich die Phantasie an, sie gibt den Anstoß für Bilder, wird also nicht als sie selbst wahrgenommen. Trotzdem kann beides ein kreativer Prozeß sein oder einen solchen in Gang bringen. Das Horchen auf Musik (aus der inneren

Sammlung heraus), das aktive Hören ist immer Agens dafür, neue Zusammenhänge aufzuspüren und Analogien wahrzunehmen.

"In Anlehnung an einen Ausspruch von John Cage möchte ich sagen, daß die Idee hinter einer Musik dem Hörer unerklärlich bleiben mag, er durch sie aber eine Idee empfängt, die der Autor nie hatte, die er aber ohne ihn und seine Musik auch nie gehabt hätte"[14)]. Dadurch bekommt für unsere Frage nach Kreativität das Problem Programmusik oder absolute Musik (wieder mit all den fließenden Übergängen) nur noch sekundäre Bedeutung[15)].

Betrachtet man neuere Untersuchungen über die psychophysische Bedeutung von Intervallen innerhalb physikalischer Zusammenhänge etwa bei Berendt, Krüger und Cousto[16)], so wird deutlich, was uns in den nächsten Jahren für die Bedeutung des Hörens an Entwicklung bevorsteht, selbst, wenn man den Schlußfolgerungen der genannten Autoren nicht immer folgen kann.

Das Ohr muß gegenüber dem Auge wieder die ihm zustehende Bedeutung in unserem Bewußtsein bekommen, denn: "Das Auge schätzt, das Ohr mißt"[17)].

Der Impuls zum kreativen Tun und die Begleitung des Prozesses

Um Veränderung und Erweiterung zu erfahren, muß ein in seiner Begrenzung erkennbares Phänomen von gewissem Bestand vorher vorhanden sein, d.h. es besteht eine Wechselbeziehung zwischen dem Gestalten und dem Auflösen. Beide bedingen sich gegenseitig.

Folgerichtig muß eine langfristige Pädagogik der Kreativität Inhalt, Medium und Sozialform im jeweils notwendigen Maße integrieren. In der ausgewogenen Mischung (womit natürlich nicht Drittelproporz gemeint ist!) schließen sich dabei entdeckendes, imitierendes und reflektierendes Lernen nicht aus. Durch Elementarisierung wird zunächst die Wahrnehmung für das Detail bewußter gemacht. In der differenzierten Bearbeitung dieses Details wird eben das wieder als kleine Ganzheit aufgefaßt, beispielsweise von einem Musikstück zu einem Melodiefragment, von da zu dessen Rhythmus auf wenigen Tönen, dann zu einem Motiv dieses Rhythmus'.

Auf jeder Stufe dieses Weges zum Detail bieten sich Gelegenheiten, das jeweilige Material wieder neu zu verarbeiten. So entstehen in kleinen Schritten wieder Entwicklungsformen, die auseinander hervorgehen - gleichsam in einer Art Metamorphose - bis hin zu eigenständigen größeren Formen. Die Bewußtheit für die Wechselbeziehung zwischen dem Detail und dem (großen) Ganzen sollte dabei immer geübt werden. Der aufgezeigte praktisch-analytische Weg führt zur Durchdringung und zum Erkennen des Kleinen im Großen und umgekehrt.

Die darauf folgende synthetische Arbeit lehrt uns, Analogien wahrzunehmen und Vernetzungen herzustellen. Beide Wege können sowohl zum Lösen als auch zum Festigen musikalischer Gestalten beschritten werden.

Die möglichen Bearbeitungsformen musikalischen Materials liegen in der Imitation, der Variation und der Kontrastbildung. Sich auf etwas einlassen können und Spielraum in allen möglichen Bedeutungen sind unumgänglich, um kreativ zu werden. In der Formulierung "ein Instrument spielen" wird der hohe Grad von Identifikation, von Wesenseinheit deutlich, der damit gemeint ist, im Gegensatz zu "mit einem Instrument spielen".

Kreativität kann sowohl aus Leidensdruck entstehen als auch der Freude an der Vielfalt entwachsen. Sicher haben wir heute ein partnerschaftlicheres Verhältnis zwischen Anleiter und Teilnehmer vor Ohren als das Meister-Schüler-Verhältnis, das Hermann Hesse in seinem fiktiv biographischen Roman "Das Glasperlenspiel" beschreibt, aber wie dort der alte Musikmeister den verschüchterten Buben Josef Knecht zum kreativen Klavierspielen bringt, ist auch heute noch ein bedenkenswertes Beispiel dafür, wie Lehrer und Schüler gleichzeitig kreativ werden können[18)].

Einem lesenswerten Aufsatz über die Wichtigkeit des Spielerischen in der Musik[19)], der von Inhalt und Stil her gleichermaßen zur Kreativität anregt, hat Peter Hoch einen programmatischen Titel gegeben, der auch über diesem Artikel stehen könnte: Von der Notwendigkeit der Luftsprünge.

Anmerkungen:

1) Flechsig, a.a.O. S. 198 - 200

2) Abell, a.a.O.

3) wobei an anderer Stelle diese Schwerpunktverteilung kritisch zu hinterfragen wäre

4) Produktion und Reproduktion auf die Rezeption
Rezeption und Produktion auf die Reproduktion
Rezeption und Reproduktion auf die Produktion

5) Hallmann, a.a.O. S. 175-177

6) Flechsig, K. H.: a.a.O. S. 208-209

7) siehe Richter, Kurt F.: Kreativität oder die Entdeckung der Vielfalt

8) Das letzte polare Begriffspaar zeigt deutlich, daß Polarität hier zwei Aspekte ein und derselben Sache meint, denn nicht bewußt zu entscheiden führt im zeitlichen und sozialen Verlauf auch zu einer Entscheidung. Viele "Techniken" zum kreativen Verhalten üben ja mit Assoziationen, Begriffsmengen und Gegensätzen. Aufschlußreich ist hierzu zu lesen: Gebser, Jean: a.a.O. S. 38-52 und S. 136-139

9) Hier: Musikalischer Fachausdruck für die kleinen Schwankungen von Tempo und Rhythmus - bedingt auch der Dynamik - beim Vortrag eines Musikstückes, die dem lebendigen musikalischen Ausdruck dienen. Es handelt sich um einen Vorgang, der in das Ermessen der Interpretation gestellt ist. Er wurde 1884 von Hugo Riemann definiert.

10) Aufnahmen: Glenn Gould, CBS 77427 CB 294; Friedrich Gulda, Philips 412 794-1; Keith Jarrett (1. Teil), ECM 1362/63-835 246-1

11) Rizzi, a.a.O. 1. Kapitel

12) Funktionale Musik meint hier nicht nur Industrieprodukte zur Verkaufsförderung oder Filmmusik, sondern ganz allgemein Musik mit einer anderen Funktion außer dem Hören.

13) siehe Pretz, Annmargret: Tanzen in Gruppen - ein kreativer Prozeß

14) Hoch, a.a.O. S. 30

15) Auch die Idee einer absoluten Musik muß der Tatsache Rechnung tragen, daß u.a. musikalische Intervalle und Klangfarben psychophysische Wirkungen haben, die - wenn schon nicht Bilder - so doch Gefühle evozieren.

16) Berendt, Das dritte Ohr; Cousto a.a.O. Krüger a.a.O.

17) Berendt, Nada Brahma; u.a. S. 224 ff.

18) Hesse, a.a.O. S. 50-54

19) Hoch, Peter: a.a.O.

Literaturverzeichnis

Abell, Arthur M.: Gespräche mit berühmten Komponisten, Flensburg 1962

Berendt, Joachim Ernst: Nada Brahma, Die Welt ist Klang, Frankfurt a.M. 1983

Berendt, Joachim Ernst: Das dritte Ohr, Reinbeck bei Hamburg 1985

Cousto: Die kosmische Oktave, Essen 1984,

Flechsig, K. H.: Erziehen zur Kreativität in: Flitner A., Scheuerl H. (Hrsg.), Einführung in pädagogisches Sehen und Denken, Texte, München 1972

Gebser, Jean: Verfall und Teilhabe - über Polarität, Dualität, Identität und deren Ursprung, Salzburg 1974
Hallmann, Ralph J.: Techniken des kreativen Lernens in Mühle G.
Hesse, Hermann: Das Glasperlenspiel, Zürich 1943, zitierte Ausgabe: Suhrkamp Taschenbuch Nr. 79
Hoch, Peter: Von der Notwendigkeit der Luftsprünge in: Neue Musik und Pädagogik, Dokumentation des 3. Symposiums der Europäischen Konferenz der Veranstalter Neuer Musik, Trossingen 1985
Krüger, Wilfried: Das Universum singt, Trier 1982
Rizzi, Werner: Musikalische Animation, Salzburg und Boppard 1988
Schell Ch. (Hrsg.): Kreativität und Schule, Texte, München 1971

Musik und Kreativität in der Schule

Klaus Holthaus

Handelt es sich bei dieser Überschrift um einen verbalen Kraftakt, oder ist sie vielmehr Ausdruck einer der seltenen Situationen, in denen der Lehrer die Erfahrung macht, daß die Schüler auch ohne seine durchstrukturierten und hierarchisierten Lernziele musikalische Erkenntnisse mit Freude bekommen, die sogar dem Lehrer neu sind?

Schauen wir uns kurz eine der heute noch anzutreffenden Situationen im Fach Musik an: steigende Schülerzahlen in beengten räumlichen Verhältnissen, qualitativ und quantitativ schlechte Ausstattung an Instrumenten für die Hand des Schülers, dafür aber eine gute Stereoanlage und ein Klavier für den Lehrer bestimmen häufig das Bild. Die Folge: musikalisches Tun wird häufig durch Sprachhandlungen ersetzt. Der Schüler begreift nicht (hier wörtlich gemeint), sondern bespricht. Er lernt Begriffe, darf sie häufig aber nicht handelnd mit Inhalt füllen.

Und der Lehrer? Er agiert vor und redet und redet, weil er ja seine Gedanken geordnet hat. Er muß Wissen abfragen, da er zensieren muß, und er ist dabei gar nicht glücklich.

Beide, Lehrer und Schüler, bewegen sich wie auf einer Spirale nach innen und erleben dabei Enge, Schwindel, Angst, bis sie auf der Stelle treten.

Kann es in der Schule im Fach Musik Situationen geben, in denen der Schüler musikalisch handelnd Freiraum gewinnt, wo er sich in musikalische Handlungen hineinwagen und sich freiwillig wieder zurückziehen kann, indem er sozusagen die Richtung der Spirale selber entscheiden kann? Ich meine ja, ich fordere sie mit allem Nachdruck, denn ohne sie ist Kreativität in der Schule nicht möglich.

Das folgende Beispiel aus meiner eigenen praktischen Arbeit mit Schülerinnen einer Fachschule für Sozialpädagogik soll einen der vielen kreativen Wege im Fach Musik darstellen.

Wie aus einer Jubiläumsfeier ein Rap wurde

Die Situation: Kurz vor Weihnachten 1987 - die Sekretärin der Schule hatte ihr 25-jähriges Dienstjubiläum. Eine Schule, die in Tradition denkt und "Niveau" haben will, wünscht natürlich auch eine entsprechende Feier. Nicht daß hierfür in den Unterrichtsstunden Vorbereitungen getroffen werden durften, nein, in den Pausen mußte es geschehen, denn Idealismus und Engagement werden verlangt, nicht freiwillig zugelassen. Die Jubiläumsfeier war dann auch wunderschön mit geistlicher und weltlicher Feier, mit Orchester, Chorgesang und vielen, vielen Reden.

Am anderen Morgen: Musik in den ersten beiden Stunden. Die Schülerinnen (18 - 20 Jahre) sind müde, ausgelaugt. Einige haben schon den Kanal gewechselt, d.h. ihren Walkman angestellt, andere bringen zum Ausdruck, daß für sie die Jubiläumsfeier ein Fest der Pannen und Pleiten war. Was macht man nun als Lehrer mit dieser Situation, in der herkömmliche Motivationsmuster nicht mehr funktionieren, wo erzieherischer Druck jede innere Anteilnahme am Unterricht ausschließen würde?

Der Einstieg: Ich forderte die Schülerinnen auf, die Gründe für ihren Unmut auf einen Begriff zu reduzieren und ihn zu nennen. Die Tafel war schnell vollgeschrieben.

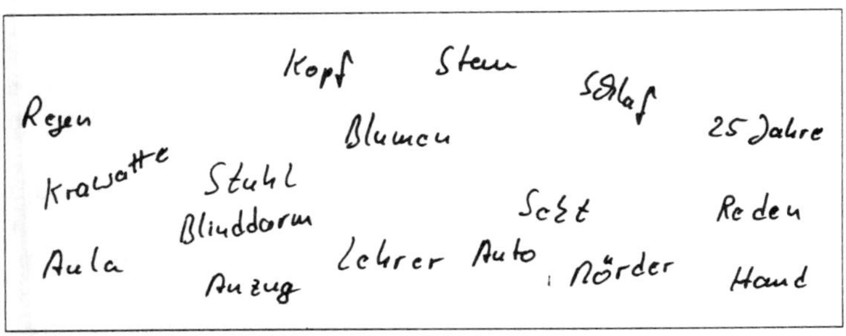

Verhaltenes Gelächter und spontane Kommentare waren die Folge. Als Außenstehender konnte ich diese Reaktionen nicht nachvollziehen. Deshalb fragte ich nach ihren Assoziationen zu den Begriffen. Es entstanden drei Assoziationsketten:

Regen - 25 Jahre - Blumen - Auto - Stau

Einige Schülerinnen sollten nämlich den Jubiläumsblumenstrauß besorgen und kamen zur Feier zu spät, da sie durch einen Verkehrsstau aufgehalten wurden. Außerdem regnete es an diesem Tag.

Kopf - Aula - Lehrer - Blinddarm

Der Lehrerratsvorsitzende hielt mit hochrotem Kopf und festlicher Krawatte eine Rede, worauf eine Schülerin eine Blinddarmreizung bekam.

Krawatte - Mörder

Ein Kriminalroman, der im Fach Jugendliteratur behandelt wurde, hatte seine Wirkung nicht verfehlt.

Eine Schülerin hatte spontan die Idee, aus den Wortketten einen Raptext[1)] zu entwickeln. Glück für mich, denn was hätte ich sonst mit dem Ergebnis anfangen sollen?

Die ersten Rap - Versuche:

Für mich als Lehrer war es nun wichtig, eine Methode zu finden, mit der die Schülerinnen die rhythmischen Möglichkeiten der verschiedenen Wortketten ausprobieren konnten, ohne zu sehr geführt zu werden.

Ein gesungenes Ostinato[2)] sollte den sprachlichen Fluß der Wortketten stützen, aber gleichzeitig möglichst viel Freiraum für die sprachliche Gestaltung lassen. Das Solo-Tutti-Prinzip[3)] als Interaktionsform garantierte das Ins-Spiel-Bringen-Können einzelner Ideen mit der Möglichkeit eines schnellen Feedbacks durch die Gesamtgruppe über die Deutlichkeit und den Schwierigkeitsgrad der Ideen. Das von einer gesonderten Gruppe gesungene Ostinato sollte das Improvisationsspiel in Gang halten und die Gesamtgruppe bezüglich Takt/Tempo stützen.

Das Improvisationsspiel:

Stehkreis, Basis-Stapfschritte. Dazu wird das Ostinato schrittweise aufgebaut.

Durch die rhythmische Betonung des Taktschwerpunktes wirkt das Ostinato animierend, die nachfolgenden Pausen erlauben ein Zuhören. Die beiden Wechselakkorde Dm7 und C6 schaffen durch ihre Dissonanzen einen offenen Klangraum ohne zwingenden Schluß. Nun begann das Spiel. Wörter wurden umgestellt, Rhythmen ausprobiert. Aus den positiven Reaktionen der Gesamtgruppe auf die Ideen Einzelner ergaben sich folgende Rap-Verse:

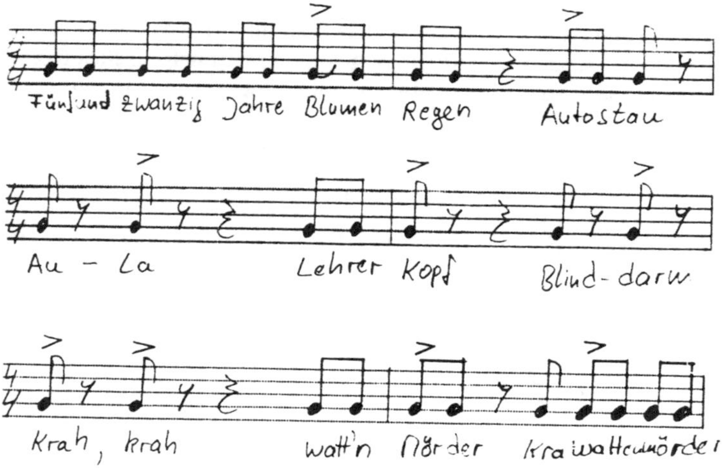

Erstaunt waren wir alle über den "phonologischen Bedeutungswandel" wie Lehrerkopf = leerer Kopf, Blumenregen, Krawattenmörder etc.

Die Verpackung:

Zu Beginn der nächsten Doppelstunde spielte ich auf der Baßgitarre ein typisches RAP-Bass-Pattern.

(vgl. Rap-Motion "I'm Down in: Rock und Song aktuell, Bosse, Regensburg 1984.)

Die Schülerinnen wiederholten dazu aus dem Gedächtnis ihre Rapverse im Solo-Tutti-Prinzip. Dann wurde ein typisches Rock-Rhythmuspattern auf verschiedene Schülerinnen aufgeteilt.

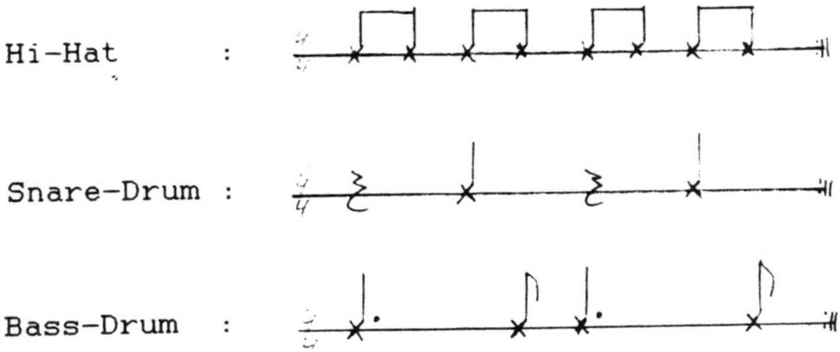

Ich forderte nun die Schülerinnen auf, in das entstandene polyrhythmische Pattern sich "einzugrooven"[4] und wiederum im Solo-Tutti-Prinzip auszuprobieren, wie die "Lücken" durch Gebrauch der Körperinstrumente rhythmisch aufgefüllt werden könnten. Eine Cassettenaufnahme half hinterher bei der Auswahl der geeigneten Ideen:

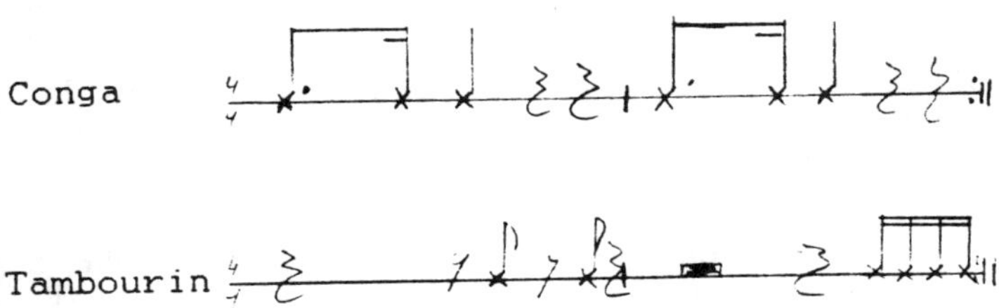

Um ein kleines harmonisches und melodisches Element in das Rhythmusbegleitmuster einzufügen, sollten die Schülerinnen einige der gefundenen "Rhythmusfüller" mit den Tönen g, b und c auf dem Keyboard gestalten:

1. Keyboard:

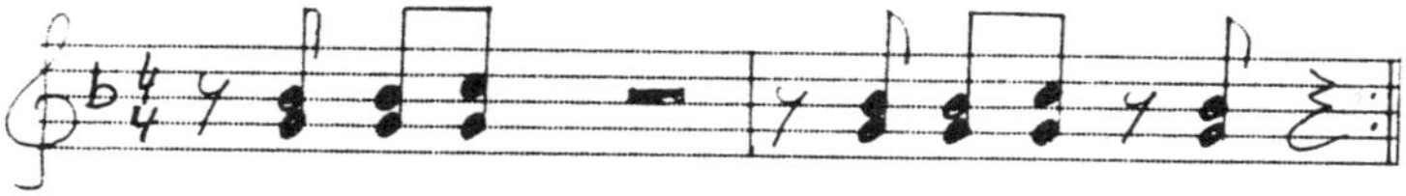

2. Keyboard:

Eine Diskussion über die Auswahl der zur Verfügung stehenden Sounds und über das geeignete Tempo schloß sich an. In der anschließenden Pause übten die Schülerinnen selbständig weiter.

Für die 3. Doppelstunde hatte ich aus meiner Plattensammlung den alten Rap-Titel "Hey You" von der Gruppe "Rock Steady Crew" mitgebracht. Die Schülerinnen sollten nun durch Körperbewegungen die musikalischen Merkmale dieses Rap-Titels aktiv erhören und mit dem eigenen vergleichen. Beim Hören des Titels sollten sie die Baßlinie gehen, die Schläge auf der Hi-Hat an der Gürtellinie mitpatschen, regelmäßige Keyboard Fill-ins durch Armbewegungen nachzeichnen, die Schläge der Snare-Drum gehen, bei Breaks stehenbleiben etc.

Wir merkten plötzlich, daß uns noch ein Teil fehlte, der Chorus. Drei Arbeitsgruppen versuchten nun, mit den vorher kennengelernten Methoden einen Chorustext zu entwickeln. Alle Gruppen fanden den folgenden Text am besten. Ich machte den Vorschlag, den Chorus nur vokal auszuführen und dafür die Form des Kanons zu wählen.

Der Chorus:

Im anschließenden Spielunterricht äußerten die Schülerinnen den Wunsch, ihren Rap auf der anstehenden Abschlußfeier aufzuführen. Es stellte sich das Problem, wie man fremden Menschen die Bedeutung der Ausgangswörter deutlich machen könne. Eine Schülerin machte den Vorschlag, diese Begriffe durch Sprache und darstellerisches Spiel zu präsentieren.

Für die Abschlußfeier ergab sich folgender Ablauf:

- szenische Darstellung der Ausgangsbegriffe
- Einsatz des Rhythmusmusters ohne Keyboards
- Einsatz der Keyboards, Rap-Verse mit Solosprechern und Gruppenantwort
- Chorus einstimmig, dann dreistimmiger Kanon
- Wiederholung der Verse und des Chorus
- Fade out[5] über dem Chorus

Das Publikum war begeistert. Ein Jahr später traf ich viele dieser Schülerinnen auf einer Hochzeitsfeier wieder. Als "Showeinlage" führten sie einen Hochzeits-Rap auf.

Anmerkungen

1) Rap (engl. Slangausdruck für "quasseln"), sehr rhythmisch betonte amerikanische Variante von Funk-Musik. Strophen werden rhythmisch im Sprechgesang vorgetragen. Das melodische Element ist reduziert.

2) Ostinato, gleichbleibendes rhythmisches, melodisches oder harmonisches Motiv oder Thema.

3) Solo-Tutti-Prinzip, Beziehungen zwischen Individuum und Kollektiv beim (abwechselnden) Musizieren, z.B. Vorsänger - Chor, Solist - Band.

4) Eingrooven (von engl. Groove = Rille, Furche) hier: sich genau in das Metrum und die Rhythmen einschwingen, die sich überlagern oder ergänzen.

5) Fade out, das kontinuierliche Decrescendo am Ende eines Musikstückes, meist über einen ostinat wiederholten Refrain, ursprünglich war damit das Ausblenden eines Titels am Ende einer Schallplatte gemeint.

Tanz

Tanzen in Gruppen - ein kreativer Prozeß

Annmargret Pretz
Dozentin für Bewegungserziehung und Tanz an der Akademie Remscheid

Pädagogische Reflexion zur Gruppe als Begriff und als methodisches Mittel im Tanz

Klaus Kramer
Prof. Dr., Fachgebiet Sport und Sportpädagogik PH Freiburg

Der Reiz des Tanzbeins
Mein Weg zum kreativen Tanz- und Bewegungsunterricht

Hanne Franziska Bender
Dozentin für Musik und Bewegung an Berliner Musikschulen

Wege zur Improvisation

Helga Raschke
Studienrätin, u.a. für Sport-Gymnastik-Tanz, Berufsfachschulen Wiesloch/Heidelberg

Tanzen in Gruppen - ein kreativer Prozeß

Annmargret Pretz

Tanzen ist eine vielschichtige, komplexe Aktivität, körperkonzentriert, raumorientiert, von Sinneswahrnehmungen inspiriert, durch Personen und Situationen motiviert. Tanzen kann faszinieren, sowohl den Tanzenden selbst als auch den Zuschauer. Ich habe mich immer in beiden Rollen gefragt, worin diese Faszination besteht und habe beobachtet, daß nur ein Funke überspringt zwischen den Tanzenden oder von den Tanzenden zum Zuschauer, wenn außer der "schönen" gekonnten Bewegung auch noch die volle Präsenz der Tänzer zu spüren war, präsent mit Körper, Geist und Seele, mit einer gewissen Spannung von Neugierhaltung, die den kreativen Prozeß des Tanzes verdeutlichen konnte - ob nun als überschäumende direkte Sinnesfreude oder als abstrahierte Gestaltung.

Faszination des Tanzens - Präsent sein mit Körper, Geist und Seele

Tanzen muß immer auch für den einzelnen als tanzende Person ein spannender, Neugierde erzeugender Prozeß sein, wo Körper, Geist und Seele sich vereinen im Ausdruck innerer Bewegung. Dazu habe ich in meiner jahrzehntelangen tanzpädagogischen Arbeit immer wieder Methoden entwickelt, die sowohl die Bewegungsfähigkeiten als auch die Ausdruckskräfte in einem kreativen Prozeß wachsen und bewußt werden lassen.

Die Herausforderung lag für mich in der Aufgabe, dem einzelnen und der jeweiligen Gruppe insgesamt die Erfahrung eines Prozesses zu ermöglichen, der Individualität und Kreativität herausfordern und trotzdem zum Tanzen in Gruppen führen sollte.

Wichtige Phasen einer tänzerischen Entwicklung waren dabei immer: explorieren - experimentieren - improvisieren - choreografieren oder anders ausgedückt: entdecken - ausprobieren/üben - thematisch umspielen - gestalten.

Wichtiger Grundsatz meines pädagogischen Handelns war und ist, zu jeder Zeit, in allen Phasen dem Lernenden ein Höchstmaß an eigener Entwicklung und kreativer Mitarbeit zu ermöglichen. So will ich dem allzu schematischen und technischen Tanzen begegnen, das ich so oft in unserer Gesellschaft bei Laiengruppen und auch bei Bühnentänzern erlebt habe.

Tanzen in Gruppen - Altes neu erspüren - Neues erfinden

Beim Tanzen in Gruppen gilt diese Grundeinstellung sowohl für "fertige", gestaltete Tanzformen aus der Tradition und aus der heutigen Gesellschaft als auch für die Neuerfindung von Tanzformen und Tanzgestaltungen. In einem tänzerischen Prozeß will ich die kreativen Kräfte provozieren, Altes neu zu erspüren, Altes evtl. zu verändern, Neues zu erfinden.

Einen Ansatz meines Konzeptes zur Förderung kreativer Einstellung und auch wachsender kreativer Fähigkeiten sehe ich in der Aufbereitung traditioneller und moderner Tanzformen und im Umgang mit diesen Formen.

In einem Artikel über "Tanzerziehung im Lernfeld Gruppe"[1)] habe ich 1982 u.a. folgende Thesen formuliert:

These 6 -
Tanzen kann Formen und Strukturen erlebbar machen.
These 7 -
Im Tanzen kann sich der Mensch von genormten Formen lösen, befreien und neue Formen entwickeln.

Bei der methodischen Entwicklung von traditionellen Tanzformen liegen der Reiz und die persönliche Bereicherung in der Neuentdeckung von tänzerischen Bewegungen, Rhythmen, von

Zuordnungen in der Gruppe, zum Raum und vor dem Hintergrund des historischen, tänzerischen Anlasses. Dazu will ich einige Beispiele aus meiner Praxis aufzeichnen.

Der Kreis - eine Urform des Tanzens

Branle de Quercy[2)], ein französischer Tanz aus Quercy, der die Urform des Gruppentanzes, den Kreis um einen Mittelpunkt zum Inhalt hat, dabei die soziale Struktur der Gruppe als Paarzuordnung vorsieht. Im Verlauf dieses Tanzes verändert sich das eindeutige lineare Kreisbild in eine dynamische Verengung und Erweiterung des Kreises, dann in einen Doppelkreis und zum Schluß in lauter kleine Paarkreise auf der Kreisbahn; dieses letzte Bild löst sich wieder auf in die einspurige Kreisbahn, und der Tanz beginnt von vorn, ein ewiger Kreislauf!

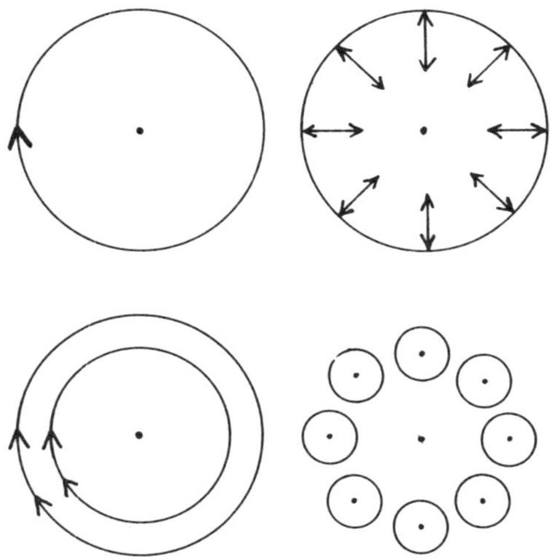

Diese Raumbilder sind mit entsprechenden Fortbewegungsarten verbunden, die diese insgesamt dynamische Entwicklung von Kreisen um einen Mittelpunkt begünstigen und eine bewußte Erlebnissteigerung ermöglichen.

Gehen, Hüpfen, Seitgalopp und Laufen sind die ineinander übergehenden tänzerischen Fortbewegungen, die eine Steigerung der Geschwindigkeit und damit eine Intensivierung des Gruppen- und Raumerlebnisses Kreis - Kreislauf hervorrufen, eine neue Erfahrung für jeden Mittanzenden.

Diese Grundüberlegungen bestimmen das methodische Vorgehen: Ausprobieren von Fortbewegungsarten zu Kreisbildern, günstige Möglichkeiten verstärken, den Musikteilen zuordnen, Ablauf festlegen, Fassungen in Kreis- und Paarform ausprobieren, stilistische Anmerkungen.

Wichtig ist immer das kreative Mitdenken und Mitarbeiten aller Tanzenden bei der Entwicklung eines Tanzes, die Einsicht in die Entstehung der Form und die mögliche Erfüllung der Form, der eigene Einsatz und die Kooperation in der Gruppe, Anregungen aufnehmen, miteinander vergleichen, entscheiden.

Diese vorangestellte dynamische Form von Kreis, Kreisveränderung, Kreislauf - auch in übertragenem Sinn - kann die Tänzer motivieren, auch andere Formen wie Reihe, Gasse und Viereck in anderen Tänzen zu erforschen, auszuprobieren und sie bei der Findung und Gestaltung von eigenen Tänzen in einer neuen, ihnen gemäßen Art zu nutzen.

Alltagsbewegungen für den Tanz entdecken

Ein nächstes Beispiel soll aufzeigen, wie Alltagsbewegungen ihren tänzerischen Ausdruck fanden und damit ein Stück von Alltagssituation bewältigt wurde, eine Anregung, die viele Teilnehmer anschließend zu kleinen Improvisationen aus ihrer eigenen Arbeitswelt inspiriert haben.

Ronde bretonne[3)], ein französischer Tanz, der zur Zeit der Weinlese getanzt wurde und der in seiner musikalischen und tänzerischen zweiteiligen A-B-Form abstrahierte Bewegungen des Traubenpressens und die symbolhafte Form eines großes Korbes darstellt, der gemeinsam gebildet und gemeinsam getragen wird.

Das Ganze ist eine geschlossene Kreisform, die auch die Zusammengehörigkeit dieser sozialen Gruppe darstellte und damit sicher auch das Gefühl für die Gemeinsamkeit förderte.

Diese geschlossene Form löse ich zunächst auf und lasse nach Erzählungen über die hautnahe Weinherstellung früherer Zeiten die Trauben unter nackten Füßen spüren, das Quetschen und Pressen von Trauben mit den Füßen ausprobieren, jeder an seinem Platz.

Nach der A-Musik sind alle Trauben zerquetscht, und es müssen zur folgenden B-Musik neue Trauben geholt werden mit Körben auf dem Kopf zum Tragen.

So ergibt sich schon die **Grundform von** Pressen und Quetschen am **Platz und** von ausschwärmender **Raumbewegung** der Tänzer mit hocherhobenen Armen und Händen um einen imaginären Korb, **ein tänzerisches Prinzip!**

Eine offene tänzerische Form ist entstanden

Die nächste Stufe nimmt die Beziehung zur Gruppe auf. Das Pressen der Trauben geschieht gemeinsam in kleinen Tonnen, wo man am Innenrand der Tonnen eng beieinander steht - also sichtbar kleine Kreise als Symbole für Tonnen bildet - und pressend sich ein wenig am Rande weiterbewegt.

Diese Zuordnung zu kleinen Gruppen erfordert aufmerksames Angleichen an Tempo, Schrittgröße und Einigung auf Abfolge von rechten und linken Füßen aus ganz praktischen, einsichtigen Gründen ... damit man sich nicht gegen-seitig auf die Füße tritt!

Hier ist ein stilistischer Hinweis aus der historischen Form angebracht, der aus dem individuellen Quetschen eine gemeinsame tänzerische Formung findet: "Beim Quetschen setzt der rechte Fuß sich mit der Ferse an die Mitte des seitlich geöffneten linken Fußes, drückt tief ein, der linke Fuß setzt ein Stück weiter nach links, der rechte Fuß setzt wieder ein und drückt, der linke Fuß setzt weiter auf neuen Platz nach links usw.; der Arbeitsvorgang ist perfekt!"

Aus dieser engen Tonne fällt das Ausschwärmen mit imaginären Körben auf den Köpfen, um neue Trauben zu holen, besonders leicht - **ein tänzerisches Prinzip der kontrastierenden Spannung von Enge und Weite** wird bewußt erfahren und dadurch verfügbar auch für andere kreative Vorgänge.

Offene und geschlossene Tanzformen lassen sich verbinden

Ein gestalteter Tanz ist entstanden in neuen Raumbildern, in ständig neuen Zuordnungen innerhalb der Gruppe, doch inhaltlich aus der traditionellen Form. Diese Grundstimmigkeit macht es zusätzlich möglich, die neue offene Form im Wechsel mit der traditionellen geschlossenen Form zu verknüpfen, eine reizvolle Erfahrung, die wir anschließend machen. Brigitte, eine französische Teilnehmerin in einem Aufbaukurs, war besonders begeistert von der kreativen Entwicklung dieser beiden französischen Tänze und formulierte ihr Fazit: "Es ist die Entscheidung von jedem, der mit Gruppen arbeitet: Nicht fertige Tanzformen einüben, sondern mehr den Tanz fühlen durch die langsame Entwicklung von Formen - dieses geschieht mit der Gruppe. Ist es nicht schön: etwas "wachsen" lassen, wachsen sehen und sich darauf freuen?" Brigitte zeichnete auch die nachfolgenden Raumbilder dieser beiden Tänze.

Umgang mit traditionellen Tanzformen heißt einmal, die Kontinuität bewahren, zum anderen aber auch aus den Formen lernen, sie sich zunutze machen für neue Ideen, heißt offen werden für kreative Vorgänge. Sie sind ein Ansatz für die Entwicklung kreativer Fähigkeiten im Tanz.

Modetänze fantasievoll nutzen

Im modernen Tanzbereich werden ständig neue Formen für Paare und Gruppen produziert, die nur zu gern als endgültige fertige Formen von Tänzern, Tanzgruppen und Pädagogen übernommen werden, statt sie - wie ich meine - ebenfalls als Modelle

a)

Branle de Quercy – So entwickelt sich eine dynamische Form, sehr schön von draußen zu beobachten.

b)

Ronde bretonne:

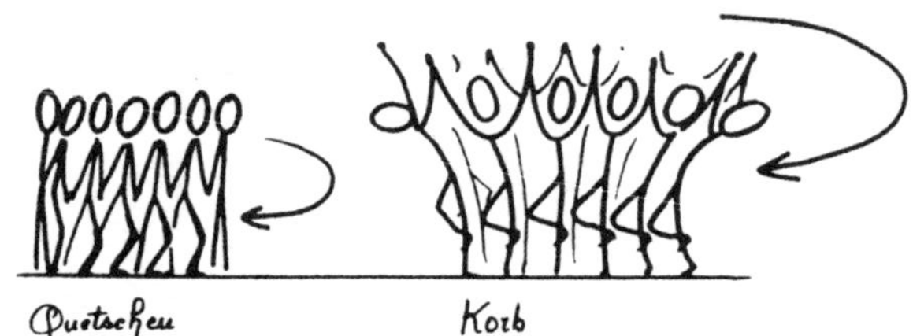

oder Anregungen zu nutzen oder sie als Orientierungshilfe zu nehmen in der Vielfalt tänzerischer Formen von Beat und Pop, Discotanz oder auch Jazztanz-Formationen.

Wichtig im Umgang mit diesen Formen ist wieder das Erkennen von Bewegungselementen, räumlichen Strukturen und sozialen Beziehungen. Als Beispiel einer modernen Form wähle ich hier eine amerikanische Paartanzform, die ich selbst 1960 "ganz neu" aus den Staaten mitgebracht hatte.

Steppin'out[4], eine Paartanzform mit reizvollen hörbaren Fußbewegungen, Stepschritten wie cat steps, brush- und shuffle-Bewegungen zu einer anregenden Musik und einem speziellen Arrangement für diesen Tanz:

1. Durchspiel mit vollem Orchester,

2. Durchspiel nur mit Rhythmusinstrumenten,

3. Durchspiel nur ein Takt,
   dann völliges Aussetzen der Musik, die Tänzer müssen selbständig das Rhythmusspiel mit ihren tanzenden Füßen übernehmen.

Dieses macht den Tanz in Beziehung zur Musik spannend: Genaues Hinhören, Genauigkeit in der hörbaren Bewegung und ein Zusammenspiel aller Tanzenden sind erforderlich, denn in den letzten vier Takten setzt die Musik mit vollem Orchester haargenau wieder ein; ein tolles Erfolgserlebnis für die tanzende Gruppe, wenn alles übereinstimmt!

Als Paartanzform ist dieser Tanz völlig uninteressant, weil der Partnerbezug überhaupt keine Rolle spielt, sondern das tänzerische Spiel ereignet sich mit den hörbaren Rhythmen und Akzenten der Füße. Als tanzende Gruppe aber wird dieser Tanz zu einem aktiven Hörerlebnis von Tanz - Musik - Gruppe.

So habe ich vor Jahren diesen Tanz aus der Paarbindung gelöst und daraus mit meinen Teilnehmern eine offene Gruppentanzform entwickelt, zunächst in Blockaufstellung, um Sicherheit in der Gruppenbewegung zu vermitteln.

Bildhafte Vorstellungen präzisieren die Form

Phasen des Spielens mit der Fußbeweglichkeit, Finden von möglichen Stepverbindungen, Veränderungen bis zum erforderlichen Bewegungsmodell sind wie immer notwendig bei der Entwicklung eines Tanzes.

Den Ablauf habe ich durch eine Geschichte als Vorstellungshilfe verdeutlicht: Einen Pfahl einsetzen, ihn befestigen und einen Zaun ziehen, einen zweiten Pfahl einsetzen, ihn befestigen und Zaun zurückziehen, den ersten Pfahl umkreisen und noch einmal befestigen (A-Teil). Durch den Raum promenieren, andere Pfähle umrunden, Personen begegnen (B-Teil). Einen neuen Pfahl aussuchen, ihn doppelt umwickeln, umkreisen und noch einmal befestigen (A-Coda).

Durch diese nachvollziehbare Handlung bekam das tänzerische Spiel eine Intensität, die sich in der gemeinsam bewältigten rhythmisch-tänzerischen Form verdeutlichte. Zu dieser Erfahrung sind dann von den Teilnehmern zusätzliche choregrafische Vorschläge gekommen, neue Bilder sind entstanden, immer waren es in diesem Zusammenhang gruppenbezogene Formen.

Kursteilnehmerin Bettina schreibt von neuen Ideen aus ihrer Praxis: "Sehr viel Spaß hat mir die Praxisaufgabe gemacht. Zum ersten Mal hatte ich nicht ausschließlich eine Schrittfolge vermittelt, sondern durch kleine Bewegungsaufgaben einen Tanz mit den Jugendlichen erarbeitet. Aus diesem Tanz entstand ein langfristiges Projekt. Zusammen erweiterten wir diesen Discotanz. Neue Schrittfolgen kamen dazu, und eine Choreografie entwikkelte sich. Noch nie hatte ich mit Jugendlichen einen Tanz mit solcher Kontinuität erarbeitet.

Die Motivation der Jugendlichen ist eine geplante Aufführung im Winter, die sie sich selbst gewünscht haben."

Improvisieren - ein lustvolles Wechselspiel

Ein grundlegender Ansatz meines kreativen Konzeptes, den ich ständig praktiziere (und über den ich schon mehrere Beiträge, Arbeitspapiere und Thesen verfaßt habe), der mir besonders wichtig erscheint, weil gerade er die kreativen Kräfte herausfordert, ist die Methode des Improvisierens unter Aspekten der Kommunikation.

Sie ermöglicht entdeckendes Agieren und Reagieren in einer Gruppe unter jeweils neuen Spielregeln zu Themen, die spontan Fantasie und Ausdruck hervorlocken, neue schöpferische Bewegungsvorgänge initiieren; ein lustvolles Wechsel-spiel, das aus dem Anstoß visueller und auditiver Wahrnehmung von Personen, Situationen und musikalischen Ereignissen erwachsen kann. Ende der 60er Jahre prägten wir in Remscheid dafür auch den *Begriff des "Kreativen Tanzens"*.

Anlaß waren unsere Besuche in Remscheider (und umliegender Städte) Tanzbars, wo meine Teilnehmer aus langfristigen Kursen - Semester und Seminare - abends in kleinen Gruppen hinzogen, um aus Lust und Laune zu tanzen, manchmal auch mit speziellem Auftrag, das Tanzen der Jugendlichen dabei zu beobachten, evtl. ins Gespräch zu kommen, im Hinterkopf einen Fragenkatalog parat zu haben für Erhebungen, die wir später durchgeführt haben. Ja, aber Anlaß war das Tanzen der Teilnehmer, die Art und Weise, wie sie im Umgang miteinander tanzten, mit wechselnden Partnern, sehr fantasievoll, ungewöhnlich in Bewegung und Ausdruck, ungewöhnlich im freien Umgang mit der Musik, zwar "beat-bezogen", aber nicht "beat-abhängig".

Immer stieß dieses Tanzen auf Neugier und Interesse bei den anderen Jugendlichen. Und auf ihre Fragen, was denn das für ein Tanz sei und ob man ihn lernen könne, deklarierten meine Teilnehmer ihr Tanzen als "Kreativen Tanz" und daß man ihn im Prinzip sehr wohl lernen könne wie sie selbst z.B. in der Akademie Remscheid. Daraus entwickelten sich Gespräche, Aufforderungen und zaghafte Ansätze zum Mitmachen! Das waren kleine Übertragungs- und Erfolgserlebnisse, die zu weiterer Auseinandersetzung mit dem Phänomen der spontanen, doch sehr bewußten Bewegung im kreativen Tanzen motivierte und überzeugte.

Spielregeln für kreatives Tanzen

Das Prinzip der Entwicklung von kreativem Tanzen ist wiederum entdecken - ausprobieren - in Beziehung setzen - neu wahrnehmen - bewußt werden - neu handeln = improvisierend gestalten.

Lern- und Erfahrungssequenzen setze ich beim Körper als dem Instrument des Tanzes an, beim Körper in der Zuordnung zum Raum, zu Partnern, setze an bei Impulsen, die zur Bewegung, zum Tanzen anregen.

Einige Lernsequenzen, die grundlegende und anregende Impulse zu einer kreativ tänzerischen Arbeit geben sollen, möchte ich an Beispielen verdeutlichen. Darunter verstehe ich keine Bewegungsanweisungen, sondern verbale Anstöße, die individuelle, ungewöhnliche und für den einzelnen "neue" Bewegungen erzeugen.

Beispiel:
Beweglichkeit des Körpers von Fuß bis Kopf durch Eingabe von Reizworten, Assoziationsmöglichkeiten **individuell und neu** entdecken:

- Fußboden-Kontakt spüren, viel, wenig Kontakt, über spitze Steine oder über heißen Boden gehen, über weichen Grasboden oder über warmen Sand gehen, über Balken, Stämme balancieren usw.
- Fußsohlen anschauen, anderen Personen zeigen;
- Knie hochziehen, anschauen, damit andere Personen begrüßen;
- Mit der Hüfte etwas wegdrücken, andere Hüften anstoßen;
- Schultern hochziehen, fallenlassen, die kalte Schulter zeigen, etwas über die Schulter nach hinten oder vorne werfen;
- Mit den Ellenbogen sich den Weg freimachen, Ellenbogen als Führungspunkte der Bewegung, mit den Augen und der Körperbewegung folgen;
- Handgelenke ins Bewußtsein, ins Spiel bringen, hochziehen und senken, Ober-, Unterseite führt in die verschiedenen Raumebenen, Decke, Wände, Boden anstreichen;

- Finger entdecken, Schreibmaschine schreiben, Klavierspielen;
- mit den Augen Umschau halten und sich im Raum orientieren, mit der Nase eigenen Namen schreiben, mit dem Kinn Raumfiguren malen, das Ohr zur Decke, zum Boden, an die Seitenwände des Raumes legen, hören wollen, was beim Nachbarn passiert, ja und nein sagen, nicken und den Kopf schütteln.

Durch diese auffordernden Reizworte - mit einer ansprechenden Musik (z.B. Talking Drums von Siegfried Fink mit seinem Würzburger Percussion Ensemble) unterlegt, die sehr viele Tempi, eigene Rhythmen und eigene Dynamik ermöglicht - kann der Tanzende auf Entdeckungsreise gehen in seinem Körper, kann den Raum um sich nutzen und auch Kontakte mit anderen Tänzern aufnehmen.

Er entdeckt Bewegungen, die ihm gut gelingen und Körperregionen, die er überhaupt noch nicht in seinem Bewußtsein hatte und auch Blockaden in seinem Körper, an denen er arbeiten muß.

Kreaktionsspiele - eine tänzerische Herausforderung

In den folgenden Bewegungsspielen wird das kreative Agieren und Reagieren in Gruppen besonders herausgefordert und somit auch gefördert. Ich nenne sie aus diesem Grund "Kreaktionsspiele". Inhaltlich können sie unterschiedliche Schwerpunkte haben.

Beispiel:

Tempoübertragung als Ansatz zu tänzerischen Raumspielen

Gemeinsames Lauftempo finden (ohne Musik oder nach einer Musik wie z.B. Dervish D. aus Spiral von Vangelis) und in Fortbewegung umsetzen auf eigenen Wegen im Raum, abwechseln mit Platzbewe- gung in Form von hörbaren Tempi durch Klatschen, Schnipsen o. ä. Spielregeln können sein:

- Einer beginnt zu laufen und alle laufen mit, einer klatscht am Platz und alle klatschen an ihrem Platz mit, ein tänzerisches Prinzip von Platz- und Raumbewegung entsteht, die Sinne Hören und Sehen werden dabei zusätzlich aktiviert.
- Jeder entscheidet selbst seinen Wechsel von Platz- und Raumbewegung, beide Aktionen werden gleichzeitig im Raum sichtbar und hörbar. Jeder kann sich zuordnen zu stehenden klatschenden Personen und evtl. ein Klatschorchester bilden, er kann allein oder gemeinsam mit anderen Personen laufen, hinter- eindander, nebeneinander, umeinander, durch die entsprechenden Gebilde der Klatschenden wie Kreise, Gassen und Tore hindurch laufen usw.

Ständig wechselnde Raumbilder entstehen, tänzerische Zuordnungen von Paaren und Kleingruppen und wieder Auflösung, ein spannungsvolles Gruppengeschehen, von jedem einzelnen beeinflußt!

Beispiel:
Bewegungsübertragung als Ansatz zu tänzerischen Improvisationen

Zu einer ausgewählten Musik (Dervish D. ist wieder möglich) erfindet eine Person eine Bewegung am Platz, wie z.B. eine alltägliche Arbeitsbewegung und alle Personen übernehmen diese Arbeitsbewegung möglichst genau, die nächste Person erfindet einen Typ der Fortbewegung wie schleichen, trippeln, stolzieren, kriechen, rollen und alle Personen übernehmen diesen Typ.

So entwickeln sich immer neue Ideen von Platz- und Raumbewegungen, die durch gegenseitige Anregung an Ausdruck gewinnen und auch schon thematische Ansätze für spätere Improvisationen ergeben wie z.B. - Arbeit und Freizeit - Auf der Straße - Dieb im Kaufhaus - Ausverkauf - Begegnungen u. ä.

Beispiel:
Bewegungsübertragung als Ansatz zum Tanzen in Gruppen

Bewegungsübertragung durch Spiegel- oder Schattenbilder beziehen sich zunächst auf Partner, die sich gegenseitig im anderen spiegeln oder die vom anderen beschattet werden, dabei sind Genauigkeit und Klarheit in der Bewegung erforderlich, die ablesbare Kontrolle ist unmittelbar, direkt.

Die Erweiterung dieser Spiegel- oder Schattenspielregel zum Tanzen in Gruppen heißt, daß jede Person immer wieder neue Zuordnungen findet in den wechselnden Rollen von Spiegel- oder Schattenbild. Jede Person kann ihre Rolle im Gruppentanzen zu jeder Zeit neu bestimmen, eigene Bewegungsideen übertragen oder Bewegungen übernehmen.

Solch eine Form des kreativen Umgangs mit Bewegungserfindung, mit Bewegungsübertragung, mit wechselnden Partnern, mit wechselnden Raumstrukturen in Solo- und Gruppenbewegungen ist eine Basis für kreatives Tanzen in Gruppen.

Spezielle Bewegungsqualitäten, rhythmisch-musikalische Sensibilität, thematisch gebundene Improvisationen und Gestaltungen als tänzerische Gruppenarbeit erfordern weitere intensive Lern- und Erfahrungssequenzen. Auch diese Sequenzen sind immer aufgebaut auf dem Prinzip des Lernens durch eigene kreative Mitarbeit in der Gruppe.

Teilnehmerin Iliane reflektiert über ihre Erfahrungen aus der Improvisationswoche eines Aufbaukurses u.a.: "... Besonders fasziniert hat mich der assoziative Bewegungsansatz. Schon bei den ersten Übungen wurde die Lebendigkeit der Bewegung gefördert durch "Reizworte", die die Phantasie anregten und das Einfühlen in eine fiktive Situation erleichterten. So wurde z.B. das Gehen mit belasteter Fußspitze als das Gehen von oben nach unten mit der Vorstellung verbunden, durch Glasscherben zu laufen (gehen!).

Die erste Improvisation fand zum Thema Winter statt. Jede Person weist zahlreiche Erfahrungen zu diesem Thema auf, und es ist so allgemein gehalten, daß es den Teilnehmern einerseits ein Zurückgreifen auf persönliche Erlebnisse ermöglicht und ihnen andererseits aber nicht das Bloßlegen ihrer persönlichen

Angelegenheiten abverlangt, wodurch Sicherheit vermittelt und eine psychische Blockade verhindert wird. Wenn dann noch, wie geschehen, charakteristische winterliche Fortbewegungsarten vor der Aufgabe, eine kleine Improvisation zu entwickeln, eingeübt werden, sind die Voraussetzungen für das fast spielerische Umsetzen der Anforderung in eigene Kreativität außerordentlich gut und scheinen mir sehr nachahmenswert vom Grundprinzip her."

Und nach weiteren Ausführungen schließt sie mit folgender Überlegung für ihre Praxis: "Wenn ich im Jugendzentrum eine Tanzaktion anbiete und die Jugendlichen Spaß daran haben, bin ich erfolgreich, weil ich sie dann weiterhin dafür gewinnen kann, sich tänzerisch zu bewegen und somit ein Ausdrucksmittel für sich zu erschließen, das ich für ein dem menschlichen Wesen ureigenes und Lebendigkeit förderndes halte."

Diese Ansätze einer kreativen tänzerischen Arbeit sollen verdeutlichen, daß Tanzen in Gruppen nicht Untertauchen in Gemeinsamkeiten zum Ziel hat, sondern daß es zu Ausdrucksformen hinführen soll, die vom Individuum, von jedem einzelnen in der Gruppe mitgeprägt und mitgetragen werden. In gemeinsamer Arbeit, n gegenseitiger Anregung können alte Formen neu erfüllt, können neue Ausdrucksformen entdeckt, eigene Themen tänzerisch erarbeitet und dargestellt werden.

Tanzen in Gruppen erfordert sowohl vom Leiter und Pädagogen als auch von den Gruppenmitgliedern eine kreative Einstellung zur Entwicklung von Bewegungsfertigkeiten und Ausdrucksqualitäten, erfordert eine ständige Suche nach Methoden und Umgangsformen, die einen kreativen Ansatz ermöglichen und einen kreativen Prozeß bis zur gestalteten Form erlebbar machen können.

Damit komme ich zurück auf meine anfangs geäußerte Faszination vom Tanzen, von der Ausstrahlung, vom Funken, der überspringt und den ich als kreative Präsenz bezeichnen möchte.

Eine kleine, aber wahre Geschichte zum Schluß:
Raf aus Belgien geht nach vielen Jahren zum ersten Mal wieder mit seiner Frau Melly (beide hatten sich übrigens in der Akademie Remscheid kennengelernt) abends zum Tanzen in eine Disco

in Köln. Plötzlich tippt ihm jemand beim Tanzen hinten auf die Schulter: "Kommst Du aus Remscheid?" "Nein, wieso ... und Du?" "Ich auch nicht, aber ich war mal in Remscheid, und Du tanzt so eigenwillig und kreativ wie wir damals in Remscheid." "Naja, ich war ja auch mal in Remscheid!" Die Art und Weise des kreativen Tanzens war zum Erkennungszeichen geworden.

Literaturhinweis

1) aus "Tanz in der kulturellen Szene", Arbeitshilfe 12 der LKJ in NRW, ISBN 3-922854-11-7

2) aus "Europäische Tänze in der Schule", Möseler Verlag Wolfenbüttel

3) wie 2)

4) Lizenzpressung der amerikanischen Schallplatte bei Schallplattenverlag Kögler, Stuttgart-Möhringen

Pädagogische Reflexion zur Gruppe als Begriff und als methodisches Mittel im Tanz

Klaus Kramer

1987 hat der Ballett-Bühnen-Verlag das Buch von Jochen Schmidt über den holländischen Choreographen Hans van Manen herausgegeben. Im gleichen Jahr sind einige Werke über Mary Wigman erschienen, Zeitschriften feierten die Geburtstage von Gret Palucca, Rosalie Chladek, Maja Lex und Else Lang. Das Fernsehen strahlt z.Zt. eine Retrospektive zum Wirken von John Cranko aus, aktuelle Kulturspalten der Tages- und Wochenzeitungen füllen sich mit Berichten über praktizierende Tänzer und Choreographen der großen Bühnen - kurz: dem interessierten Publikum wird der Tanz vorgestellt als ein Phänomen, das weitgehend bestimmt ist von der Aktivität und Kreativität einzelner Persönlichkeiten.

Die Tanzkompanie erscheint als gefügiges Instrument der Umsetzung phantasievoller Kreationen des Chorographen - nicht die Gruppe, sondern der einzelne ist "kreativ". Tanz als Gruppenleistung und Gruppenprozeß wird höchst selten thematisiert, obwohl der Tanz gerade wegen seiner Gruppenbezogenheit für pädagogische Zielsetzungen wichtig geworden ist.

Man muß nur einige ganz einfache Gedankenansätze zu Ende denken, um zu erkennen, weshalb Tanz und Gruppe bzw. soziale Umwelt nicht zu trennen sind. Es gibt natürlich den Solotanz und den Einzeltänzer, aber der Solotanz ist ein Vortragsstück für andere, für das Publikum. Die Zuschauer sind seine Bezugsgruppe. Deshalb muß der Solotanz auch immer "publikumswirksam" sein, nicht nur und wohl auch nicht in erster Linie, weil es im Geschäftsinteresse des Veranstalters liegt, sondern weil ein Wesensmerkmal des Tanzes danach verlangt.

Denn wie jede Kunst ist der Tanz ein menschliches Ausdrucksmittel, mit dem der Künstler der Mitwelt etwas sagen oder zeigen will. Das Verstehen der anderen, beim Solotanz also des Publikums, ist die unabdingbare Voraussetzung für das Gelingen des Mitteilungsprozesses. In diesem Sinne muß Tanz wohl immer "publikumswirksam" sein.

Auch der Einzeltänzer, der vielleicht allein daheim oder ganz in sich zurückgezogen im Discogewühl tanzt, tanzt nur scheinbar ohne Umweltbezug und allein. Wie der Schamane im Tanz über den Trancezustand der Götterwelt näherkommen, sich seinen Göttern mitteilen will, hat auch der Einzeltänzer letztendlich seine imaginäre "Gruppe" als Ansprech- oder Bezugspartner. Für den Tanz sind Phänomene dieser Art nicht hinreichend untersucht, aber vieles davon wissen wir aus der beobachtenden Forschung zum Spiel, mit dem der Tanz ja viele Gemeinsamkeiten hat. Ein Spieler spielt immer mit anderen, auch wenn er - eben nur scheinbar - allein spielt.

Buytendijk hat im Zusammenhang mit seinen Erörterungen zum Fußballspiel verdeutlicht, daß immer dann, wenn menschliche Bezugspersonen momentan fehlen, Spielgegenstände Partnerfunktionen übernehmen können, z.B. der Ball oder die Puppe. Sie dienen dann als "Pseudofunktionssubjekt". Und wer hätte nicht schon einmal in Ermangelung eines Partners mit einem Besen, einem Kissen oder einem Stuhl als "Pseudofunktionssubjekt" getanzt? Tanzen sucht also die Kommunikation mit der unmittelbaren sozialen Umwelt, ohne diesen Bezug wird es sinnlos.

Publikum oder Partner, Umwelt oder Mitwelt sind hier als Begriffe verwandt worden unter der unausgesprochenen Voraussetzung, dies alles sei in irgendeiner Weise als "Gruppe" zu verstehen oder als eine Gliederungsform dazu. Aber schon das allgemeine Verständnis von Gruppe sagt uns, daß man nicht so ohne weiteres den Menschen im Plural, nur weil es mehr ist als Einzahl, schon als Gruppe bezeichnen kann. Die Humanwissenschaften, besonders die Soziologie, die Psychologie und die Pädagogik haben die 'Gruppe" als Begriff und als Phänomen vielfach und vielfältig untersucht, beschrieben und diskutiert. Danach ist die "Gruppe" ein strukturiertes soziales Gebilde, das man am Schnittpunkt zwischen gesellschaftlichen Großsystemen und Individuum ansiedeln kann.

Die Diskussion um das Phänomen "Gruppe" war entstanden, als die Entwicklung bürokratischer Staatsstrukturen und die Automatisierung der Arbeit in anonyme, zergliederte Teilabläufe gegen Ende des 19. Jahrhunderts die Solidargemeinschaften der traditionellen Gesellschaft zerschlagen hatten. Die Gruppe wurde als Brücke zwischen Individuum und Gesamtgesellschaft verstanden.

Die pädagogische Konsequenz aus dieser Erkenntnis wäre die, daß es zu den wichtigsten erzieherischen Aufgaben heute gehört, dem heranwachsenden Menschen Lerngelegenheiten zu bieten, das Leben in der Gruppe zu erproben. Die Gruppe läßt sich von anderen menschlichen Gesellungsformen abheben, z.B. von statistischen Klassifizierungen (z.B. Altersklassen), von einer Menge oder Ansammlung (z.B. alle Menschen auf einem Marktplatz), von der sogenannten Masse oder auch von einer Kulturgemeinschaft (z.B. "der Europäer").

Jede Gruppe grenzt sich nach außen ab und weist eine spezifische Binnenstruktur auf, die vom Ausprägungsgrad der Bestimmungskriterien für die "Gruppe" abhängt.

Trotz gewisser Unterschiede bei den einzelnen Autoren kann man in der Fachliteratur durchgängig folgende Merkmale nachlesen, die aus dem "Menschen im Plural" eine Gruppe machen:

- Gemeinsame Ziele, Interessen, Probleme oder Verhaltensmotive, die zu Zusammenhalt und Solidarität gegenüber anderen und zu Kooperation untereinander führen.

- Das Gruppenbewußtsein ("Wir-Gefühl") als gefühlsmäßige Verbundenheit der Gruppenmitglieder.

- Gemeinsame Normen, Regeln und Rollenmuster, die die Interaktion innerhalb der Gruppe bestimmen.

Hinzu kommen Bestimmungsgrößen wie Dauer der Zusammengehörigkeit und Anzahl der Mitglieder.

So wenig Tanz bisher umfassend und systematisch erforscht ist - die Bemühungen um eine Tanzwissenschaft belegen das sehr deutlich - so wenig ist bisher meines Wissens die "Gruppe" unter den besonderen Bedingungen des Tanzes dargestellt.

So bleibt für diesen Versuch kaum etwas anderes übrig, als die genannten Kriterien, die aus anderen Bereichen gewonnen sind, auf Tanzgruppen bzw. Gruppen im Tanz anzuwenden. Gruppen im Tanz sind in der Regel in der Anzahl überschaubar und grenzen sich schon durch die Kleidung (z.B. Trachten, Kostüme, spezielle Trainingskleidung etc.) oder den Aktionsort (Bühne, Tanzfläche hier - Zuschauer dort; vergl. Gruppen im Sport) gut von anderen ab.

Sie sind kaum durch vorgegebene Normen, Regeln oder Verhaltensmuster bestimmt, es sei denn durch sachimmanente. Deshalb sind sie darauf angewiesen, ihre Kommunikationsformen und Interaktionsweisen immer wieder neu zu definieren. Dieser hohe Grad normativer Unabhängigkeit bietet jedem Gruppenmitglied die Chance, individuelle Bedürfnisse und Strebungen im Gruppenzusammenhang zu artikulieren; der Raum für "Probehandeln" ist relativ groß.

Darin liegt gleichzeitig die Gefahr, daß sich innerhalb solcher Gruppen rivalisierende Untergruppen bilden, die sogenannten "Cliquen", ein Umstand, der leicht zum Zerfall der Gruppen führen kann bzw. Neubildungen hervorruft. Tanzgruppen sind gewöhnlich bestenfalls im inneren Kern stabil. Das "Wir-Gefühl" als Zeichen der Identifikation des einzelnen mit seiner Gruppe und Garant für einen überdauernden Zusammenhalt aller entwickelt sich häufig erst dann, wenn konkrete Aufgaben, z.B. eine Aufführung bei einem Tanztreffen oder Wettbewerbe, zu gemeinsamem Handeln zwingen. Diese Anlässe sind im nichtprofessionellen Tanzbereich oder in der Schule selten, wenn man einmal vom Turniertanzsport absieht.

Im Gegensatz zu Sportgruppen, die in den meisten Fällen durch das jeweilige Sportsystem (Mannschaften, Leistungsklassen, Wettkämpfe) einen strukturellen Rahmen von hoher Verbindlichkeit erhalten, auf den sich im Konfliktfall jeder einzelne berufen kann, zeichnet sich die Gruppe im Tanz durch ein hohes Maß an Unverbindlichkeit aus.

Ganz verallgemeinert läßt sich die "Tanzgruppe" demnach umschreiben

- als Kleingruppe, weil die Mitgliederzahl nur so groß ist, daß für alle Mitglieder direkte persönliche Kontakte möglich bleiben,
- als Primärgruppe, weil der Gruppenzusammenhalt weniger aus vorgegebenen Regeln als durch persönliches Interesse, individuelle Eigenheiten, durch Spontaneität und Einsatz der einzelnen Mitglieder gewährleistet wird,
- als informelle Gruppe, weil sich Binnenordnungen nicht auf institutionalisierte Abläufe stützen, sondern sich mehr oder weniger ungeplant, nicht vorstrukturiert und auf unmittelbaren Personenbeziehungen basierend bilden.

Tanzen in Gruppen

"Gruppe im Tanz" oder "Tanzgruppe" könnte man als soziologische Kategorie bezeichnen, "Tanzen in Gruppen" ist dagegen zweifellos ein methodisches Mittel, die Tanzgruppe in kleinere Einheiten zu untergliedern, die sich für eine begrenzte Zeit mit einer begrenzten Aufgabe auseinandersetzen. Solcher Gruppenunterricht wurde - auf die Schule bezogen - zu Beginn der 70er Jahre als "Modell emanzipatorischer Erziehungsstrategie" (vergl. Roth 211) charakterisiert, weil

- er die Rolle des Lehrers im Vergleich zum traditionellen Unterricht verändert. Dort bestimmte der Lehrer den "Stoff", bot ihn dar und fragte ihn ab, er hatte (oder wollte haben) den Verlauf des Unterrichts fest in der Hand und die Schüler fest im Griff. Die Kommunikation/Interaktion, also der Austausch von Wissen und Werten, verlief eingleisig, "monodirektional" (siehe Graphik);
- der Schüler, wenigstens zeitweise, aus der rigiden Leitung durch den Lehrer entlassen ist, um in gruppendynamischen Prozessen nicht nur seine eigenen Kenntnisse den anderen an-

zubieten oder Kenntnisse/Wissen der anderen anzuerkennen und zu übernehmen, sondern um gleichzeitig Erfahrungen zu sammeln, die als Merkmale für Klein-, Primär- und informelle Gruppen typisch sind, wie oben angedeutet.

Die Gruppe im Unterricht - auch im Unterricht in außerschulischen Lernfeldern, also auch im Tanz - ist eine Unterteilung einer formell strukturierten Gruppe (z.B. Schulklasse) in informelle Kleingruppen; sie ist "als sozialer Verband zu definieren, in dem auf der Basis eines für eine bestimmte Zeit vorhandenen Zusammenhalts (Kohäsion) das Verhalten des einzelnen Gruppenmitglieds sowohl vom gemeinsamen Ziel als auch vom Verhalten der übrigen Gruppenmitglieder bestimmt und gesteuert wird" (Meyer 211). Gruppenunterricht erfordert die "Gruppenfähigkeit" des einzelnen und fördert sie gleichzeitig.

Für das unterrichtliche Handeln im Lernfeld Tanz ist daraus zweierlei zu folgern:

1. Gruppenunterricht ist als methodisches Mittel und als Unterrichtsform nicht voraussetzungslos einsetzbar. Erfolge in einem Lehrgang etwa innerhalb einer Tanzleiterausbildung mit dieser Unterrichtsform sind nicht ohne weiteres daheim in der eigenenen Gruppe wiederholbar. Der Umgang mit gruppendynamischen Prozessen will erst erlernt sein, wenn das Tanzen in solchen Kleingruppen gelingen soll. Was darunter im einzelnen gefaßt werden kann, soll Punkt 2 skizzieren.

2. Neben Erwerb oder Vertiefung von Können und Wissen geht es beim "Tanzen in Gruppen" immer und parallel dazu um

   - Kenntnis über die Wirkung des eigenen Verhaltens auf andere Gruppenmitglieder,
   - Kennenlernen von Bedingungen, die das Funktionieren einer Gruppe steuern,
   - das Verständnis und die Förderung zwischenmenschlicher Verhaltensweisen (Kommunikation/Interaktion),

- um die Entwicklung und Förderung der Fähigkeit, individuelles und Gruppenverhalten aufeinander abzustimmen.

Daß im Gruppenunterricht besondere Anforderungen an die Fähigkeiten des Lehrers oder Tanzleiters gestellt werden, leuchtet sofort ein, läßt sich jedoch in dem gegebenen Rahmen nicht weiter aufführen. Die je nach Unterrichtsform wechselnde Rolle von Lehrer und Schüler sowie die jedesmal veränderten Kommunikationsstrukturen sollen lediglich graphisch für einen globalen Überblick sichtbar gemacht werden:

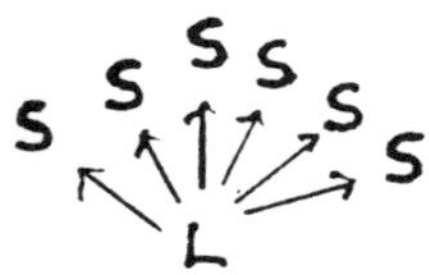

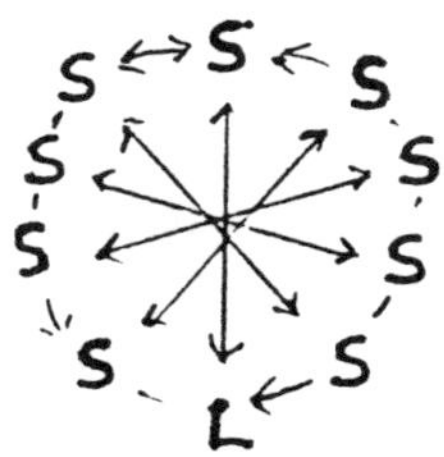

"monodirektionaler" "multidirektionaler"

Unterricht

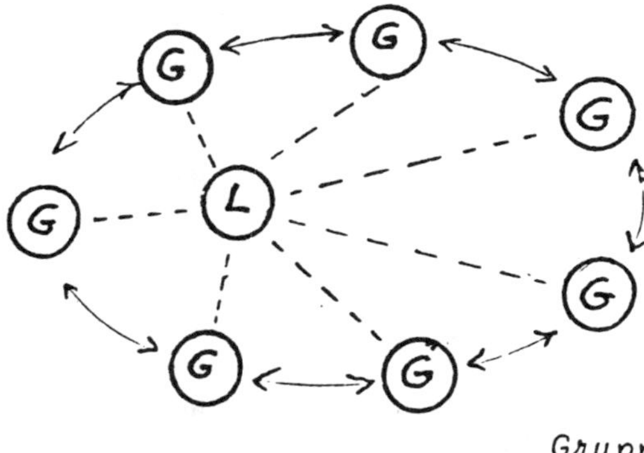

Gruppenunterricht
(G = Gruppe)

Zum besseren Verständnis:

"Monodirektionaler" Unterricht ist fast ausschließlich rezeptiv; der Lehrer/Tanzleiter informiert bzw. macht vor, die Schüler/Tänzer übernehmen bzw. machen nach. Dieser "Frontalunterricht" ist nicht generell abzulehnen, wie es in manchen fast ideologisch gefärbten Argumentationszusammenhängen geschieht.

Er ist häufig sogar zu empfehlen, wenn es darum geht, möglichst schnell und ökonomisch einer Gruppe die Kenntnisse zu vermitteln, die als Basiskönnen und -wissen eigene Schlüsse, Problemlösungen, Erfindungen erst möglich machen. "Monodirektional" in Reinkultur ist z.B. beim Fernsehen gegeben, wenn der Zuschauer noch nicht einmal Rückfragen stellen kann. Viele Tanzlehrgänge verlaufen auch nach diesem Muster: Der "Meister" demonstriert, der "Lehrling" imitiert.

"Multidirektionaler" Unterricht ist darauf ausgerichtet, das Gespräch und den Informationsaustausch zwischen allen Gruppenmitgliedern herzustellen. Im Idealfall hebt sich der Lehrer nur noch dadurch aus der Gruppe heraus, daß er die Rolle des Geschäftsleiters erfüllt.

Selbst diese Funktion entfällt beim Gruppenunterricht, wenn er gelingt, weil die Mitgliederzahl der Untergruppen so klein ist, daß die Verständigung auch ohne die leitende Hand des Lehrers möglich wird. (Nebenbei bemerkt: Interessant ist - wenigstens für mich - die Ähnlichkeit zwischen dieser formal entwickelten Graphik und der bei A. Pretz, die aus der Praxis abgeleitet ist.)

Wie die Erfahrung der auffällig wenigen Lehrer zeigen, die Gruppenunterricht wagen, lohnt sich aber der Einsatz allemal. Systematische Beobachtungen und zahlreiche empirische Untersuchungen schon seit Anfang der 50er Jahre (Petersen-Schule) bestätigen die Erfahrungen der Praktiker, daß der Gruppenunterricht überlegen ist. Was dabei auch in der Mehrzahl der Fälle an der und für die Schule eruiert worden ist, läßt sich doch bei Berücksichtigungen der jeweiligen besonderen Bedingungen im Prinzip ebenso auf außerschulische Lehr- und Lernfelder übertragen; es hat dort in gleichem Maße Gültigkeit. Wenn die Forschungsergebnisse in ihrer Gesamtheit an dieser Stelle auch nicht gewürdigt werden können, soll doch ein Aspekt hervorgehoben werden, der gerade im Zusammenhang mit dem Tanz aufhorchen läßt. Gruppenunterricht leistet einen erheblichen Beitrag zur "Verstärkung produktiver, kreativer Prozesse" (Meyer 213), Günter Ammon spricht sogar von der "Gruppendynamik der Kreativität".

Gruppe und Kreativität

Zunächst muß man den Aberglauben aufgeben, Kreativität sei mit Genialität, also für den gewöhnlichen Sterblichen nicht erreichbar, gleichzusetzen. Die Tatsache, daß geniale Leistungen von Wissenschaftlern, Künstlern etc. zweifellos auf kreativen Prozessen beruhen, läßt deshalb noch lange nicht den Umkehrschluß zu, daß nur solche Leistungen das Attribut "kreativ" verdienen. Die "aktive, schöpferische, umweltverändernde Auseinandersetzung mit den Lebensbedingungen" (Kastner 28) gehört zu den grundlegenden Merkmalen der Persönlichkeit. Kreativität kann sich also alltäglich ereignen; sie ist nicht losgelöst von der je eigenen Realität in imaginären Wunschwelten angesiedelt, sondern abhängig von (fundierten) Kenntnissen der Sache und der sachgerechten Prozesse.

Nicht ein nebulöses "Es" bewirkt gleichsam losgelöst von den Steuerungsfunktionen des Bewußtseins die kreative Leistung, sondern die an konkreten Gegebenheiten der Sache und der Situation orientierte Vorstellungskraft. Man kann nur mit dem spielen, was man kann, um es einmal banal zu sagen. Wer also einen Tanz "machen" will, wird sich nicht in eine Ecke setzen, in sich hineinhorchen und warten, bis "Es" ihm die Lösung serviert, sondern im Gegenteil äußerst aktiv die Musik wahrnehmen, aus seinem Reservoir an tänzerischen Bewegungsmotiven geeignete Folgen heraussuchen und auch wieder verwerfen, sich Raumwege und Sozialformen vorstellen etc. und verschiedene Lösungen erproben wollen, ehe er sich schließlich für eine entscheidet.

Dieser Prozeß ist ohne Bezug und ohne Kooperation in der Gruppe kaum vorstellbar, ist doch die schöpferische Tätigkeit immer "eine Einheit von theoretisch- und praktisch-geistiger sowie praktisch-gegenständlicher Tätigkeit" (Kastner 62). Der kreative Prozeß im Tanz ist also auf die Gruppe angewiesen - als "Experimentierfeld", Publikum und Gesprächspartner in gleichem Maße.

Die Korrektur und Rückführung der kreativen Phantasie auf das tatsächlich Machbare durch die Gruppe insgesamt oder durch einzelne Gruppenmitglieder verhindert eine Fixierung auf unrealisierbare Entwürfe, die Anregungen der anderen geben Hinweise für Veränderungen, wie umgekehrt die eigenen Vorschläge den anderen als Anregung dienen. Offenheit und Flexibilität, Kommunikationsfähigkeit und -bereitschaft, im Grunde selbstverständliche Persönlichkeitsmerkmale des kreativen Individuums (Kastner 30), paaren sich mit der o.g. Eigenwilligkeit zu einer Merkmalskombination, die jede Gruppenarbeit bereichert. Die Gruppe ist gleichsam das Spielfeld der Kreativität. Sie läßt das Experiment zu mit der Chance des Gelingens, aber auch mit der Möglichkeit des Mißlingens - folgenlos für die alltägliche Realität. "Probehandeln" formuliert die Spieltheorie für diesen Zusammenhang.

Alle hier angedeuteten Merkmale der kreativen Persönlichkeit wollen natürlich erworben sein, sind nicht angeboren. Insofern ist Kreativität kein Geschenk der Götter, sondern bis zu einem gewissen Grad Ergebnis eines Erziehungs- und Entwicklungsprozesses, worauf Gunther Wollschläger eindringlich hinweist.

Er macht auch deutlich, daß viele Faktoren an dieser Entwicklung beteiligt sind. Ausprägung und Richtung der Kreativität sind letztlich von der Großgruppe abhängig, in der wir leben, von der umgebenden Gesellschaft. Erziehungsinstitutionen wie Schule und außerschulische Bildungseinrichtungen allein können deshalb nicht verantwortlich gemacht werden, wenn Kreativität sich gar nicht oder nur "domestiziert" (Kastner) ausbildet. Das ist allerdings kein Grund, auf kreativitätsfördernde Maßnahmen innerhalb der institutionalisierten Erziehung zu verzichten. Innerhalb der kulturellen Bildung ist "Tanzen in Gruppen" ein solches Medium, wenn einige Voraussetzungen beachtet werden. Das sind im Sachlichen:

- Themengerechtes Können in den Tanz-/Bewegungs- oder Ausdruckstechniken und das zugeordnete Wissen um Grundstrukturen tänzerischer Handlungsabläufe,
  sowie im Sozialpsychischen
- Vorerfahrungen mit Gruppen aus verschiedenen alltäglichen Zusammenhängen in Schule, Kindergarten, Spielplatz etc. und auch aus der Familie.

Dabei ist ein bestimmtes (evtl. sogar hohes) Niveau im sachbezogenen Wissen und Können nicht gefordert, kreative Prozesse können auch auf dem Niveau von Anfängern eingeleitet werden. Das Niveau wird ausschließlich vom Thema bestimmt und das Thema muß sich am Könnensstand der Gruppe orientieren, ein altes didaktisches Prinzip. Deshalb wird ein gewissenhafter Tanz-Pädagoge immer zunächst die Voraussetzungen sichern, ehe er mit Gruppenunterricht beginnt. Und er wird mit kleinen Aufgaben, mit klar umschriebenen, einfachen Themen beginnen, auch hier nach der fast banalen Maxime "vom Einfachen zum Komplexen".

Insbesondere aber muß er darauf achten, daß in den Gruppen Sachinteresse und Toleranz vor Konkurrenzdruck und Erfolgsorientierung rangieren (was in unserer Gesellschaft nicht selbstverständlich ist); denn die Profilierungssucht sogenannter Stars sucht in Gruppen nur zu gern willkommenen Aktionsraum, verhindert aber damit das Entstehen und die Förderung kreativer Phantasie bei den Beteiligten. Die Gruppe fühlt sich benutzt, verweigert die Mitarbeit, sie fällt auseinander. Wenn aber die Gruppenarbeit gelingt - und die Gefahr des Mißlingens liegt eher in mangelnder Vorbereitung ("Sicherung der Voraussetzungen") und verfrühtem Einsatz der Methode, als in prinzipieller Gruppenfähigkeit der Teilnehmer -, dann dürfte nicht nur das kreative Potential geweckt sein und gefördert werden, sondern aus der "Gruppe" als gezielt eingesetztem methodischen Mittel erwächst die "Gruppe" als stabiles soziales Gebilde, in dem der einzelne sich aufgehoben und verstanden fühlen kann - der Freundeskreis, wenn es möglich ist, diesen Begriff noch ohne falsches Pathos zu verwenden.

Literaturhinweis

Ammon Günther, (Hrsg.):
Gruppendynamik der Kreativität, München 1974

Eberspächer, Hans, (Hrsg.):
Handlexikon Sportwissenschaft, Reinbek 1987, S. 150 ff.

Kastner Paul M.:
Domestizierte Kreativität, Starnberg 1973

Rigauer Bero:
Sportsoziologie, Reinbek 1982, S. 213 ff.

Meyer, Ernst:
Gruppenunterricht. In: Roth, Leo (Hrsg.): Handlexikon zur Erziehungswissenschaft, München 1976, S. 210 ff.

Wollschläger Gunther:
Kreativität und Gesellschaft, Frankfurt 1972

Der Reiz des Tanzbeins

Mein Weg zum kreativen Tanz- und Bewegungsunterricht

Hanne Franziska Bender

Während in früheren Jahren der tänzerische Bereich nur einen geringen Anteil innerhalb meines pädagogischen Arbeitsfeldes einnahm und die Musik im Unterricht (musikalische Früherziehung) den Schwerpunkt bildete, ist durch eine Auseinandersetzung mit Unterrichtsmethoden im Tanz dieser immer mehr in den Mittelpunkt gerückt, bis hin zur Veränderung meines Tätigkeitsfeldes.

Der Beginn meiner Unzufriedenheit mit meiner Arbeit liegt 12 Jahre zurück. Ich wußte nicht so recht, wie ich einen neuen Ansatz für den Gruppenunterricht finden sollte. Ideen hatte ich viele, und es war klar, es mußte ein lebendiger Unterricht sein, Arbeitsziele sollten erfahrbar gemacht werden, Musik und Bewegung sollten sich ergänzen. Somit begannen die Jahre der workshops und Seminare, und nach all den "Intensivwochenenden" wollte ich eine Qualifizierung in diesem Bereich erlangen.

Der Weg führte über die Rhythmik bei der mich besonders die Stunden in Bewegungsimprovisation und szenischer Tanzgestaltung begeisterten, hin zur Akademie Remscheid. Der "Reiz des Tanzbeins" hatte mich gepackt. Das Gelernte im rhythmischen Bereich mit dem meth. didakt. Weg im Tanz zu verbinden, bedeutete Spannung im Unterricht, aber auch Spannung bei mir selbst. Ich habe dann die Tanzleiter-Qualifikation angeschlossen und gleichzeitig internationale Tanzseminare in Deutschland und England besucht.

Da ich die ganze Zeit Unterricht gegeben habe, kann ich auf viele Situationen zurückblicken, die eine Wende in meiner praktischen Arbeit deutlich machen. So war es mir früher wichtig, die individuelle Perfektion der Gruppenmitglieder zu erreichen. Ich wollte herausfinden, was in den Schülern steckt und was ich tun kann, um sie daraufhin zu fördern. Um auch das Umfeld einer Gruppe kennenzulernen, fanden begleitend zum Unterricht Elternaktionen statt. Aufführungen waren nette Folklorenachmittage mit aneinandergereihten Tänzen, deren Auf- und Abgänge unterschiedlich gestaltet wurden.

Danach hatte ich die Zielvorstellung, nicht nur perfekt den Tanz zu lehren, sondern auch die Musik verständlich zu machen und als Folge daraus z.B. andere Bewegungen zur Musik zu erfinden, d.h. innerhalb von festen Regeln die freie Bewegung zu erproben und zu schulen. Materialien waren nicht mehr dazu da, den Tanz optisch aufzufrischen, sondern es wurde mit ihnen tänzerisch gearbeitet. Folkloretänze in Tanzsuiten stilgerecht zusammenzufassen sowie eine bühnengerechte choreografische Gestaltung, waren die nächsten Schritte. Auf meinem weiteren Weg begann ich, Tänze durch gestaltete Szenen zusammenzufassen. Im Unterricht kam außer der Tanzvermittlung und der musikalischen Auseinandersetzung das szenische Spiel hinzu.

Ein weiterer Aspekt für die Unterrichtsgestaltung war eine methodisch didaktische Veränderung in der Tanzvermittlung. Der kreative Ansatz, immer wieder auf andere Weise an den Tanz heranzuführen und die notwendigen Bewegungsgrundlagen, die Körperhaltungen, den Ausdruck und die Schrittkombinationen während der improvisatorischen Übungen zu erlernen wurde Ziel des Unterrichts.

Das wirkt sich auf das kreative Können der Gruppe aus, andere Fähigkeiten werden sichtbar und andere Schwächen. Damit sind auch andere Übungen während des Tanzunterrichtes gefordert. Neue Interaktionen können in der Gruppe stattfinden, wodurch aber auch neue Probleme zu bewältigen sind. Es ist ein langwieriger Prozeß des Gebens und Nehmens.

Tanzunterricht zu erteilen wurde somit ein immer spannenderes Feld, ich befand mich in einem Prozeß, der die Folge mit sich brachte, mein berufliches Betätigungsfeld zu verändern. Ich kündigte meine Stellung im pädagogischen Bereich und arbeite heute als Dozentin für Musik und Bewegung sowie für Tanz und Tanztheater mit Kindern, Jugendlichen und Erwachsenen.

Durch die inhaltliche Unterrichtsgestaltung wurden Aufführungen in altbewährter Form undenkbar. Das bedeutete viel Arbeit, denn so manches Stück mußte selbst geschrieben werden. Es entstanden Choreografien, Tanztheaterstücke und Inszenierungen von unterschiedlicher Länge, für den Unterricht sowie für die Bühne.

Drei Schwerpunkte sind dabei von besonderer Bedeutung:

1. Die fächerübergreifende Methode: Bewegung - Musik, Bewegung - Sprache, Bewegung - Kunst.

2. Kreativ-methodisch didaktischer Ansatz: Tänze lernen über Rhythmus, Melodie, Materialeinsatz; mit der Tanzmusik im Gesamtkomplex oder in Teilkomplexen arbeiten.

3. Szenischer Unterricht und Bewegungsimprovisation: Individuelle Schulung von Ausdruck, Haltung und Mimik.

Ein besonderer Entwicklungsweg ist der Bereich Kindertanz. Im Sommer 1988 gründete ich das Tanztheater Piccolino und das Kindertanztheater Charly für fortgeschrittene Schüler. Der Unterricht ist in drei Bereiche (Tanztraining, Choreografie und szenischer Unterricht) aufgeteilt, wobei der szenische Unterricht von einem Theaterpädagogen erteilt wird.

Die kontinuierliche Arbeit im Erwachsenenbereich hat ebenso zu einer festen Tanzgruppe "Seitensprung" geführt, mit der ich szenische Tanzgestaltungen und einfache Tanztheaterstücke erarbeite. Ich werde an weiteren kreativen und hoffentlich spannenden Entwicklungen arbeiten.

Wege zur Improvisation

Projekt Hexentanz

Helga Raschke

Von der Schulgymnastik und vom Volkstanz herkommend, machte ich 1976/77 in Remscheid bei Anne Pretz meine ersten Erfahrungen mit Improvisation. Auf meinem Weg durch einen Aufbaukurs erlebte und erfuhr ich ganz intensiv: Improvisation kann Freiheit, Harmonie, Wachwerden der Sinne, Körperbewußtsein, Sozialverhalten in den verschiedensten Ausprägungen bedeuten, kann aber auch Angst, Unsicherheit, Traurigkeit und Einsamkeit hervorrufen, aber irgendwo kommt der Augeblick, in dem du begreifst, daß du dich herausschälst als Individuum und die ureigene Wurzel spürst, aus der die Kraft kommt, die dich trägt.

Ich erinnere mich an den wichtigsten Satz von Anne Pretz im Gespräch mit mir, als ich an meinem Weg zweifelte: "Ich weiß, daß Du eine Kraft besitzt, die Dich trägt, aber Deinen Weg mußt Du alleine gehen!" Ich fing an, diesen Weg zu gehen, mit zunehmender Sicherheit und Gewißheit, daß es "mein" Weg ist. So wagte ich es, mit meinen Schülerinnen die Arbeit mit Bewegungsimprovisation aufzunehmen.

Seit 1977 führte ich eine Reihe von Tanzprojekten an einer zweijährigen hauswirtschaftlich-sozialpädagogischen Berufsfachschule mit 15 - 17jährigen Mädchen durch. Wir arbeiteten im Rahmen des regulären Sportunterrichts oder in Wahlfachgruppen Tanz. Unsere Themen waren u.a.: "Der Schwarz- Weiß-Kontrast", "Die Geometrie und der Mensch", "Weg in die Freiheit", "Dynamis".

Ich möchte meine Arbeit an dem zuletzt durchgeführten Projekt, einem "Hexentanz", etwas genauer aufzeigen. Die Themenwahl hing mit der 700-Jahr-Feier unseres Schulortes zusammen. Meine Vorarbeit zu diesem Projekt beschränkte sich auf folgende Punkte:

- Materialsammlung zum Thema "Hexen", vorwiegend aus der Mythologie;
- Musikvorauswahl (die Schülerinnen sollten letztendlich auswählen);
- Festlegung einer Szenenfolge als choreographisch roter Faden: Auftritt des Teufels, Ankunft der Hexen, Prozession mit Huldigung an den Teufel, das Spinnennetz der Nebelhexen, die Giftküche der Kräuterhexen, der Tanz der Hexen, Tiere und des Teufels.

Szenenfolge:

Der Auftritt des Teufels

Die Ankunft der Hexen

Die Prozession

Das Spinnen- und Schlangennetz der Nebelhexen

Die Giftküche der Kräuterhexen

Der Tanz der Hexen, Tiere und des Teufels

Von den 19 Mädchen, die zur Wahlfachgruppe Tanz gehörten, hatten nur 5 Schülerinnen etwas Vorerfahrung mit Improvisation (aus dem vorangegangenen Schuljahr). Ehe das Tanzprojekt Hexentanz begann, hatte ich mit dieser Gruppe ein halbes Jahr intensives Körpertraining und an einer vorgegebenen Kombination aus dem Bereich "Modern Dance" gearbeitet.

In der ersten Hexentanzstunde setzten wir uns zu einem gemeinsamen Gespräch über Hexen zusammen, sahen uns Bilder an und erfuhren einiges aus der Hexen-Mythologie. Dann leitete ich über zur ersten Improvisation: die Hexen sollten ankommen, springend - fliegend, sich drehend, Rücken an Rücken begrüßend. Nach zaghaften Einzelversuchen, meine verbal geäußerten Vorstellungen in Bewegung umzusetzen, ließ ich die Mädchen die vorausgewählte Musik hören und sah dann das für erste Improvisationen typische Bild: vorsichtige Bewegungen an den Hallenrändern, Zusammenballung aller tanzenden Schülerinnen, um Schutz zu suchen in der Masse, Unsicherheit in der Bewegung, d.h. wenig Bewegung aus der Körpermitte heraus, vorsichtiges Fühler-Ausstrecken mit den Körperenden. Im anschließenden Gespräch wurde vor allem die Musik abgelehnt.

Mit der großen Frage: "Was wird das wohl?" gingen wir auseinander. Ich hatte erkannt, daß es wenig sinnvoll wäre, in der Großgruppe weiterzuarbeiten bei der mangelnden Vorerfahrung mit Improvisation. Ich setzte die Arbeit in Kleingruppen fort: Teufel und Katze, Nebelhexen, Kräuterhexen.

So entstanden in den nächsten Wochen zunächst einmal die erste, vierte und fünfte Szene. Jede Kleingruppe hörte intensiv verschiedene Musikteile an, die Entscheidung fiel meistens nach dem "Hören mit dem Körper", d.h. die Mädchen probierten Bewegungen auf die jeweilige Musik aus. Interessant war die unterschiedliche Arbeit mit den einzelnen Gruppen.

Die Katze brauchte nur einen ersten Anstoß zur Bewegungsvorstellung. Ihre ganz spontane Entscheidung für diese Rolle erwies sich als richtig. Sie kam in jeder Probe mit neuen Ideen auf mich zu und gestaltete ihre Rolle dann ganz selbständig. Als Gruppenleiter hielt ich mich zurück, um ihre Entfaltung eines immer typischer Katze werdenden Bewegungsverhaltens nicht durch meine in diesem Fall fremde Bewegungsvorstellung zu behindern.

Völlig anders der Teufel: Dieses Mädchen ließ mir über eine Freundin den Wunsch, die Rolle des Teufels zu tanzen, mitteilen. Dann zeigte sie sich, trotz hervorragendem tänzerischen Können, völlig unsicher. Ich mußte ihr für die erste Szene zunächst alle Bewegungen vorgeben, bis es mir in einer Einzelprobe gelang, ihr

ganzes technisches Können hervorzulocken, d.h. sie in ihren "ganz nebenbei" sichtbar gemachten Ideen zu bestärken. Schließlich habe ich sie in der Schlußszene wiederholt sich selbst überlassen, bis sie sich traute, im Wirbel der tanzenden Hexen ihre herrlichen Sprünge zu zeigen.

Die Nebelhexen waren vorwiegend Schülerinnen ohne Improvisationserfahrung und von Natur aus stille, teilweise etwas passive Mädchen. Ihre Szene war am Anfang sehr spannungslos, fast langatmig. Erst nach mehreren Proben öffnete sich mehr und mehr ihre Wahrnehmung für das Geschehen, und sie füllten auch den langsamen Teil der Musik mit Spannung.

Wir hatten immer wieder im Wechsel von Bewegungsimprovisation und Gespräch versucht, uns die Spannung im Geheimnis des Netz-Spinnens bewußt zu machen, hatten also durch eine Mischung von Vorstellung, Empfinden und gegenseitiger Spannungs-Verstärkung durch Musik und Gestik unseren Ausdruck intensiviert.

Als Gruppenleiter habe ich versucht, auch die kleinsten individuellen Bewegungsansätze wahrzunehmen und den einzelnen in seinem Ausdrucksvermögen zu bestärken. Die Szene des Netz-Spinnens wurde später eine der stärksten.

Die Gruppe der Kräuterhexen dagegen hatte sich aus vorwiegend Improvisationserfahrenen gebildet - außerdem trafen hier sechs äußerst temperamentvolle und ausdrucksstarke Mädchen aufeinander. Ihre Szene des Gift-Kochens war von Anfang an von einer ungeheuren Intensität und "hexischen" Freude getragen. Sie brachten diese Mischung von Geheimnis und Wissen um Tun und Wirkung so glaubhaft über die Bühne, daß mir klar wurde, daß wir hier nicht zu oft improvisieren durften, um nicht den Punkt zu überschreiten, an dem die Ausdruckskraft nachlassen würde - auch dies ein schwieriger Augenblick für den Gruppenleiter: wissen, wo und wann man nicht mehr steigern kann, etwas stehenlassen können, Proben abschließen können.

An die zweite, dritte und letzte Szene gingen wir nach der Kleingruppenarbeit. Hier war jeweils die ganze Gruppe versammelt. In der zweiten Szene einigten wir uns gemeinsam nur auf die Raumwege (teilweise mit schriftlicher Aufzeichnung und dadurch visueller Verdeutlichung), die Bewegungen blieben Improvisation. In der Prozession gab ich ein Grundschrittmuster vor, das dann von der Gruppe ausgearbeitet wurde.

Der wilde Schlußtanz aller Beteiligten wurde in der ersten Improvisation noch einmal zum Prüfstein: Hier galt es, aus sich herauszukommen, frei sich bewegen zu können, "auszuflippen". Nach dem ersten Versuch, diese Schlußszene zu improvisieren, sagten viele Schülerinnen: "Der Schluß ist blöd!". Trotz wochenlanger Arbeit: "ich weiß nicht, was ich da machen soll!" Wieder waren die am Anfang beschriebenen Bilder zu sehen: Rand-Verhalten, Ballung Stehenbleibender, gucken, was die anderen machen. Diese Szene gewann erst von Probe zu Probe Konturen. Probe, das bedeutete hier: die Gruppe tanzte frei nach der Musik; im anschließenden gemeinsamen Gespräch wurden Bewegungsideen besprochen, manchmal vorgemacht; gegenseitig wurde ermutigt; neue Anreize gab es durch die Besen, die wir lange nicht zur Verfügung hatten, und durch einen grünen Hexengeist, eine Marionette. Die Freude am Tanzen kam und steigerte sich - am Ende der Proben fast bis zur physischen Erschöpfung.

Schon die Generalprobe und vor allem die Aufführungen bewiesen wieder einmal jene innere Kraft des Ausdrucks, die nur erreicht werden kann, wenn über den Weg der Improvisation gearbeitet wird. Der Tanz entstand nicht über Vormachen-Nachmachen und blieb dann irgendwo in technischer Wiedergabe stecken. Hier vollzog sich ein gemeinsamer Schöpfungs-Prozeß, an dem jeder als ganzer Mensch beteiligt war - ganz im wahrsten Sinne des Wortes mit Körper, Geist und Seele und aus jener Mitte heraus, die der einzige Kraft-Impuls sein kann für ganzheitliches Tun.

Wenn du aus dir heraus empfinden, ausdrücken, gestalten kannst, dann tanzt du - und so bringst du dich ein - unverwechselbar und doch bereit und auch fähig, dich einzuordnen, unterzu-

ordnen, passiv und aktiv zu sein, als Einzelner und als Teil eines Ganzen.

Zum Schluß möchte ich die wesentlichen Erfahrungen, die es immer wieder bei der Tanzarbeit über den Weg der Improvisaiton gibt, zusammenfassen:

- Die anfängliche Passivität im Verhalten der Mädchen (nimmt von Jahr zu Jahr zu) wandelt sich allmählich zu Eigenaktivität mit steigendem Verantwortungsgefühl für die Sache;
- die weit verbreitete Spannungslosigkeit, körperlich zu sehen, geistig-seelisch aber auch vorhanden, wird durch die Anforderungen, die eine solche Arbeit stellt, wie von außen angegriffen, und der Körper, dann der ganze Mensch, reagiert mit neuer An-Spannung;
- die Kommunikationsfähigkeit wächst wieder - über den nonverbalen Ausdruck finden viele auch die Sprache wieder, ein heute nicht zu unterschätzender Lernprozeß bei Jugendlichen, die mehr und mehr verstummen (Reizüberflutung, seelische Nöte, Verlust zwischenmenschlicher Beziehungen u.a.). Als Gruppenleiter habe ich viel Zeit für persönliche Gespräche gebraucht. Die Schülerinnen sind nach einer solchen gemeinsamen Bewegungsarbeit wachgeworden und stellen Fragen. Sie wollen über das Tanzen reden, aber dann über menschliche Probleme und schließlich über sich ganz persönlich, was sie bewegt und was sie bedrückt.

Da-Sein und soweit es möglich ist, Antwort geben, gehört zur Verantwortung dessen, der mit Improvisation arbeitet. Es kommt die Zeit, in der der Verantwortliche sich zurückziehen kann, er darf aber das Bewußtsein der Verantwortung und die Bereitschaft zum Da-Sein nicht aufgeben. Als Pädagoge und als Mensch bleibt es für mich eine lohnende Arbeit: Immer wieder neue Intentionen zu geben, Zeit zu lassen und warten zu können, was kommt und sich entfaltet, frei zu sein, ein von den eigenen Vorstellungen abweichendes Ergebnis hinzunehmen und sich zurückziehen zu können, wenn die Gruppe selbständig geworden ist - und doch zu wissen, daß man wieder von neuem beginnen kann.

Rhythmik

Rhythmik - Ein Weg zur Förderung von Kreativität

Barbara Schultze
Dozentin für Rhythmik und Bewegungserziehung an der Akademie Remscheid

Arbeit in und mit Kreativität

Martina Jacobi
Prof. für Rhythmik an der Staatl. Hochschule für Musik Freiburg

Rhythmik
Ein Weg zur Förderung von Kreativität

Barbara Schultze

Die Rhythmik basiert auf dem Gedanken der Wechselwirkung von Musik und Bewegung. Musikalische Phänomene werden durch Übertragung auf Bewegungsabläufe und durch körperliches Nacherleben in neuer Weise erfaßt. Vergleichbares geschieht, wenn Bewegung "ihre Musik" erzeugt und ihre Dynamik, ihr Tempo und ihre Lebendigkeit hörbar wird. Musik und Bewegung beeinflussen sich gegenseitig. Der Musizierende und der sich Bewegende treten in ein Wechselspiel, in dem Neuentstandenes gleichzeitig End- und Ausgangspunkt für weitere "Beziehungen" sind. Dieser Umgang mit Musik und Bewegung ist für viele Fortbildungsteilnehmer eine völlig neue, oft auch aufregende Erfahrung, denn sie erleben die intensive Lebendigkeit von Musik und Bewegung.

Konstitutiv für dieses Erleben sind:

Die Wahrnehmung:

Unter dem Begriff Wahrnehmung ist nicht nur die Sinneswahrnehmung, sondern auch z.B. die sensomotorische- und kinästhetische Wahrnehmung zu verstehen. Die Erfahrung zeigt, daß es gerade in der heutigen Zeit notwendig ist, die Sinneswahrnehmung wieder zu sensibilisieren, denn erweiterte Wahrnehmungsfähigkeit ermöglicht differenziertere Betrachtungsweisen der eigenen Person, der Mitmenschen und der Umwelt. Erweiterte Wahrnehmung bedeutet auch, in der Lage zu sein, mehr zu sehen als "nur" das Offensichtliche. Über den Weg der Differenzierung wird die Gesamtwahrnehmungsfähigkeit dahingehend erweitert, daß auch bis dahin nicht gesehene Beziehungen zwischen Sachverhalten und Situationen hergestellt werden können.

Dazu ein kurzes Beispiel:
Ein Stuhl wird in erster Linie in seiner funktionalen Bedeutung erkannt. Man sitzt darauf. Ohne die Form, Größe und Beschaffenheit des Stuhles außer acht zu lassen, kann man verschieden darauf sitzen. Darauf und darunter zu liegen oder darauf zu stehen, ist bereits etwas Neues. Langsam verändert sich die ursprüngliche Funktion des Stuhles. Er wird z.B. Startbrett für Sprünge oder zum Versteck. Seine Klangmöglichkeiten werden erforscht, er wird zur Trommel.

In der erweiterten Wahrnehmung dessen, was ein Stuhl noch alles sein kann, wird er z.B. in Geschichten zum Rasenmäher oder Kinderwagen. Diese Erfahrungen bilden Ausgangspunkte, auch andere Sachverhalte und Situationen aus unterschiedlichen Blickwinkeln zu betrachten, sich flexibel zu verhalten und unkonventionelle Denk- und Handlungsweisen zuzulassen. Auch bei der Betrachtung der weiteren Punkte spielt der Bereich der Wahrnehmungssensibilisierung eine wichtige Rolle, wird aber nicht mehr besonders hervorgehoben.

Die Musik in der Rhythmik:

Ziel ist es, musikalisch- spontane Ausdrucksmöglichkeiten der Teilnehmer anzuregen und zu erweitern. Ein möglicher Weg hierzu ist die Improvisation. Sie kann u.a. mittels Rhythmus, Melodie, Harmonie und Form initiiert werden, aber auch über Bilder, Geschichten und Assoziationen. Die Improvisation kann harmonisch gebunden oder freitonal gestaltet werden. Sie soll jedoch keinesfalls im Bereich des Zufalls bleiben.

Dem Zufall wird Raum gegeben im Experimentieren, im Erforschen des Tonmaterials und in unkonventionellen Spielweisen, denn aus Zufällen können viele Ideen und Anregungen geschöpft werden.

Die Bewegung:

Auch hier ist das Ziel die Erweiterung des Bewegungsrepertoires und der Ausdrucksfähigkeit. Das Bewegungsrepertoire ist nicht selten eingeschränkt oder stark durch standardisierte Bewegungsformen geprägt. Funktionale Zusammenhänge, alltäglich erlebt, werden neu oder überhaupt erst bewußt gemacht. Bewegungsmöglichkeiten verschiedener Körperpartien werden neu und anders wahrgenommen. Eine Hand z.B. schüttelt nicht nur Hände, verrichtet Hausarbeiten oder gestikuliert. Sie kann Ansatz für Bewegungen sein, denen der ganze Körper folgt, sie kann Trauer oder Freude ausdrücken, kann Geschichten erzählen. Die erworbene Erweiterung des Bewegungsrepertoires findet ihren Ausdruck in veränderter Haltung, Bewegung und Gestaltung.

Der Weg über die Bewegungsimprovisation ist für viele, die keine Vorerfahrungen haben, mit Unsicherheiten und Hemmungen besetzt. Über das Erfahren neuer Bewegungsansätze oder assoziativer Einstiege wird der Körper neu entdeckt und erforscht und ein offener und phantasievoller Umgang mit seinen Möglichkeiten erreicht. Besonders wichtig für die Bewegungsimprovisation, wie auch für andere Improvisationsbereiche ist eine angstfreie Atmosphäre, die "Unschönheiten" und "Fehler" zuläßt.

Umgang mit Materialien:

Durch Materialien wie Pappröhren, Folien, Tonnen etc. werden Neugier und Experimentierfreude angeregt. In dem Maße, in dem "ungewöhnlichen" Materialien gegenüber kein "bekanntes" Verhalten existiert, fällt ein offener, spontanter und unkonventioneller Umgang damit leichter. Die hier fast selbstverständliche Betrachtungsweise und Umgangsweise soll auch auf bekannte Gegenstände übertragen werden (siehe Beispiel Stuhl).

Eine Form des darstellenden Spieles ist die Improvisation mit Alltagsgegenständen, mit dem Ziel, zu einer veränderten Wahrnehmung und zu anderen Beziehungen zwischen Spieler und Gegenstand zu führen.

Stimme und Sprache:

Stimme und Sprache sind uns an sich vertraut. Wieder ist hier das Ziel, beides neu zu betrachten, zu experimentieren, phantasievoll viele mögliche Aspekte von Stimme und Sprache zu erleben und zu erkennen.

Die Vielfalt der stimmlichen Ausdrucksmöglichkeiten, die Aussagekraft nicht an Bedeutung gebundener Äußerungen oder Phantasiesprachen werden ebenso erlebt wie die musikalischen und bewegungsmäßigen Aspekte von Stimme und Sprache.

Stimme kann Bewegung initiieren, kann sie begleiten, unterstützen und verdeutlichen. Mit der Stimme können Geschichten illustriert werden, die Stimme kann in Bezug zu Musikinstrumenten gesetzt werden; sie ist das "Musikinstrument" das normalerweise jeder von uns besitzt.

Stimme und Sprache sind mehr als nur Kommunikationsmittel. In der Auseinandersetzung damit wird klar, daß die Stimme im pädagogischen Prozeß auch ein wichtiges Gestaltungsmittel ist.

In der Rhythmik wird mit den obengenannten Bereichen unter ganzheitlichem Aspekt gearbeitet. Die Bereiche können sich gegenseitig bedingen. Methodisch wird dabei nicht im Sinne von "üblichem" Lehren und Lernen verfahren, vielmehr liegt der Ansatz im praktischen Tun, d.h. in der Hinführung zum Erfahren und Erleben. Erfahrbargewordenes und Erlebtes spricht mehr und umfassender die Sinne des Menschen an und prägt sich somit nachhaltiger ein.

Im Hinblick auf das Thema Kreativität soll anhand zweier Beispiele die Arbeitsweise der Rhythmik verdeutlicht werden.

Doch vorab will ich einige allgemeine Überlegungen zum hier zugrundegelegten Verständnis von Kreativität formulieren:

Kreativität beschreibt eine spezifische Tätigkeit, deren Besonderheit darin liegt, daß sie zu Veränderungen führt und daß in einem Prozeß Neues entsteht. Dieses Neue beziehe ich hier auf das Individuum.

Kreativität im obigen Sinne kann sich meiner Ansicht nach entwickeln, wenn

1. die Fortbildungsteilnehmer ihr Problem- und Aufgabenfeld unter anderen Gesichtspunkten, bzw. erweitert wahrnehmen,

2. wenn der Einsatz neuer Mittel und Techniken Möglichkeiten schafft, neue Lösungswege zu entwickeln, bzw. diese neuen Mittel und Techniken in der Übertragung auf das Arbeitsfeld ihre sinnvolle Anwendung finden,

3. wenn die Teilnehmer die Fähigkeit entwickeln, zu einem eigenen, selbständigen Ergebnis zu kommen.

Dies sind Zielvorstellungen in der pädagogischen Arbeit, die gleichzeitig als subjektive Voraussetzungen auf seiten der Teilnehmer gegeben sein müssen. Ob sie erreicht werden können, d.h. ob der Teilnehmer Kreatives hervorgebracht hat, zeigt sich im Ergebnis dieses Prozesses.

Was heißt in diesem Zusammenhang "Ergebnis"?
Ergebnis heißt, daß die Teilnehmer Beziehungen herstellen können zwischen Erfahrung und Wissen, die so vorher noch nicht bestanden haben, und daß sich daraus für sie neue Einsichten und Veränderungen ergeben. Das Ergebnis zeigt sich

a) während des Kurses (z.B. in der Gestaltung)

b) im berufspraktischen Feld der Teilnehmer (z.B. in den Praxisaufgaben, d.h. bei der Umsetzung des Gelernten).

Um solche Ergebnisse zu erzielen, sind Phantasie, spielerische Ansätze, Spontaneität, Improvisation u.v.m. wichtige Voraussetzungen und Wege zur Kreativität, können aber für sich genommen noch nicht als kreativ bezeichnet werden.

Häufig besteht bei den Teilnehmern die Erwartung, durch das Erlernen "kreativer Methoden" zu besseren Ergebnissen zu gelangen. Dahinter steht der Wunsch nach Unterrichtsmodellen. Diese Modelle sind meist nur eine kurzlebige Hilfe, da bei der Übertragung auf das eigene Problemfeld die neu erlebten Lösungswege nur modifiziert angewandt werden können. Darum kann es mir nicht darum gehen, Modelle vorzugeben oder spezielle Lösungsmöglichkeiten für spezifische Problemstellungen aufzuzeigen. Gerade im Rahmen der Rhythmik bietet sich die Möglichkeit, die Teilnehmer auf den Weg zur Kreativität zu führen, ihnen mit den Arbeitsmitteln Musik, Bewegung, Stimme/Sprache und Material Ansätze aufzuzeigen, die neue Lösungswege möglich machen, die auf die spezifischen Aufgaben- und Problemstellungen der Teilnehmer übertragbar sind und somit zu kreativen Ergebnissen führen können.

Anfänglich gehe ich also davon aus, daß die Teilnehmer zuerst ihr Problemfeld oder ihre Problemstellungen unter anderen Gesichtspunkten sehen und erkennen müssen. Sollen die Teilnehmer ein Problem erweitert wahrnehmen und wollen sie dieses anders handhaben, reichen in der Regel ihnen bekannte Ansätze und Methoden nicht aus.

Neue Mittel und, wie ich es hier nennen möchte, Techniken werden benötigt. Diese auf dem Wege der reinen Wissenserweiterung zu erlernen, ist sicher nicht ausreichend. Vielmehr sollen die Teilnehmer diese an sich selbst erfahren und erleben. Die Methode der Rhythmik schafft hier die Voraussetzung dazu.

In der Rhythmik wird, wie schon erwähnt, mit Musik, Bewegung, Stimme/Sprache und Material gearbeitet. In ihr werden unterschiedliche Medien vereint, und es wird bewußt mit ihren Zusammenhängen und Wechselwirkungen gearbeitet. Da die Teilnehmer Methoden der Rhythmik zur Erweiterung ihrer bisherigen Arbeitsweise erlernen möchten, muß es einerseits darum gehen, handwerkliche Fähigkeiten in den einzelnen Gebieten üben zu lassen, andererseits darum, neue Wege über spielerische Ansätze, Spontaneität, Assoziation, Phantasieentwicklung und Improvisation aufzuzeigen.

Dazu zwei Beispiele aus der praktischen Arbeit:

Raum - Raumerfahrung:

Räume, in denen wir uns bewegen, sind bestimmten Funktionen zugeordnet und werden dementsprechend gesehen. Z.B: Ist der Raum hell? Ist er groß genug? Ist er gut durchlüftet? Ist er warm genug?

Beobachte ich z.B. eine Kindergruppe, die sich in einem ihr bekannten Raum befindet, so ist am Anfang einer Stunde häufig festzustellen, daß sich die Kinder in Ecken aufhalten oder sich auf Stühlen herumdrücken. Der Raum ist ihnen zwar bekannt, aber oft nicht "vertraut". Hier wäre das Ziel, den Raum vertrauter werden zu lassen und einen Zugang zu ihm zu schaffen, damit sie sich darin entfalten können.

Raum- und Einrichtungsgegenstände können zum didaktischen Mittel werden, Möglichkeiten und Wirkungen eines Raumes sollen erforscht werden. Das sind Ziele, die eine erweiterte Betrachtungsweise des Raumes erfordern. Übungen, die ich im folgenden kurz beschreiben möchte, zeigen Mittel und Wege auf.

Die Teilnehmergruppe schaut sich den Raum aus verschiedenen Perspektiven im Sitzen, Stehen, Liegen genau an. Die Größenverhältnisse zwischen Mensch und Raum verändern sich. (Z.B. ergibt die Sitzposition am Boden ungefähr den Blickwinkel eines Vorschulkindes). Die Augen werden geschlossen, der Raum soll in der Vorstellung entstehen. Hilfreich dabei sind Fragen wie z.B. "wo ist die Tür?", "wo der Tisch?", "wo befinde ich mich selbst?".

Der Raum wird ertastet: Ein Teilnehmer führt einen anderen, der mit geschlossenen Augen geht, an verschiedene Stellen des Raumes, die dieser tastend erkennen soll. Diese Übung umfaßt mehrere Aspekte, unter denen vielseitige Erfahrungen gemacht werden können. Z. B. der Aspekt der Sensibilisierung der haptischen Wahrnehmung, (d.h. Raummaterialien in ihrer Beschaffenheit zu erfühlen), der Aspekt der Temperaturempfindlichkeit und der Empfindung von Lichtverhältnissen und der spielerische Aspekt. Die Raumorientierung und der soziale Aspekt werden ebenfalls angesprochen.

Die Bewegung im Raum:

Durch Bewegung werden Größe und Ausdehnung des Raumes erfahren, d.h. auch seine Grenzen und Begrenzungen. Wie weit sind z.B. schnelle Bewegungsabläufe möglich, wie muß ich meine Fortbewegung auf die räumliche Begrenzung einrichten, bzw. wie kann ich mich meinem Bewegungsverlangen entsprechend entfalten, und wie erlebe ich den Bewegungsraum als Solist oder in der Gruppe? Darüberhinaus wird erlebt, bzw. erfahren, ob es Stellen im Raum gibt, die mehr bergenden oder entblößenden Charakter haben. Der Raum wird unterschiedlich aufgeteilt, er soll kurvig oder geradlinig durchschritten werden. Verschiedene Raumwege und ihre Wirkung sollen erfaßt werden. Immer neue Kombinationen von Raumwegen und Bewegungen sollen ausgespielt werden.

Als Ausübender wie auch als Zuschauer erfährt der Teilnehmer, daß Möglichkeiten und Wirkungen von Raumwegen wichtige Aspekte für eine choreographische Arbeit sind. So wird der Raum bewußt in eine Gestaltung mit einbezogen.

Klang im Raum:

Die Gruppe soll erforschen und ausprobieren, welche Gegenstände im Raum klingen können, wie und wie lange sie klingen. Begriffszuordnungen wie hell-dunkel, hoch-tief können gebildet werden.

Aus dem Experimentieren mit Klängen, auch z.B. nur eines Materials oder Gegenstandes können Klangerkennungsübungen entwickelt werden, d.h. Übungen zur Sensibilisierung der auditiven Wahrnehmung. Geräusch- und/oder Klangdauer können hinsichtlich der Klangqualität durch Bewegung ausgedrückt werden. Durch Bewegung werden aber auch Geräusche und Klänge erzeugt. Z. B. die Gruppe bewegt sich im Raum und hört auf die entstehenden Geräusche, verstärkt sie, setzt andere Geräuschquellen mit ein, um einerseits die eigene Bewegung musikalisch zu begleiten und andererseits durch Bewegung und Geräusch/Klang mit den anderen Gruppenmitgliedern in Kommunikation zu treten.

Diese Erfahrungen können Anlaß geben, die Klangmöglichkeiten im Raum bewußt in eine Bewegungs- oder theatralische Gestaltung mit einzubeziehen. Der "klingende Raum" kann auch unter speziell musikalischem Aspekt gesehen werden. Hierbei bietet er reizvolle Möglichkeiten für Improvisationsthemen. So wird z.B. musiziert, ohne traditionelle Musikinstrumente zu verwenden. Wann werden Geräusche zu Klängen? Ist Geräusch bereits schon Musik?

Bei diesem Ansatz ergeben sich Fragen, die zu interessanten Diskussionen führen können. Über diese Fragen hinaus wäre es bei einer Arbeit mit Jugendlichen z.B. denkbar, über das Experimentieren mit Geräuschen und Klängen eines Raumes einen Einstieg in die zeitgenössische, bzw. nicht traditionelle Musik zu finden.

Der "klingende Raum" wird hierbei zum Lehr-, bzw. didaktischen Mittel. Dies ist nur eine Auswahl dessen, wie ein Raum betrachtet und erfahren werden kann. Aus diesen Erfahrungen heraus sehen die Teilnehmer nicht nur den sie umgebenden Raum, sondern auch ihre gesamte Umwelt bewußter und differenzierter.

Das musikalische Phänomen "Crescendo"

Dieses Beispiel bezieht sich in erster Linie auf die Arbeit mit Musikpädagogen. Diese stehen oft vor der Schwierigkeit, musikalische Begriffe nur verbal vermitteln zu können, bzw. Begriffe anhand von Musikstücken aus der Literatur zu erläutern. Hier soll nun ein musikalischer Begriff unabhängig von der verbalen Ebene betrachtet werden.

Herausgegriffen habe ich das Crescendo als Musikzeichen. Crescendo bedeutet "wachsend", wird aber im allgemeinen mit "lauter werden" übersetzt. Das "lauter werden" aber ist nur ein Teil dessen, was crescendo eigentlich bedeutet. Das Wort "wachsend" beinhaltet schon Bewegung, zeigt damit auch einen Erlebnisweg auf. Im folgenden schildere ich mögliche Übungen dazu.

Über ein Brainstorming sollen dem Wort "wachsend" weitere Begriffe zugeordnet werden. Hierbei tauchen Worte auf wie anschwellen, Dichte, Größe, Intensität, Spannungszunahme, Weite etc. Die Teilnehmer sollen nun verschiedene ganzkörperliche Darstellungsformen für ein Crescendo ausprobieren. Dies kann am Platz oder in der Fortbewegung geschehen. Durch die zunächst ganzkörperliche Darstellungsform wird das Crescendo in seinem gesamten Ausmaß deutlicher erfahren als es teilkörperlich, z.B. am Instrument der Fall ist. Ein Crescendo entwickelt sich, ist also in Bewegung begriffen. Der Verlauf muß in seinen Spannungsverhältnissen gut eingeteilt sein, um in einem eindeutigen Höhepunkt zu enden.

Auch dies ist als ganzkörperliche Bewegung besser erfahrbar als nur am Instrument. Beim Instrumentalspiel gibt es Hauptaktionszentren, z.B. Hände und Arme bei den Pianisten, die Atmung bei den Bläsern etc., und doch muß der gesamte Körper mitschwingen und unterstützen, um ein klangvolles Crescendo darzustellen. Die ganzkörperliche Erfahrung kann bewirken, daß Körper, Instrument und Klang als untrennbare Einheit erlebt werden.

Nach der individuellen Bewegungserfahrung soll nun gemeinsam ein Crescendo dargestellt werden. Die Vorstellung eines sich öffnenden Blütenkelches bietet sich als Beispiel an, wobei das Crescendo sich hier innerhalb einer bestimmten Bewegungsphase entwickeln muß. Bewegung unterstützt auch mögliche stimmliche Darstellungsformen eines Crescendos. Durch das Anschwellen eines Tones oder durch Bildung von Clustern kann ein Crescendo entwickelt werden. Gerade über die Stimme erfährt eine Gruppe, daß es bei einer Crescendoentwicklung nicht nur um Lautstärke gehen kann, daß selbst ein sehr groß angelegtes Crescendo an Substanz verliert, wenn es im Schreien endet.

Bei diesen Formen der Gruppendarstellung kommt es darauf an, daß sich die Gruppenmitglieder gut aufeinander einstellen. Sie müssen ihre Körperspannung angleichen, um gemeinsam die Entwicklung eines Crescendos auch in dessen zeitlicher Entwicklung abzuspüren und zu gestalten. Jeder der Gruppenmitglieder ist an allen Entwicklungsstadien eines Crescendos beteiligt und in gleicher Weise verantwortlich.

Eine andere Form der Darstellung kann ausgespielt werden. Stimme: Ein Chorklang z.B. kann crescendieren nur durch das

Hinzukommen weiterer Stimmen (Terassencrescendo). Bewegung: Eine zielgerichtete Bewegung, zunächst einer Person, wird verstärkt durch das allmähliche Hinzutreten weiterer Personen in Bewegung. Der Höhepunkt des Crescendos soll erreicht werden, wenn alle in Bewegung sind. Die Länge der Entwicklung bestimmt die Gruppe aus dem Moment heraus. In beiden Fällen (Chor und Bewegung) kommt es darauf an, daß die Akteure die Entwicklung mitvollziehen, um sich in ihrer Wahrnehmung, im rechten Moment und in der richtigen Spannung in die Gruppe einzugliedern. Hierbei verantwortet nun der einzelne nur mehr seinen Anteil an der Gesamtentwicklung. Das Crescendo wird in seinem dynamischen wie zeitlichen Maß nonverbal von der Gruppe erspürt.

Eine dritte Form der Gruppendarstellung entsteht, wenn das Crescendo von einzelnen Gruppenmitgliedern z.B. klatschend aufgenommen, weiterentwickelt und weitergereicht wird, so daß ein kontinuierliches Crescendo entsteht. Hierbei gibt es keinen gemeinsamen, chorischen Spannungsgrad mehr. Jeder einzelne fügt sich, im Sinne einer Steigerung mit jeweils anderer Körperspannung, in das Geschehen ein. Er muß sich am unmittelbar Vorherigen orientieren und sich im Gesamtzusammenhang richtig plazieren.

Durch die angesprochenen Gruppenübungen erfährt sich der Teilnehmer in einer musikalischen Ensemblearbeit ohne "Musik". Für die Musikpädagogen, die mit Ensembles arbeiten, zeigen sich hierin Möglichkeiten, ein Ensemble auf eine gemeinsame Erfahrungsbasis zu stellen.

Die Dynamik, und damit auch das Crescendo, ist ein wesentliches Ausdruckselement der Musik. Es kann aber auch speziell zum Thema musikalischer Arbeit werden, beispielsweise in der Improvisation. Das Improvisationsmaterial kann freigestellt werden, sollte aber überschaubar sein, da es in diesem Falle um dynamische, nicht aber um rhythmische, melodische oder harmonische Vielfalt geht.

Nach all diesen Übungen sollte ein Crescendo so gestaltet werden können, daß es über das "lauter werden" hinaus überzeugt und seine Wirkung erreicht, selbst wenn es nur auf einem Ton oder Akkord gespielt wird. Im Spiel wird deutlich, daß die musikalische

Dynamik von der Körperdynamik abhängig ist. Wenn z.B. eine musikalische Improvisation gleichzeitig von einer Gruppe in Bewegung umgesetzt wird, sieht der Instrumentalist, ob das Bewegungsbild seiner musikalisch- dynamischen Vorstellung entspricht. Die eigenen Körpererfahrungen helfen ihm, sein Spiel angemessen variieren und intensivieren zu können. Durch das Körpererlebnis wird eine neue Erfahrungsqualität gewonnen, die dann auch auf die Spielweise von Musikstücken aus der Literatur übertragen werden kann. In der Praxis bedeutet das für den Musikpädagogen, daß er unterschiedliche Wege kennt, seinem Schüler musikalische Begriffe erfahrbar und erlebbar zu machen.

Die Erfahrungen, die der Schüler auf diesem Wege erwirbt, geben ihm wiederum die Möglichkeit, die Erfahrungswerte auf andere Musikstücke selbständig zu übertragen und nuanciert in seine Interpretation zu integrieren. Es geht bei dieser Arbeit um das Nachempfinden, nicht um das "Nachspielen" musikalischer Bezeichnungen, als Voraussetzung eigenschöpferischer Arbeit.

Was in diesen Beispielen beschrieben wurde, kann nur dann geschehen, wenn ein "Raum" dafür geschaffen wird, wenn Blockaden abgebaut werden können, wie z.B. Angst vor Fehlern, mangelndes Vertrauen in die eigenen Fähigkeiten und zu starke Orientierung an traditionellen Formen. Wichtig ist eine Atmosphäre, die Mut macht, Aufgaben auch auf unkonventionelle Weise anzugehen.

Die Methode der Rhythmik ist weitgehend erfahrungs- und erlebnisorientiert. Reflexion, d.h. die Bewußtmachung dessen, was erlebt und erfahren wird, schafft die Möglichkeit der Übertragung auf das jeweilige Arbeitsfeld der Teilnehmer.

Diese Art der erlebnisorientierten Arbeit wirkt auf den ganzen Menschen und vermittelt ihm Erfahrungen, die über das rein Fachliche hinausgehen. Teilnehmer berichten mir z.B. über eine Veränderung der Betrachtungsweise der eigenen Person und der Lebensumstände, wie auch des eigenen Sozialverhaltens, eine Veränderung, wie ich sie auch aus meiner Erfahrung her kenne und bestätigen kann. Eine Teilnehmerin erzählt, daß sie im Umgang mit anderen Menschen mutiger und phantasievoller geworden sei. Auch beobachte ich bei Teilnehmern, daß sie zu einer intensiveren Erlebnisfähigkeit gelangen.

Ich sehe, welche Bedeutung es hat, sich z.B. in einem oft so unharmonischen Alltag in einer harmonischen Bewegung zu erleben. Der Teilnehmer erfährt sich in einem Ablauf, in einem Zusammenhang und in der Gruppe. Er erlebt sich positiv z.B. bei der Darstellung des Crescendos, indem er sich als hinzukommender Akteur in die Entwicklung des Crescendos eingegliedert. Durch eine intensive Partner- und Gruppenarbeit in der Rhythmik wird der Mut gefördert, sich mit seinen momentanen Fähigkeiten darzustellen.

Der Teilnehmer gewinnt Zutrauen, Emotionen auszudrücken und entwickelt dabei seine Ausdrucksfähigkeit, und er erlebt eine positive emotionale Wirkung wenn er Dinge wagt, die er zuvor nicht erprobt hat, und sie "gelingen".Ein Zuwachs an Selbstvertrauen in die eigenen Fähigkeiten läßt ein größeres Maß an Flexibilität zu, versetzt die Teilnehmer in die Lage, situationsbezogener auf die Bedürfnisse z.B. ihrer Gruppe einzugehen.

Alle Situationen sind gangbare Wege zum Ziel, den Menschen in die Lage zu versetzen, schöpferischer und phantasievoller und in der Wahrnehmung differenzierter in seinem Arbeitsfeld wirken zu können. Am Ende einer Fortbildung sagte eine Teilnehmerin: "Eine für mich persönlich wichtige Erfahrung war das Erleben von Zeit. Ich habe gelernt, mir Zeit zu nehmen, mir Zeit zu geben und zu lassen für Entwicklungen, mir Zeit zu nehmen für andere Menschen und anderen Menschen Zeit zu lassen".

Arbeit in und mit Kreativität

Martina Jacobi

Thesen und Berichte aus der Erfahrung in Unterrichts-Situationen an der Musikhochschule Freiburg, Fachbereich Rhythmik, spezielle Thematik: Klavierimprovisation

Improvisation als Unterrichtsthematik stellt den Lehrenden vor die Aufgabe, seine Anregungen in einer Atmosphäre des Vertrauens und der ungezwungenen Offenheit zu geben.

An-Regung ist noch nicht An-Leitung. Die Anregung hat die Funktion des Impulses. Impuls als äußerer Anstoß muß zu impulsivem Handeln anregen. Sinngebender Impuls motiviert. Die innere Motivation des Schülers muß geweckt werden, die Freude an freier, persönlicher (musikalischer) Sprach-Äußerung. Der Phantasie muß Raum gegeben werden: Freiraum/Spielraum. Das Risiko der Phantasie liegt in Veränderungen der Wahrnehmung und des Verhaltens.

Die Wertschätzung der eigenen spontanen Äußerung ist verbunden mit dem Mut zur Veröffentlichung unfertiger Aussagen. Der auf perfekte Wiedergabe komponierter Werke hinarbeitende Musiker reagiert empfindlich auf seine eigenen gelegentlich hilflosen Versuche, sich musikalisch originell darzustellen. Der *Horror vacui,* die Scheu vor der Leere, die Angst vor dem Ausbleiben schöpferischer Gedanken, guter Ideen und die Pein(-lichkeit) nicht sofort 'fruchtbar' sein zu können sind tief eingewurzelt und schwer zu überwinden. Wertmaßstäbe sind Begrenzungen und die Existenz in Zitaten ist Paradies und Ghetto zugleich. Wo Mechanismen des Selbstschutzes gegenüber der Entgrenzung zu wirken beginnen ist Vorsicht geboten. Von Fall zu Fall rufen Veränderungen gewachsener, angewöhnter Maßstäbe und Abgrenzungen Aggressionen wie Depressionen hervor. Zwischen Ein-Lenken und Über-Spielen, angemessener Forderung und durchtragender Begleitung liegt der Weg des lenkenden, mitspielenden, fordernden, anregenden und begleitenden Pädagogen.

Von großer Bedeutung ist das Mit-Spielen bei uneingeschränkter Bewegungsfreiheit im individuellen Spiel-Raum.

In der klingenden wie bewegten Verwirklichung ist Improvisation das Spiel mit ‘Chronos‘ und ‘Kairos‘.

Hierzu ein Beispiel:
Wir spielen mit zwei Klavieren (Spieler I und Spieler II).

Spieler I beginnt damit, einen Ton/eine Taste in gleichmäßig ‘fließendem‘ Tempo über längere Zeit anzuschlagen...

Spieler II soll durch akzentuierte Anschläge von Akkorden oder Clusterformen das gleichmäßige ‘Grundtempo‘ unterteilen und rhythmisch gliedern. Für diese aus der Klangvorstellung des *inneren Hörens* hervorgerufenen Akzente muß der jeweils günstige Augenblick gefunden werden...

Die günstigen oder ‘richtigen‘ Augenblicke kommen aus dem Gefühl und werden als solche fühlbar erkannt. Eine Serie fühlbar gelungener Akzente bewirkt bei Spielern und Zuhörern stets Freude und Gelöstheit. Das Ausbleiben dieser Wirkung spricht für sich... deutlicher als jeder Hinweis!

"Heiterkeit ist die Mutter der glücklichen Einfälle"
(Luc de Vauvenargues, französischer Moralist, 1715-1747)

"Komm, Schöpfer Geist, erfülle mit Gnade die Herzen..." Dieser Bitte wird in dem gregorianischen Hymnus "Veni Creator Spiritus" Ausdruck gegeben (Hrabanus Maurus, um 776-856). Die Spuren des Wortes **Gnade** führen zu Bedeutungen wie: **Ruhe, Behagen, Freude** und **Schutz, Hilfe, Milde, Schonung**...

Sind 'begabte' Schüler mit angeborenen günstigen Eigenschaften ausgestattet, haben wir 'leichtes Spiel'...

Der Weg zum 'begnadeten Künstler' führt Stufe um Stufe in die Fülle, in den Besitz ausgebauter, kultivierter Fähigkeiten und Fertigkeiten und kann in guter Balance von Spiel und Übung mit Freude gegangen werden.

In diesem Zusammenhang sei das Klavier-Spielen dem Klavier-Üben gegenübergestellt. Die Qualität des Übens wird bestimmt vom Interesse des Übenden an seinem Tun; ein phantasievoll arbeitender Musiker wird seine 'Übungen' bewußt gestalten. Variationsreich wird er, zum Beispiel, sequenzieren, modulieren, transponieren, rhythmisieren und akzentuieren.. und im Aus-Spielen vieler Varianten dem Sinn der **komponierten** Fassung auf die Spur kommen. Wenn sich im Nachspüren das Gefühl für die 'Richtigkeit' einer Komposition einstellt, kommt es zur adäquaten Interpretation. Improvisierend im Sinne des experimentierenden Spiels mit Elementen der Komposition durchgeht der Übende Stadien des Komponierens und das zunächst Fremde wird ihm als 'Repertoire' dauerhaft zu eigen.

Anleitung zur Improvisation ist ohne Zweifel ein wesentlicher Bestandteil des musikalisch-rhythmischen-, künstlerischen Unterrichts; nicht nur alternativ, sondern ergänzend und förderlich für die gesamte Entwicklung von Musikalität. Die Fähigkeit, Musik erleben zu können wächst mit der Gewöhnung an musikalische Aktivität. Die Ausbildung des *bewußten Hörens* muß mit Sorgfalt als grundlegende Übung gepflegt werden. Ergänzend zum *äußeren Hören* muß das *innere Hören* angeregt und 'abgerufen' werden. Im Themenfeld der Rhythmik mit vielen Möglichkeiten der Gestaltung von 'Spiel und Übung' hat die Gehörbildung als unverzichtbar signifikanter Bestandteil Vorrang.

Aus dem Bereich der instrumentalen Improvisation hierzu wieder Beispiele:

Spieler I (mit offenen Augen) schlägt einen Ton an und läßt ihn möglichst lange nachklingen...

Spieler II (mit geschlossenen Augen) sucht den gleichen Ton auf der eigenen Tastatur, schlägt an... und korrigiert sich ggf. - ebenso nur tastend.

Dieses Spiel soll - fehlerfrei - schließlich so klingen, als ob nur ein Spieler aktiv wäre und jeder Ton in Repetition anschlagen würde. Auch wenn beide Spieler 'sehend' üben, verliert die Übung nicht an Wert für den Nach-Spieler.

Als Variation hierzu kann die Aufgabe auch lauten:
Spieler II ergänzt den gehörten Ton zu einem (verabredeten) Intervall... oder zu einem Dur- oder Moll-Dreiklang... Diese Übungen sollen in gleichmäßigem Tempo durchgespielt werden, d.h. so langsam wie nötig und so schnell wie möglich... das Einschwingen in ein gemeinsames Tempo macht diese Übungen 'genießbar' und erfordert erhöhte Reaktionsbereitschaft... ist also deutlich mehr als Ton-suchen und -finden.

In einer weiteren Variation kann die Aufgabe lauten:
Spieler I spielt ein Intervall, z.B. eine Quinte, nacheinander angeschlagen...
Spieler II spielt das gleiche Intervall nach, ebenso nacheinander angeschlagen, aber in umgekehrter Reihenfolge der Anschläge...
In gleichmäßig ruhigem Tempo gespielt, entstehen bei günstiger Tonwahl hierdurch bereits angenehm 'sangbare' Melodien und durch Wiederholung ganzer Melodieteile entstehen Formen.

Die bisher beschriebenen Situationen und Übungen beziehen sich auf Einzelunterricht, bzw. solistische Arbeit und auf Solo- und Duo-Spiel mit Zuhörern in der Gruppe. Einzelunterricht (s.o. auch im Rahmen einer kleinen Gruppe) bietet die Möglichkeit, mit jedem Schüler eine Basis für grundlegende Verständigung und gezielte individuelle Förderung zu finden. Bei Improvisationsübungen mit Beteiligten einer ganzen Gruppe muß **jedem Spieler** eine angemessene Möglichkeit zum Mit-Tun geboten werden. Dies schränkt den Spielraum ein und führt im Extrem zu chaotisch-spontanem oder durchorganisiert-gehemmtem Zusammenspiel. Geübt werden in dieser Form zunächst 'soziale' Tugenden wie: warten können, sich zurücknehmen können, andere wahrnehmen können, sich anpassen können usw. Die Förderung differenzierter zwischenmenschlicher Wahrnehmung durch Übung und

Spiel mit musikalischem Agieren und Reagieren in Klang und Bewegung dient zunehmender Sicherheit im Ensemblespiel.

Die Struktur der Unterrichtsgruppen ist variabel vom Duo bis zu Chor- bzw. Orchesterstärke (Großgruppe). Mit der Anzahl der aktiv Beteiligten verändert sich der Unterrichtsstil von vorwiegend partnerschaftlicher Nähe bis zur Führung-in-Autorität. Schöpferische Arbeit mit und in größeren und großen Gruppen muß voraussetzen, daß jeder einzelne aktiv Beteiligte bereits wie 'selbstverständlich' mit seiner eigenen Improvisationsfähigkeit umzugehen weiß und sich damit angepaßt und doch ungehemmt einbringen kann. Nicht vorgebildete Teilnehmer, die in größeren Gruppen möglicherweise nur 'mitlaufen', können zwar mit**erleben**, bleiben aber 'im Schatten' einiger durchsetzungsfähiger 'Solisten', die den Gang der 'Handlung' impulsiv bestimmen. Das Ergebnis ist für einen Teil der Gruppe eine Art 'Schein-Erfahrung' und der Schein trügt!

Rhythmik- und Improvisationsunterricht in Gruppen erfordert vom Lehrenden ein Höchstmaß an Beobachtungsfähigkeit und Einfühlungsvermögen. Ohne 'Ansehen der Person' kann ein Ensemble nicht situationsgerecht ausbalanciert werden. Solche erforderlichen Qualitäten des Lehrenden basieren auf seiner **individuellen** und solistischen künstlerischen Aus-Bildung.

Ohne Selbstverstrauen im Bewußtsein für den eigenen Standort gerät ein Gruppenleiter leicht in den 'Sog' der Gruppe; er erlebt dann möglicherweise interessante Erweiterungen seiner Erfahrungen, verliert aber die Steuerungsfähigkeit... Zeitweise 'Rad oder Rädchen' sein zu können und doch im gegebenen Augenblick wieder das 'Steuer-Rad' sicher halten zu können ist ebenso reizvoll wie schwierig. Mag im Stadium des Experimentierens und Erfindens der Lehrende impulsgebend mitwirken... zur Entscheidung über die Aus-Wahl nach kritischen Wertmaßstäben muß er kompetent, verantwortlich und er-klärend die 'Regie' übernehmen, bzw. delegieren.

Als Ziel kreativer Arbeit stehe - nah erreichbar wie weitreichend angestrebt - die Fassung des Möglichen in geklärter, ersichtlicher, verständlicher und angenehm spürbarer Formung und Gestalt in zeitlicher, räumlicher und dynamischer Balance. So teilt schöpferische Energie sich mit und wirkt ein auf das Lebens-Gefühl auch der passiv beteiligten, aber miterlebenden Zuschauer und -hörer. Zur Einstimmung auf den Weg von einem Impuls bis zur gestalteten Form kann man zu Beginn einer Gruppenarbeit binnen weniger Minuten eine Fülle unterschiedlicher Bilder entstehen lassen. Hier einige Beispiele, als 'Collage' zusammengestellt; eine für alle gleiche einfache Grundform dient dabei zur Anregung der Phantasie und soll zeichnend/malend ergänzt werden. Die Freude an diesen Bilder ist ein wichtiger positiver Impuls für den Beginn der Arbeit mit Musik und Bewegung.

Das Material: Malstifte und ein Papier(DIN 4) mit einer Figur
- für alle die gleiche -

 ← so zum Beispiel, oder so → 

Die Vielfalt der entstehenden 'Phantasie-Bilder' ist unerschöpflich:

Freiraum
Raum zur freien Bewegung
Bewegungsfreiheit
Beweglichkeit
bewegt sein
in Bewegung sein
in Bewegung geraten
sich in Bewegung setzen
sich in Bewegung bringen lassen
jemanden oder etwas in Bewegung bringen
jemanden zu etwas bringen
etwas in Gang bringen
die Lage von etwas oder jemandem ändern
jemanden geistig oder seelisch erregen
sich regen
eine Regung verspüren
eine Gemütsbewegung verspüren
etwas anregen
sich anregen lassen
aufgeschlossen sein
für jemanden erreichbar sein
jemandem entgegengehen
jemandem zur Hand gehen
eine Hand ausstrecken
auf jemanden zugehen
auf etwas ansprechen
reagieren
agieren
tätig sein
etwas bewirken
sich auswirken
sich verwirklichen
sich entwickeln
den Dreh finden
mitwirken
mitspielen
ins Spiel kommen
Spiel
"Spiel" in seiner vermutlichen Grundbedeutung ist:
Tanz - Tänzerische Bewegung - Fröhliche Übung

Martina Jacobi

Spiel

Die Phantasie ist an der Macht! Wie man mit dem Rollenspiel die soziale Kreativität Jugendlicher fördern kann

Ulrich Baer
Dipl. Päd., Studienleiter und Dozent für Spielpädagogik an der Akademie Remscheid

Kreatives Spielen?!

Dr. Anton Schmidt, Hannelore Winkler
Leiter der Wiener Jugendleiterschule, Landesjugendreferat

Spielwaren im Medienverbund

Verhinderung von Kreativität durch modernes Spielzeugmarketing und Konsequenzen für die pädagogische Arbeit mit Kindern.

Michael Mentgen
Sozialpädagoge

Die Phantasie ist an der Macht!

Wie man mit dem Rollenspiel die soziale Kreativität Jugendlicher fördern kann

von Ulrich Baer

Dieser Beitrag handelt von sozialer Kreativität und ihren Chancen im Spiel, durch Spiel.

Zunächst möchte ich klären, warum es mir um diese spezifische Art der Kreativität geht und was ich mit "sozialer Kreativität" meine. Dann kann an einem konkreten Spiel-Beispiel die Förderung sozialer Kreativität bei Jugendlichen dargestellt werden und schließlich möchte ich diese spielpraktischen Erfahrungen als Ausgangspunkt für generelle spielpädagogische Thesen nutzen.

Vier Bilder, in zehnjährigem Abstand aufgenommen:

1958, ein Drei-Familien-Haus auf einem Grundstück (mit altem Kiefernbestand) in einem Berliner Vorort, im Kinderzimmer der Wohnung im zweiten Stock: ein zwölfjähriger Junge baut bereits seit zwei Stunden eine elektrische Modelleisenbahn auf, Spur H0, Hersteller: Märklin. Er baut die Anlage in diesen zwei Stunden bereits zum dritten Mal wieder neu auf. Diesmal mit der doppelten Kreuzungsweiche in der Mitte und mit dem Güterbahnhof hinter einem Berg.

Die Mutter macht sich langsam Sorgen: der Junge spielt überhaupt nicht mit der Bahn. Kaum hat er eine Anlage zusammengesteckt und ist ein paarmal probegefahren, reißt er alles auseinander, macht einen neuen Plan als Bleistiftskizze, klärt ab, ob das Schienenmaterial reicht.

Das Wort Kreativität war in Deutschland noch nicht üblich, aber statt in einer einmal geschaffenen Welt die Züge nur so herumfahren zu lassen, spielte dieser Junge dadurch kreativ, indem er daran Spaß hatte, immer neue Welten zu erschaffen. Freilich keine Fantastereien, sondern immer funktionierend und immer nur mit dem begrenzten Schienenmaterial.

Weiter im Frühsommer 1968. Es sind die Monate der Mai-Unruhen in Frankreich. Und wenn man an einer der langen Mauern der Pariser Universität Sorbonne nicht zu schnell vorbeifährt, kann man den aufgesprühten Spruch "Die Phantasie ist an der Macht!" gut lesen. In jenen Jahren, in Berlin. Berlin-West. Ein junger Mann korrigiert noch einmal den Ankündigungstext für einen Arbeitskreis der Kritischen Universität Berlin, eine Art freie Erwachsenenbildungseinrichtung der Studentenbewegung. Bewußt ins Leben gerufen als parteiliches Gegenstück zu den in Berlin damals gut ausgebauten Volkshochschulen, deren Angebote beispielsweise im Fachbereich Kreativität sich jedoch in der Vermittlung von Macramee und Ikebana erschöpften.

Er streicht im Text vom "Arbeitskreis 17: Demokratisierung der Schule" einige Passagen, die zwar die reine Lehre widerspiegeln, aber selbst von kritischen Schülern, die man als Teilnehmergruppe auch ansprechen wollte, nicht zu verstehen gewesen wären.

Ungefähr zehn Jahre später. Derselbe junge Mann, inzwischen 32, sitzt in der Spielleitung eines Planspiels. Ein Brief an den Jugendwohlfahrtsausschuß wird abgegeben. Eine Demo wird von der Gruppe "Jugendliche Besucher" angekündigt. Hektik. Es geht um die Schließung eines Jugendzentrums und um originelle und konstruktive Lösungen, dies zu verhindern. Hier wird soziale Kreativität im Spiel erprobt. Ideen für politisches Verhalten auf dem Prüfstand. Das Planspiel war Bestandteil einer Spielpädagogik-Fortbildung der Akademie Remscheid. Jener Mann in der Spielleitung war und ist der Dozent dieses Fachgebiets.

1988 brütet derselbe Mann über das Thema "Kreativität im Spiel". Er denkt über einen pfiffigen Anfang nach und um mal auf ein paar andere Gedanken zu kommen, beginnt er in einer Erzählung zu schmökern[1)]. Plötzlich läßt ihn ein Satz nicht mehr los:

"Die Revolution war tot, jeder Mensch war nun eine Insel, und Stanley war vierzig, ein verbitterter Vierzigjähriger ohne Flügel." Mit sehr leiser Wehmut fallen dem Mann, jetzt 42, Szenen von vor 20 Jahren ein.

Damals in Berlin, als wir schon glaubten, die Phantasie sei an der Macht. Aber so einfach klappt das nicht, soziale Kreativität zu verwirklichen. Mit verhaltenem Trotz sagt er zu sich: Verbittert und ohne Flügel? Das ist das falsche Bild. Ganz im Gegenteil, jetzt verbrennt er sich nicht mehr die Flügel an der Sonne.

Das ist eine seiner Erfahrungen: die politischen Sprüche und rosigen Utopien bringen Trost, aber entfernen uns zugleich von unserem Alltag, unserer Subjektivität. Das weiß er jetzt. Und wenn er jetzt darüber spricht, wie Menschen zu ihrem aufrechten Gang verholfen werden kann, dann ist die Machtfrage nur ein Punkt unter vielen. Die Fähigkeit der Menschen, ihre soziale Kreativität zu kultivieren, wurde zu einem entscheidenden pädagogischen Ziel.

Mit diesen vier Spots konnte nicht systematisch abgeleitet, aber biografisch begründet werden, daß Kreativität und Spiel im Zusammenhang seiner gesellschaftlichen Verwertung betrachtet werden soll. Wenn durch Spiel kreative Fähigkeiten gefördert werden, was die Spielwarenhersteller nicht müde werden zu behaupten, dann muß schon nach dem Sinn, dem Nutzen, der Wirkung gefragt werden.

Mein pädagogisches Interesse wird noch nicht hervorgerufen, wenn im Spiel ganz allgemein schöpferisches Denken und Handeln gefördert wird. Damit verbleibt Kreativität bei formalen "Tugenden", die nutzbringend sein können zur Verbesserung der Produktivität, des Absatzes, der Gestaltung und der Kriegführung im gleichen Atemzug.

Kreativität definiert sich u.a. durch ihr Anwendungsfeld: z.B. Warenherstellung, Absatzförderung, künstlerische Gestaltung. So läßt sich produktionstechnische, werbliche, kulturelle und schließlich soziale Kreativität unterscheiden.

Was bedeutet soziale Kreativität konkret?

Das inhaltliche Anwendungsfeld sozialer Kreativität sind die zwischenmenschlichen (politischen, gesellschaftlichen, sozialpsychischen) Probleme.

Einige Beispiele:

- Neue Ideen für die Klärung von Konflikten zwischen Menschen, Gruppen und zwischen Mensch und Materie (Mensch-Natur; Mensch-Technik) haben.
- Sich differenzierte neue Bilder von anderen Menschen machen können.
- Sein Leben aufgrund eigener Vorstellungen planen, seine Wünsche vielsprachig darstellen und durchsetzen können.
- Eine phantasievolle Gestaltung von sozialen Beziehungen.
- Unkonventionelle Einfälle zur Lösung politischer Probleme.

Soziale Kreativität heißt, der eigene Gestalter seiner Existenz und seiner Beziehungen zu werden versuchen.

Aber das Adjektiv "sozial" soll hier zugleich etwas über den Prozeß dieses schöpferischen Denkens und Handelns aussagen: er findet in Gruppen statt, geht über die individuelle Ideenfindung hinaus. Soziale Kreativität bezieht sich also in zweierlei Hinsicht auf Zwischenmenschliches: im Gegenstand und im Prozeß.

Ich möchte untersuchen, wie soziale Kreativität im Spiel vorkommt und wie sie durch Spiele gefördert werden kann.

Spielen ist Lernen

Spiel ist erstens eine experimentelle Zugangsweise auf Wirklichkeit, zweitens eine sehr motivierende pädagogische Methode und drittens eine ständig zwischen Ernst und Spaß kippende Interaktionsweise aller Altersgruppen.

Aber diese individuellen und gesellschaftlichen Möglichkeiten des Spiels müssen oftmals erst wieder entdeckt und - vor allem - akzeptiert werden.

Traditionell wird Spiel stets dem Kindesalter zugeordnet, bekommt damit das Image einer nicht ganz ernst zu nehmenden, letztlich für die wertsetzende Erwachsenenwelt unbedeutenden Beschäftigung. Seit dem Ende der Siebziger Jahre werden aber auch in der Bundesrepublik immer mehr natürliche, direkte ("alternative") Kommunikationsformen immer beliebter. Das kommt einer Aufwertung des Spiels entgegen.

In diese Richtung zielt deshalb auch das Fortbildungskonzept des Fachgebiets Spielpädagogik, das von der Akademie Remscheid zusammen mit vielen anderen Personen, Gruppen und Einrichtungen entwickelt wurde.

Spielerisches Denken und Handeln zu einem ge- und beachteten kulturellen Verhalten für alle Altersgruppen zu entwickeln - das ist eines der langfristigen Ziele im Spielpädagogik-Konzept der Akademie Remscheid.

Es wäre leicht, hier ein kulturkritisches und -pessimistisches Essay über die Vermarktung der Begriffe Phantasie und Kreativität im Spiel zu schreiben. Damit ließe sich sehr plastisch vor Augen führen, wo Kreativität zum bloßen Aushängeschild für Spiele verkommt und zu einem Fall für die Kritik an der modernen Warenästhetik wird.[2)]

Nein, man müßte schon nachweisen und nicht nur behaupten, daß durch Spiel ein schöpferisches Denk- und Handelspotential vergrößert, erleichtert oder qualifiziert wird.

Der positive Nachweis fällt schwerer, weil aus methodologischen Gründen jegliche empirische Spielforschung vor dem Dilemma steht, daß Spiel nur ein Einflußfaktor bei langfristigen Wirkungen und nicht gut isolierbar ist. Wir sind damit überwiegend auf Vermutungen, Hypothesen und die Sammlung von Fallbeispielen angewiesen.

Darum möchte ich zunächst die spielpädagogischen Erfahrungen mit einer bestimmten Spielform exemplarisch vorstellen - das ABC-Rollenspiel. Dieses heißt nicht so, weil im Spiel die Rollen von "ABC-Schützen" (Schüler des ersten Schuljahrs) eingenommen werden, sondern weil Dreiergruppen spielen, in denen die Spielteilnehmer mit A, B und C bezeichnet werden. Das ABC-Rollenspiel eignet sich gerade besonders gut für Jugendliche und deren Konflikt- und Interessenlage.

Das ABC-Rollenspiel

Für 15 Jugendgruppenleiterinnen und -leiter beginnt in einem dieser großen, mit Nadelfilz ausgelegten Kursräume der Akademie Remscheid der 12. Tag ihrer Spielpädagogik-Fortbildung. Wer den Kursleiter nicht neugierig-skeptisch mustert, schaut aus dem Fenster ins verregnete Bergische Land.

Das Spiel beginnt. Jeder bekommt einen kleinen Zettel, auf dem entweder ein großes A, B oder C draufgemalt ist. Dann die Aufforderung vom Spielleiter, schnell Dreiergruppen zu bilden, in denen immer ein A, ein B und ein C vertreten ist. Durcheinanderlaufen, Buchstaben ausrufen, schnelles Stühlezusammenrücken (um dem Zufall etwas unter die Arme zu greifen) - fünf Dreiergruppen sind gebildet und suchen sich ein Plätzchen möglichst weit voneinander entfernt, damit man sich nicht stört, denn gleich soll eine Geschichte simultan in allen Gruppen gespielt werden.

Die Geschichte besteht aus drei Dialogen, für die der Spielleiter die Ausgangslage und die zu spielenden Rollen beschreibt. Die Ergebnisse in den Dialogen sind nicht vorhersehbar, der Schluß ist offen, auch die einzelnen Rollen sind nur ganz grob vorgegeben. Außerdem wechseln die Spieler ihre Rollen von Dialog zu Dialog.

Bei jedem der drei Dialoge gibt es in jeder Gruppe einen Beobachter, der spezielle Aufgaben erhalten kann, hier in unserer Einführung zunächst nur den Handlungsverlauf grob in Stichworten festhalten soll. Auch diese Beobachterfunktion wechselt, so daß jeder im Verlauf der Dialoge die Geschichte aus verschiedenen Rollen und einmal auch als distanzierter Beobachter wahrnimmt.

Aber hören wir jetzt den Spielleiter, wie er das Spiel eröffnet:

"Die Geschichte, die wir jetzt in drei Teilen spielen, handelt von Jürgen, 17 Jahre alt, und Moni, 15 Jahre und 8 Monate alt. Sie sind fest befreundet, 'gehen' also miteinander, und das schon ziemlich 'lange', nämlich drei Monate. Beide wohnen noch bei ihren Eltern, Jürgen in Remscheid, Moni in einem kleinen Ort, über 20 Kilometer entfernt.

Am kommenden Wochenende besuchen Jürgens Eltern Tante Anneliese in Bad Neuenahr, eine Erbtante, da muß man sich öfter mal sehen lassen. Jürgen fährt da eigentlich nur Weihnachten mit. Jürgens Familie wohnt in einem schönen Bergischen Einfamilienhaus. Und für das Wochenende kommt Jürgen auf die Idee, im Haus eine Fete zu feiern, wo man dann doch keinen stört... Nun geht der letzte Bus, mit dem Moni nach Hause fahren könnte, schon um 19 Uhr 45 - und da ist so eine Fete ja noch nicht einmal richtig in Schwung gekommen. Und so sind die Beiden auf die Idee gekommen, daß Moni doch von Samstag auf Sonntag im Haus von Jürgens Eltern übernachten könnte, es gibt doch da das kleine Gästezimmer im Keller.

Beide Kinder sind leidlich gut erzogen und versuchen das Einverständnis ihrer Eltern mit diesem Vorhaben zu erreichen.

Das ist die Ausgangssituation.

Unsere Geschichte beginnt am Montagabend. Monikas Mutter ist zur Kur, nur Vater ist zuhause. Er sitzt vor dem Fernseher, es ist 20 Uhr 13, die Wetterkarte der Tagesschau kommt gerade. Moni kommt hinzu und möchte also das Einverständnis ihres Vaters, nach der Fete am kommenden Wochenende in Jürgens Haus zu übernachten.

Was das für ein Vater, was Moni für ein Mädchentyp ist, das könnt ihr jetzt alles selbst mit ins Spiel bringen. Die Spieler mit dem A-Zettel in jeder Gruppe sind Monika, die B-Spieler Monis Vater, C ist Beobachter, bekommt Papier und Stift und notiert in Stichworten ganz grob den Handlungsablauf."

Der Spielleiter zeigt auf seine Tabelle an der Wand:

1. Spiel:
A ist Moni (15;8)
B ist Monis Vater
C ist Beobachter

2.Spiel:
A ist Jürgens Mutter
B ist Beobachter
C ist Jürgen (17)

3.Spiel:
A ist Beobachter
B ist Jürgens Mutter
C ist Monis Vater

Alles klar? Dann stehen mal alle Monikas auf, gehen zwei Schritte von ihrer Gruppe weg. Vater schaut Fernsehen. Und wenn jetzt Moni zum Vater geht, geht's los." Die A-Spieler sind aufgestanden, in zwei Gruppen rücken sich die Väter einen zweiten Stuhl so zurecht, daß in einem bequemen Fernsehsessel sitzen. Es geht in allen fünf Spielgruppen gleichzeitig los. Ein intensives Gebrabbel erfüllt den Raum, mal wird es in einer Gruppe lauter: "Wenn du mir so kommst, dann bleibst du eben ganz zuhause!", dann geht die Moni einer Gruppe zum Fenster, füllt ein imaginäres Bier in ein ebenso unsichtbares Glas und bringt es dem Vater, um ihn sich wohlgesonnen zu machen.

Nach vielleicht acht Spielminuten unterbricht der Spielleiter die Gespräche, indem er laut eine Türklingel nachahmt und erklärt: "In diesem Moment klingelt es an der Wohnungstür. Onkel Otto steht draußen und will Vater zum 'Wilden Eber' mitnehmen, weil da heute Preis-Skat ist und man kann eine halbe Sau gewinnen. Vater macht sich sofort auf die Socken, wo er doch so ein guter Skatspieler ist... Damit ist das Gespräch erstmal beendet.

Kommen wir zum zweiten Dialog. Alle B-Spieler sind jetzt die Beobachter und bekommen Stift und Papier. Inzwischen ist Dienstagabend. Im Haus von Jürgens Eltern. Moni hat Jürgen nicht über das Gesprächsergebnis von gestern informieren können. Jürgen versucht das Einverständnis seiner Mutter zu Monis Übernachtung zu bekommen. Alle A-Spieler sind jetzt Jürgens Mutter und die C-Spieler sind Jürgen. Sein Vater ist übrigens Gebietsrepräsentant für Damenschuhe und übernachtet in der Woche außerhalb. Mutter wäscht das Abendbrot-Geschirr ab. Jürgen kommt dazu..."

In allen Gruppen bietet Jürgen seine Hilfe beim Abtrocknen an, in einigen Gruppen vergessen die Mütter wegen der lebhaften Diskussion mit iohren Söhnen die Abwaschbewegungen. Schließlich wird auch dieser Spielteil vom Spielleiter durch das Klingeln an der Haustür gemeinsam abgebrochen ("Die Nachbarin will eine Tasse Mehl borgen. Und dabei kommt man so ins Schwätzen...").

Im letzten Dialog sind die A-Spieler die Beobachter. Den B- und C-Spielern erklärt der Spielleiter, daß sie nun die Eltern spielen, sich von irgendwoher etwas kennen. "Es ist Freitagabend. Zufällig treffen sich Monis Vater und Jürgens Mutter in einem Remscheider Bau- und Hobby-Markt, kommen natürlich auf das Vorhaben ihrer Kinder zu sprechen und versuchen es nun endgültig zu klären. Ihr müßt euch übrigens nicht an die vorhin in den Dialogen gespielten Meinungen halten."

Dieser Dialog wird auch simultan abgebrochen (durch die 'Lautsprecherdurchsage' im Baumarkt, daß es jetzt 18 Uhr 30 sei, der Kundschaft für ihren Besuch danke usw.). Jetzt kann zunächst eine Auswertung in den Spielgruppen erfolgen oder man geht gleich ins Plenum, weil alle gespannt darauf sind, wie es in den anderen Gruppen ausgegangen ist.

Die Ergebnisse der Geschichte

- Monika darf mit schweren Bedenken und nach eindringlichen Ermahnungen übernachten, weil Jürgens Mutter nachdrücklich versichert hat, daß auf ihren Sohn schließlich Verlaß sei.
- Die Entscheidung ist nicht gefällt worden, man will nochmal mit den Ehepartnern sprechen, es ist absehbar, daß Monika wohl nicht übernachten darf.
- Monika darf zur Fete, aber um 24 Uhr kommt ihr Vater sie mit seinem Wagen abholen.

Andere phantasievolle Lösungen waren z.B.: Monika soll sich um 23 Uhr ein Taxi nehmen, die Kosten teilen sich beide Elternhäuser. Oder: Monika darf übernachten, aber im Nebenzimmer schläft noch ein eilig herbeizitierter Onkel als Aufpasser.

Im Auswertungsgespräch, nachdem die Beobachter kurz den Verlauf in den Gruppen berichtet haben, können dann folgende Aspekte angesprochen werden:

- Wie sind die 'Kinder' taktisch mit ihren 'Eltern' umgegangen
- Welche anderen Durchsetzungsmöglichkeiten sind noch denkbar?
- Wie haben sich die Kursteilnehmer früher als Kinder selbst verhalten?
- Welche Art von Eltern wurde gespielt?

- Welche Erziehungsstile kamen vor, mit oder ohne verschiedenen Ergebnissen?
- Woher haben die Spieler das gespielte Rollenverhalten?
- Wurden selbst erlebte oder Wunsch- oder Haß-Elternrollen gespielt?
- Wenn man selbst Kinder hat oder hätte, wie würde man sich in der Realität verhalten?
- Wie wurde das Thema 'Sexualität zwischen jungen Menschen' in den Dialogen angesprochen?
- Wie weit stimmen die gespielten Meinungen mit den persönlichen Wertvorstellungen überein?

In diesem Spiel werden also ungeheuer viele soziale Fragen angeschnitten.

Aber eine bloße Thematisierung dieser Fragen ist ja noch keine Förderung sozialer Kreativität.

Die kreative Wirkung

Daß den Spielern beim Spiel irgendetwas einfallen muß, reicht häufig zur Charakterisierung als kreativer Prozeß aus. Wir wollen hier mehr ins Detail gehen: Was passiert bei den Spielteilnehmern tatsächlich?

Zunächst einmal müssen die Spieler eine Rolle ausfüllen, die mit nur wenigen Determinanten umrissen wird: Alter und Geschlecht, eine soziale Beziehung - viel mehr gibt der Spielleiter bei der Charakterisierung der Handelnden nicht vor. Die für das Verhalten entscheidenden psychischen Konditionen, Normen, Werte und Meinungen werden von den Spielteilnehmern eingebracht - in jener schöpferisch entworfenen Mischung aus Wunsch, eigener Erfahrung und strategischer Kalkulation, die so typisch für die Entwicklung einer fiktiven Spiel-Welt ist.

Denn das ist ja geradezu definitiv für Spiel: Hier wird eine 'Als-ob'-Welt entworfen, die aus vier Komponenten gebildet wird. Das individuelle Weltbild der Spieler, ihre Alltagserfahrungen, ihre

Phantasien und schließlich die sich untereinander hochschaukelnden wilden Einfälle schaffen eine künstliche Welt, die aber keineswegs so abgehoben von unserer Realität sein muß, wie in zahlreichen mystisch-abenteuerlich-grausigen 'Fantasy-Spielen', wenn die Spielvorgaben Situationen aus der aktuellen Wirklichkeit repräsentieren.

Der kreative Prozeß beim ABC-Rollenspiel besteht also zunächst einmal aus der Schaffung eines erfundenen Spiel-Alltags.

Zwei Widersprüche setzen den kreativen Prozeß bei dieser Spielform fort:

Da ist - je nach Teilnehmer-/Rollenkombination - das gegensätzliche Geschlecht: ein Junge spielt Monika, ein Mädchen spielt Monikas Vater. Das provoziert Irritationen, die beim einen produktiv ein spannendes Hineindenken in die Rolle des anderen Geschlechts, seinen Chancen und Diskriminierungen, bewirken kann und beim anderen eine Spiel-Überforderung bedeutet, die Klischee und Verunsicherung zurückläßt.

Der zweite Widerspruch wird im Spiel selbst gebildet: das Spiel ist so konstruiert, daß die A- und C-Spieler den Fall aus den so verschiedenen Positionen der Konfliktgegner wahrnehmen müssen. Es gibt nur sehr wenige Methoden, die diesen sehr heilsamen Schritt ermöglichen, daß man das ganze Problem mal aus der Sicht des Konfliktgegners erfährt, ja lebt und durchzustehen versuchen muß.

Das Einnehmen gegensätzlicher Rollen läßt widersprüchliches Denken und Verhalten bei den Spielenden entstehen. Diese Widersprüche überwältigen die Spieler nicht, weil sie sich jederzeit von ihnen distanzieren können ("Ist ja nur Spiel!") und liefern deshalb fruchtbare Denkanstöße.

Aber damit ist die soziale Kreativität beim ABC-Rollenspiel bei weitem noch nicht beendet.

Wenn im Auswertungsgespräch die verschiedenen Möglichkeiten der Konfliktlösung, die in den Spielgruppen erspielt wurden, diskutiert werden, fängt jeder Teilnehmer an, die Geschichte mit seiner eigenen Geschichte (oder Gegenwart) zu vergleichen. Er sucht Bestätigung, Anregung, Mut und Erklärung für die eigene Situation. Sofern man als Eltern oder Jugendlicher betroffen ist, läßt einen das Thema, mit dem man in dieser Form höchst motivierend in Berührung kommt, nicht los. Das wird noch an langen Abenden weiterdiskutiert. Hier entsteht dann der konkrete Kontakt zwischen dem ausgedachten Fall und der Subjektivität der Spieler.

Der Vergleich zwischen dem eigenen Spiel, dem Spiel anderer Gruppen und dem eigenen Leben bringt die Teilnehmer auf neue Gedanken zu sich selbst.

Die Wirklichkeit ist gestaltbar, wir sind nicht alle Opfer, wir bekommen durch die Spielerfahrungen neuen Mut.

Dann ist das Spiel von Jugendlichen und Erwachsenen nicht nur Zeitvertreib, Unterhaltung, Bestätigung und Jux.

Spiel wird damit wieder das, was es für die Kinder immer war, eine der lustvollsten Möglichkeiten von zwei Dingen, nämlich dem Vergnügen und dem Lernen gleichermaßen.

Kreatives Spiel und Jugendarbeit

Kinder erproben ihren Umgang mit Sachen, mit anderen Menschen und mit sich selbst im Spiel. Sie üben Verhalten ein, sie probieren neue Möglichkeiten aus, sie lernen spielerisch die Umwelt zu entdecken und dann zu beherrschen. Kinder sind risikofreudig und neugierig - beides Voraussetzungen für kreatives Denken und Handeln.

Diese Experimentierbereitschaft versickert zunehmend, je öfter die Kinder erfahren mußten, daß Anpassung besser als das Experiment belohnt wird. Vieles kommt hinzu: das Vorbild der konsumorientierten Eltern, die konventionellen Bilder in den Medien, das durchgeplante Ausbildungssystem, das kein entdeckendes Lernen fördert.

Alles in allem genommen: Neugierige Wirklichkeitserfahrung verkommt zu bequemem Medienkonsum und das Lernen wird negativ besetzt durch konkurrierende Leistungsmessung und uninteressante Inhalte.

Warum eignen sich diese Spiele zur Förderung sozialer Kreativität nun besonders für die Arbeit mit Jugendlichen, die doch Spielen gegenüber eher skeptisch eingestellt sind?

Allenthalben wird derzeit die Angepaßtheit und Resignation, der Medien- und Mode-Konsum und insbesondere die Politikverdrossenheit der Jugendlichen beklagt. Bekannt ist - zumindestens unter Praktikern aus der Jugendarbeit - was Jugendliche (wenigstens kurzfristig) aus Lethargie und Marktkonformität reißt:

Tätigkeiten, Themen und Ziele, die eine persönliche Betroffenheit mit sich bringen, die ein moralisches Engagement ermöglichen, die selbstverantwortet bewältigt werden können, die einen ereignisreichen, lebendigen Aktionismus zulassen und Spaß, Verulkung und Witz bringen.

Die hier aufgeführten Spielformen beinhalten einige dieser Eigenschaften, die für Jugendliche erfahrungsgemäß attraktiv sind. Spiel ist gerade für diese Lebensaltersstufe unaufdringlich hilfreich, die von Identitätssuche und Rollenunsicherheit geprägt ist. Denn Spiel läßt immer den Rückzug zu - ich hab' das doch nicht ernst gemeint, ist ja nur Spiel.

Dieses Pendeln zwischen Witz und Ernst gibt dem Jugendlichen einen Schonraum, in dem er selbst bestimmen kann, wieviel er wirksam "an sich herankommen" läßt, wie weit er sich mit einem relativierenden Grinsen distanzieren muß und wieviel er "einfach mal so" ausprobieren kann. Spiel ermöglicht so gut wie kein anderes pädagogisches Medium dieses vorsichtige und zugleich mutige kreative Verhalten: jederzeit zum Rückzug bereit, aber vorangetrieben durch die Eigendynamik des Spaßes.

Also, um nochmal zu unserem konkreten ABC-Rollenspiel zurückzuweisen, bleibt es nur ein Spiel mit Versatzstücken aus dem Alltag Jugendlicher? Ob dadurch der Mut Jugendlicher, ihre eigenen Interessen gegenüber (z.B.) Eltern durchzusetzen, vergrößert wird, bleibt ungewiß?

Die Wirkung hängt von weiteren Faktoren ab: Werden solche Spiele in längerfristige Projekte eingebaut und mit anderen Methoden und Medien kombiniert, dann ist eine pädagogische Wirkung überhaupt erst zu spüren. Spiel kann dabei wegen seiner lockeren, aktivierenden Formen ein Thema aufschließen und animieren. In den Beiträgen von Kurt Richter und Gitta Martens werden hierzu korrespondierende spielerische Methoden erörtert.

Aber die sozialisierende Funktion des Spiels kommt ja weniger durch das bewußte Behandeln eines bestimmten Spielthemas zustande, als vor allem durch die unbewußte Wirkung der Sozialform des Spiels: Ob der Spielprozeß vereinzelt, konkurrierend oder kooperativ angelegt ist, kann das Spielthema unterstützen oder konterkarieren. Soziale Kreativität als Gruppenprodukt ist nur schwerlich bei einem auf Leistungswettkampf angelegten Spiel denkbar. Kooperatives Verhalten wird bei einem kooperativen Spielprozeß geübt und positiv verstärkt. Seit Jahren fördert deshalb die Akademie die Entwicklung und Verbreitung kooperativer Brett- und Gruppenspiele.

Ein bedeutendes Wirkungselement ist außerdem das situative Umfeld, in dem das Spiel gespielt wird. Die Stimmung, die Gruppenzusammensetzung, die Räumlichkeiten, die Laune des Spielleiters, die aktuellen Beziehungen der Jugendlichen untereinander - es gibt so viele Einflußfaktoren, daß jeder linear denkende Pädagoge verzweifeln muß. Diese Unberechenbarkeit! (Was eine Wirkungsforschung im Feld Spiel auch fast unmöglich macht).

Spiel wirkt dann auf den Alltag der Spieler direkt zurück, wenn es sich um eine glückliche Kombination aus witziger Fiktion und alltäglichem Problem handelt.

Ohne die fiktive Geschichte bliebe das Rollenspiel grauer Alltag. Ohne das realistische Problem bliebe das Rollenspiel eine blühende Phantasie.

Das klingt soweit alles ganz schön und mag manches Pädagogenherz zum Hüpfen bringen, aber aus der Enge resignierender Jugendarbeit befreit uns das nur, wenn diese Methode "ABC-Rollenspiel" kein Einzelbeispiel bleibt. Zusammen mit Teilnehmern, Kollegen und Autoren wurden Spiele gesammelt und erfunden, die ein ähnliches kreatives Verhalten bei sozialen Fragen anstiften.

In der Akademie wurden vor mehr als 10 Jahren die "Remscheider Diskussionsspiele" erfunden, bei denen bereits das Prinzip verwirklicht wurde, im Spiel allgemein-gesellschaftliche Probleme subjektiv nachvollziehbar zu machen. In der Zwischenzeit sind etliche Varianten und neue Regeln hinzugekommen - gesammelt in einer Datenbank, von der ein Ausdruck als Taschenbuch weite Verbreitung fand.[3)]

Aus der großen Sammlung sollen nur ein paar zur Illustration beschrieben werden. Einige Spielverfahren, bei denen stets andere Facetten des vielseitigen kreativen Prozesses deutlich gemacht werden können:

BLICK ZURÜCK AUS DER ZUKUNFT

Größeres Spielprogramm, um Lebensperspektiven zu bearbeiten
Material: viel Bau- und Malmaterial, ggf. Video, Verkleidungen, Ton, Musikinstrumente, Tücher.

Beginn mit einer kurzen Entspannung und anschließenden Phantasiereise, bei der die Spieler gebeten werden, Jahr um Jahr ab heute weiterzuwandern. Bilder, Fragen und Geschehnisse sollen wahrgenommen werden. - Dann sollen die Gefühle und Bilder, die im Zieljahr aufgetaucht sind, in eine Materialgestaltung (mit Malen, Modellieren, Bauen...) umgesetzt werden. - Dann Stichwörter über die Entwicklung durch die zukünftigen Jahre für sich notieren. - Gespräch in kleinen Gruppen über die Gestaltungen. - Gestaltung, Stichwörter und Auswertungsgespräch zu einem Text (1-2 Seiten) formen, der den Charakter eines Rückblicks vom Zieljahr aus trägt. - Diese Texte bieten dann eine Grundlage für eine kreative Gestaltung eines Rückblicks (mit verschiedensten kulturellen Mitteln) z.B. als Talkshow, Wandfries, Videofilm, Museum, Kabarett...

Anmerkung: Ggf. beim Stichwörternotieren Reizwörter, die aus dem Blickfeld geratende Ereignisse signalisieren, eingeben.

FRAGEN AN DR. SOMMER

Material: Ca. 5 Leseranfragen (z.B. zu sexuellen Problemen, Beziehungsschwierigkeiten) an Dr. Sommer in "Bravo".

Jede Dreiergruppe bekommt 4-6 vorbereitete Leserbriefe. Jede Gruppe sucht nun aus diesen Briefen einen aus, dem sie ihrer Partnergruppe "schickt". Bei mehr als 2 Dreiergruppen wählt A einen Brief für B, B einen für C, C einen für D, D einen für E usw. und die letzte Gruppe wieder wählt einen Brief aus, dem sie dann der Gruppe A schickt! Jede Gruppe soll nun ein beratendes, einfühlsames Antwortschreiben verfassen, diese werden dann zurückgeschickt. Schließlich wird über die getroffene Briefauswahl gesprochen, die Antworten verlesen und darüber diskutiert.

FAMILIE EINMAL ANDERS

Material: evtl. Kostümierungsmöglichkeiten

Jede Kleingruppe hat die Aufgabe eine Spielszene vorzubereiten. Es soll eine alltägliche Familiensituation gespielt werden (Morgens am Frühstückstisch; Auf der Fahrt in den Urlaub; Abends beim Werbefernsehengucken ...). In der Szene soll jede Gruppe eine "Kuriosität" einbauen: z. B. die Kinder wecken die Eltern, treiben sie zur Arbeit an - die Kinder "lieben" sich und weisen die Eltern aus dem Schlafzimmer - die Kinder entscheiden, ohne die Eltern zu fragen, über den Umzug in eine bessere Wohnung ... Diese Szenen werden vorgespielt und über die dabei veränderten Normen, Rollen usw. gesprochen.

Anmerkung: Die Gruppen sollten Szenisches Spiel gewohnt sein.

LOTTOGEWINN

In jeder Kleingruppe werden Familienrollen verteilt: Vater, Mutter usw. Unsere Familie hat im Lotto gewonnen. Jeder hat seinen Wunsch, den er versucht durchzusetzen. Es ist nur soviel Geld da, daß nicht alle Wünsche erfüllt werden können. Wer setzt sich durch? Wie? Man kann das "Wunschvolumen" als Geldsumme oder Anzahl der zu erfüllenden Wünsche begrenzen.

Anmerkung: Beobachter einsetzen! Bei mehreren Kleingruppen können zum Schluß die Gruppenergebnisse und das Verhalten gleicher Rollen (alle "Väter" usw.) verglichen werden. - Es können zu Beginn Rollenbeschreibungen verteilt oder vereinbart werden.

SEHNSUCHT
Material: Viele alte Illustrierte, Versandhauskataloge u.ä.

Jede Gruppe hat einige Illustrierte zur Verfügung. Jeder sucht sich 1-3 persönliche Sehnsüchte aus dem Anzeigenteil (oder auch aus dem redaktionellen Teil) heraus und klebt sie zu einer Collage auf, dann vorstellen und besprechen. Variante: Einige Sehnsüchte und ihre Verwirklichung oder die Schwierigkeiten bei der Verwirklichung in Szenen spielen. Variante: Ausschnitte stapeln, raten wer von wem.

Skepsis bleibt

Es gehört einiges an Phantasie dazu, sich im einzelnen vorzustellen, wieviel soziale Kreativität bei diesen Spielen freigesetzt wird. Beeindruckend ist immer wieder der Vergleich zwischen verschiedenen Spielgruppen mit ein und demselben Spiel: Erwachsenengruppen spielen diese hier aufgeführten Spiele in den meisten Fällen angepaßter, phantasieloser als die erfrischend und direkt agierenden Jugendgruppen.

Skepsis bleibt dennoch angebracht, wieviel sie davon umsetzen, welche Langzeitwirkungen zustandekommen. Auch die fachlich-ketzerische Frage bleibt hier unbeantwortet, ob nicht andere kulturelle Medien genauso oder vielleicht sogar wirkungsvoller sind?

Die Frage nach der dauerhaften Wirkung eines Spiels - selbst wenn es in einem passenden curricularen Zusammenhang, möglichst sogar im Rahmen eines lebensnahen Projekts, veranstaltet wird - diese Frage muß ohne sichere Antwort bleiben. Die "Als ob"-Realität der Spielwelt stellt zwar mit der Distanz zur sozialen Wirklichkeit einen großen Freiraum zum Phanatasieren zur Verfügung, erschwert durch diese Entfernung natürlich zugleich die direkte Übertragung von Erfahrungen auf die soziale Wirklichkeit. Ich stelle mir vor, daß der Transfer von Erfahrungen durch die Gleichheit der Inhalte in gespielter und realer Welt erleichtert wird.

Im Spiel verhandeln die Jugendlichen ihre aktuellen Fragen. In der Wirklichkeit müssen sie mit den neu gefundenen Antworten zurechtkommen.

Die kreative Leistung ist mit dem Spiel nicht zuende. Wenn die Erlebnisse im Spiel zu Erfahrungen für die Bewältigung ihrer Realität werden, dann wandelt sich die spielerische Kreativität im Alltag in soziale Kreativität. Schon 1977 hat Hermann Glaser geschrieben: "immer wieder und immer wieder neu müssen die Spielräume des Ästhetischen in den politischen Raum eingesprengt werden - das Politische davor bewahrend, eindimensional zu werden, dem Ästhetischen bewußtmachend, daß es (angesichts der Totalität von Welt) unter dem Vorzeichen des "Als-ob" steht."[4])

Die vier Bilder am Beginn dieses Beitrag begründeten diese Akzentsetzung als biographisch gewachsenen Stand der Überlegungen. Doch wie geht es weiter? Was ist in 10 Jahren? Stellen wir uns ein fünftes Bild vor:

Im Sommer 1998 geht ein 52jähriger Mann am Atlantikufer einer kleinen, einsamen schottischen Insel entlang. Hier macht er öfter Ferien und jedesmal überfällt ihn bei diesen langen Spaziergängen in die Dämmerung hinein eine melancholisch stimmende Frage: Warum macht er das alles? Hat es einen Sinn, über die Sicherung seiner Existenz hinaus? Wem hat es genützt? Was hat es genützt? Und jedesmal fällt ihm keine exakte Antwort ein oder auch nur eine dieser Endlich-ein-für-allemal-Antworten. Seine Aufmerksamkeit wird gefesselt von einem kleinen, schwarzen, runden Etwas draußen in der See. Ist das ein junger Seehund? Oder vielleicht doch zu klein für einen Seehund? Er ist von seiner Frage abgekommen. Bis zum nächsten Sommer.

Anmerkungen:

1) Frank's Party. Erzählungen. Hrsg. Christopher Street. Knaur Taschenbuch. München 1988

2) Hans Magnus Enzensberger: Einzelheiten I. Bewußtseins-Industrie. Suhrkamp-Verlag Frankfurt/M. 1964
Klassische Kritik von Medien, Werbung und anderen Sozialisationsfaktoren. Seine Erkenntnisse sollten mal auf Gesellschaftsspiele und die Werbung dafür angewendet werden.

3) Verschiedene Spielesammlungen sind als Publikationen in der reihe "RAT - Remscheider Arbeitshilfen und Texte" erschienen, eine genaue Liste siehe Anzeige hinten im Buch. Weitere Spiele zur Förderung sozialer Kreativität erscheinen kontinuierlich in der Zeitschrift der Akademie Remscheid "gruppe & spiel".

4) Hermann Glaser: Das Schöngeistige und das Politische", in: Materialien zur Politischen Bildung. Luchterhand Verlag Neuwied, Heft 1/1977

Kreatives Spielen?!

Anton Schmidt
Hannelore Winkler

Aus dem vorstehenden Beitrag von Ulrich Baer lassen sich für uns drei Thesen für die Spielpädagogik ableiten:

1. Der soziale Rahmen in einem Spiel spiegelt die Tendenzen der sozialen Situation einer Gesellschaft wieder.

2. Durch diese Spiele wird das jeweilige Gesellschaftsgefüge erlernt und geübt und somit dessen Ordnung in ihrer Existenz aufrecht erhalten.

3. Wird der Anspruch gestellt, soziale Dimensionen zu verändern, so hat die Spielpädagogik die Aufgabe, das soziale Gefüge innerhalb eines Spieles nach den Neuen Zielen auszurichten.

Im Rahmen eines Fortbildungsprojekts und unseren Kursen in der Wiener Jugendleiterschule haben wir alte, überlieferte Spiele untersucht und sie mit aktuellen Spielen verglichen. Prüfen wir hier die Dimension "soziale Kreativität im Spiel" an historischen und modernen Spielen!

Aus dem Vergleich von Spielen verschiedener Geschichtsabschnitte sind uns Zusammenhänge zwischen der methodischen Aufbereitung von Spielen und gesellschaftlicher Tendenzen aufgefallen:

"Alles Spiel ist gleich wie alle Arbeit ein für sich bestehendes Gebiet des menschlichen Tuns und Treibens, welches in seinen mannigfachen Formen zugleich die verschiedenen Richtungen des Gemütes in Anspruch nimmt. Es spiegelt sich im Spiele der Charak- ter nicht nur einzelner Personen, sondern ganzer Völkerschaften um so deutlicher und treffender, je mehr dabei der

Mensch von seinen Bestrebungen und allem berechneten Scheine derselben entfesselt und nur vom Spiele gefesselt ist. Daher bilden die Spiele, aus welchen man sprichwörtlich die Natur der Menschen erkennen soll, nicht nur ein treues Abbild, sondern noch mehr ein ergänzendes Gegenbild zu dem ernsten und wahren Charakter des Menschen."
Aus: Georgens, Daniel: Illustriertes Allgemeines Familienspielbuch, Verlag Spamer, 1882

"Die Erziehung zum Mut führt nicht nur zu größerer Leistung, sondern aus der Erhöhung des Selbstbewußtseins auch zu schärferen Selbstanforderungen. Die Vorschläge dieses Heftes sollen dabei helfen, die breite Masse unserer deutschen Jungen zu fördern. Die Form des Spieles ist gewählt, um die Jungen - ihnen selbst unbewußt - dem Ziel zuzuführen. Die Zeit der Weichlichkeit unserer Jugend ist vorbei. Einsprüche überängstlicher Tanten und Großmütter können auf die deutsche Jugend seinen Einfluß haben. Ihr Wahlspruch ist: "Gelobt sei, was hart macht!""
Aus: Elliesen, Max: Mutspiele, Verlag Voggenreiter, 1935

"Neue Spiele helfen, das Leben zu verstehen und zu begreifen, die Umwelt zu erfassen, Kritikfähigkeit und Urteilsvermögen aufzubau-en (als Schutz gegen Manipulation aller Art). Das Spiel steht also im gesellschaftlichen Zusammenhang. Die Spielinhalte werden durch die Gesellschaft geprägt."
Aus: Spielekartei der Katholischen Jungschar Österreich, 1975

Es läßt sich feststellen: Weist ein Spielinhalt darauf hin, daß die Mitspieler kaum Einfluß auf den Spielverlauf nehmen können, die Spielregeln sehr eng gefaßt sind und auf Kreativität kein Wert gelegt wird, so entspricht dies den allgemeinen Anforderun- gen der Pädagogik eines Zeitraums. Erlauben die Rahmenbedingungen der Spiele jedoch weitgehend innovative Möglichkeiten für die Kinder und Jugendlichen, sind auch ähnliche Tendenzen in der gesamtpädagogischen Auffassung der Eltern, Lehrer und Erzieher eines Zeitabschnittes zu finden.

"Das Spiel ist der Weg der Kinder zur Erkenntnis der Welt, in der sie leben und die zu verändern sie berufen sind."

M. Gorki

Die Kreativität der Gruppe im Spiel

Für uns bedeutet im Folgenden kreatives Verhalten: Utopien schöpferisch in die Realität einfließen zu lassen.

Das kreative Produkt einer Gruppe im Spiel ist sozial wertvoller als individuelle Leistungen: denn soziales Lernen wird im Gruppenprozeß durch verschiedene Faktoren wie Rücksichtnahme, Auseinandersetzung mit Ideen anderer, Einsicht etc. gefördert.

Eine Gegenüberstellung zweier Spiele:

Mimisches Worträtsel

"Um irgendeinen Namen oder Gegenstand auszudrücken, deutet man ihn mimisch durch Zeichen und Anwendung von anderen Gegen- ständen an. Ein oder zwei Mädchen geben das mimische Worträtsel auf, die anderen raten. Z.B. eine macht die Bewegung des Pflückens, die andere ahmt durch Bewegen der Arme, Herumlaufen und dgl. die Gebärden des Vogels Strauß nach; die Auflösung ist "Blumenstrauß"; hält man irgendeinen Gegenstand unter den Tisch, so kann dies "Unterhalten" bedeuten usw. Dieses Spiel ist für Kinder sehr geeignet, das Nachdenken zu üben."

Aus: Leske, Maria: Illustriertes Spielbuch für Mädchen, Verlag Spamer, 1908

Städte-Pantomime
"Die Gruppe teilt sich in Kleingruppen. Jede Kleingruppe entscheidet sich für eine bekannte Stadt (Hauptstadt), deren Charakteristika sie in drei Szenen pantomimisch darstellen soll. Nach der Darstellung raten die Mitspieler der anderen Kleingruppen, welche Stadt gezeigt wurde." Das Spiel ist dann beendet, wenn alle Gruppen "ihre" Stadt dargestellt haben.

In beiden Spielen sind die Mitspieler aufgefordert, Phantasie zu entfalten. Im Spiel Städte-Pantomime muß jedoch vor der Präsenta- tion ein Gruppenprozeß einsetzen, um zu einem gemeinsamen Ergebnis zu gelangen. Mehrere Ideen, Vorschläge, Meinungen wachsen zu einem von allen anerkannten Produkt. Jeder Mitspieler entwickelt Interesse am gemeinsamen Tun, da er sich als Einzelner im Gemeinsamen wiederfindet. Kreatives Verhalten als politische Bildung im weitesten Sinne hat stattgefunden.

Die durchaus lustigen und phantasievollen Darstellungen im mimischen Worträtsel ermöglichen kaum Ansätze zu kreativem Verhalten.

Die weitere Gegenüberstellung zweier Spiele läßt erkennen, daß das gemeinsame Suchen und Finden von Strategien im Spiel "Die schwächste Maus" soziale Kreativität eröffnet:

Katz und Maus
"Die Kinder bilden einen Kreis und fassen einander an den Händen. Ein Kind ist die Katze, ein anderes die Maus. Die Maus steht innerhalb, die Katze außerhalb des Kreises. Die Katze sagt: "Maus, Maus, komm heraus, sonst kratz' ich dir die Augen aus!" Die Maus erwidert: "Ich komme schon!" Nun versucht die Katze, in den Kreis hineinzukommen und die Maus zu fangen. Die den Kreis bildenden Kinder aber lassen sie nicht hinein. Die Maus dagegen wird nicht behindert. Sie kann innerhalb und außerhalb des Kreises nach Belieben herumlaufen. Wenn die Katze die Maus erwischt, werden zwei andere Kinder als Katze und Maus bestimmt."
Aus: Kampmüller, Otto: Spiele, spielend leicht, Verlag Jugend und Volk 1970

Die schwächste Maus
"Ein Mitspieler ist die Katze, alle anderen Mitspieler sind Mäuse. Der zum Spielen vorhandene Raum wird in der Mitte durch einen Kreidestrich oder ähnlich sichtbar getrennt. Die Katze darf sich nur auf dieser Linie bewegen. Die Mäuse versuchen nun, sicher über die Trennlinie in das gegenüberliegende Feld zu laufen, ohne von der Katze gefangen zu werden. Sind alle Mäuse im anderen Feld oder wurden von der Katze gefangen, beginnt der zweite, abgewandelte Durchgang. Die Mäuse bestimmen nun die "schwächste" unter ihnen. Diese muß nun beim Spiel so geschützt werden, daß sie auf alle Fälle über die Katzenlinie kommt. Die Mäuse entwickeln nun gemeinsam Strategien, wie sie dieses Ziel erreichen können."
Aus: Kinderfreunde: Kennenlernen, Erleben, Verändern, 1980

Ermöglicht man Kindern und Jugendlichen im Spiel Kreativität zu erleben, so ermöglicht man ihnen auch Utopien für eine neue soziale Gesellschaft zu erfinden.

Spielwaren im Medienverbund

Verhinderung von Kreativität durch modernes Spielzeugmarketing und Konsequenzen für die pädagogische Arbeit mit Kindern in 6 Schritten

Michael Mentgen

1. Schritt: Worum geht's?

In den letzten Jahren hat sich im Bereich der Spielwarenherstellung und - vermarktung eine Veränderung vollzogen, der im Hinblick auf ihre Auswirkungen auf die Spielwarenbranche, die Gesellschaft und besonders Kinder, von pädagogischer Seite wenig Beachtung geschenkt worden ist: in immer stärkerem Maße und mit beeindruckender Selbstsicherheit sichern sich perfekt durchorganisierte Spielwarenkonzeptionen (wie z.B. "Mask", "Barbie", "Regina Regenbogen" oder "Masters of the Universe") einen mittlerweile uneinnehmbaren Platz in Kinderzimmern.

In bisher nicht gekanntem Tempo und mit Verkaufserfolgen, die vorher nicht abzusehen waren, eroberten sich hunderte kleiner Figuren, deren "Leben" in perfekt auf sie abgestimmten, künstlichen Welten stattfindet, die Herzen von millionen Kindern.

Bei aller Verschiedenheit weisen diese Konzeptionen einige entscheidende Gemeinsamkeiten auf: - sie bieten Kindern eine Möglichkeit zur Flucht in eine in sich abgeschlossene, künstliche aber stimmige Welt; - sie offerieren diese Welten im "Medienverbund"; - sie nehmen im Bewußtsein der Kinder einen beachtlichen Stellenwert ein; - von Pädagogen und Eltern werden diese Konzeptionen zwar bemerkt, können jedoch nur schwer oder gar nicht beurteilt werden, da z.T. eine große Berührungsangst besteht oder Wirkungen nicht vermutet werden.

Die folgenden Schritte stellen dar, warum ich der Wirkung solcher Konzeptionen Aufmerksamkeit schenke. Gehen Sie mir nach zu Schritt 2!

2. Schritt: Medienverbund konkret: Die "Masters of the Universe"

Die Konzeption "Masters of the Universe" will ich - als Beispiel - in ihrer Gesamtheit darstellen. Sie besteht aus: 53 Figuren, davon 3 weiblichen Figuren, 4 Landschaften, 13 Fahrzeugen, 8 Tieren, 3 Zubehörteilen und 1 Stützpunkt.

Darüberhinaus existieren die Bereiche: Literatur (Comics, Bücher, Magazine, Promotion auf Kellogs-Packungen), audio-visuelle Medien (rd. 35 Hörspielcassetten, ca. 16 Videocassetten, TV-Werbespots, TV-Episoden im Kabelfernsehen, 1 Kinofilm), Computerspiele, Sammelalben und -bilder, Textilien mit "Masters..."-Aufdruck sowie sonstigem Werbematerial, z.B. Sticker, Buttons, Puzzles etc., der Masters-Fan-Club, der MAC (Masters Abenteuer Club) mit clubtypischen Strukturen.

Solch perfekt vermarktete Konzeptionen stellen sicher, daß ein Kind, selbst wenn es sich nicht dafür interessiert, mit ihnen in Berührung kommt. Die Vermarktung auf unterschiedlichen medialen Ebenen macht die Konzeption zum alle-Sinne-umfassenden (potentiellen) Erlebnis. Der Erfolg ist so vorprogrammiert, setzt er - wider Erwarten - nicht ein, wird die Konzeption neu überdacht.

Klar ist: was ich hier am Beispiel "Masters of the Universe" dargestellt habe, gilt so auch für vergleichbare Konzeptionen!

3. Schritt: Medienverbund, das Zauberwort im Marketing

Medienverbund meint zum einen die gleichzeitige Vermarktung eines Produkts auf verschiedenen medialen Ebenen, zum anderen die immer stärkere Vernetzung des Mediensektors mit Teilen der Freizeit- und Konsumkultur (vergl.[1]).

Bei der in Schritt 2 beschriebenen Ausgestaltung ist es kein Wunder, daß die derart weitgestreute Palette der Werbestrategien ins Schwarze trifft. Es ist nur noch eine logische Konsequenz, daß das eintritt, was für den Medienpädagogen Heinz Hengst "eine der wichtigsten Veränderungen des Mediensektors"[1] darstellt: Da werden nämlich die Vertreter eines bestimmten Spiel- oder Filmangebots zu Trägern des (Selbst-)Wertgefühls einer bestimmten Alters- oder Freundesgruppe. Hengst weiter: "Eingebunden in Spiele und Aktivitäten der Kinder offerieren die Medien und ihre (Spielzeug-, Anm. d.V.) Helden Lebensstile"[1].

Auswirkungen des Medienverbunds kennen wir alle: auf einmal müssen die Turnschuhe, die Jacke, der Schulranzen und der Sportdress ganz bestimmten, genau festgelegten Ansprüchen genügen, müssen "in" sein, will man "dazugehören". Auch in die "Erwachsenenwelt" hat der Medienverbund nun Einlaß gefunden: mit der "Miami-Vice-Kollektion" für Herren und der "Denver-Clan-Dessous-Collection" für Damen.

Die Motivation der Hersteller ist, so Hengst, überdeutlich: "Die Inhalte und Produktstrukturen vieler Versatzstücke in multimedialen Sequenzen zeigte..., daß es ihren Herstellern um nichts als Profite geht. Ihr Gebrauchswert besteht nicht selten allein darin, daß man sich über sie einem Phänomen zuordnet, von dem man weiß, daß es in Mode ist"[1].

4. Schritt: Was fasziniert Kinder an Spielwarenkonzeptionen?

Vorausannahme: Kindheit ist stärker denn je belastet: durch verstärkten Konkurrenzdruck in Schulen, durch immer mehr unvollständige Familien, durch erhöhte Beeinflussung durch die unterschiedlichen Medien, durch immer mehr verlockende und verfügbare Gefahren (Spielhallen, Video, Kulte, Sucht...), durch immer stärker beschränkte Erfahrungsmöglichkeiten, durch immer weniger freien Spiel-Raum, durch fortgesetzte Einengung, durch immer weniger begreifbare (faßbare) Vorbilder, durch immer größere Vielfalt, die Orientierung erschwert usw.

Ideen:

Kinder fasziniert die "kleine, eigene Welt", in der alles nachvollziehbar ist und zueinander paßt. Kinder fasziniert das Abenteuer, das es in zubetonierten Wohnsilos nicht mehr zu geben scheint. Kinder fasziniert der Held, der in der Stunde der größten Bedrohung siegreich bleibt; Hoffnung wider die eigene Ohnmacht! Kinder suchen Sicherheiten; wider die (alltägliche) Erfahrung von Gewalt und Unterdrückung, wider alle Unsicherheiten und Halbherzigkeiten orientieren sie sich am Wiederauffindbaren. Kinder wollen "in" sein. In der Freundesgruppe hat es evtl. eine immense Bedeutung, dieses oder jenes Spielzeug zu besitzen! Kinder erleben mit allen Sinnen - der Medienverbund kommt ihnen geschickt entgegen. Kinder lernen am Modell - sie leben (spielen) nach, was sie erleben.

5. Schritt: Pädagogische Konsequenzen

Wenn ich Medienverbundsysteme verstehe als industriell geschaffene, psychologisch durchgestylte und den Bedürfnissen von Kindern (und Erwachsenen) entsprechende Systeme zur Vermarktung allgemein beliebter Symbole; wenn ich weiterhin annehme, daß diese Symbole der Orientierung des einzelnen

(Kindes) in einer immer diffuser werdenden Welt dienen (sollen), die direkte Erfahrungen zur Ausnahme werden läßt und Medienerfahrung als Normalität ansieht, dann kann ich nicht umhin, Medienverbundsysteme als pädagogische Herausforderung anzusehen.

Medienverbundsysteme stabilisieren das gesellschaftlich Akzeptierte als das Altbekannte, Identische, nachdem sie vorher zu seiner Akzeptanz beigetragen haben.

Medienverbundsysteme entstehen aus der (ökonomischen) Macht ihrer Produzenten, die Bedürfnisse ihrer Zielgruppe erforschen oder schaffen, um sie dann zu befriedigen. Medienverbundsysteme zielen im großen Stil auf die (geheimen) Wünsche der Gesellschaft und setzen diese in bare Münze um. Medienverbundsysteme tragen dazu bei, die Gesellschaft ärmer (im Sinne von Vielfalt und Echtheit) zu machen; sie vermitteln die Illusion einer Erfahrung, täuschen also vor, was so nicht existiert.

Pädagogische Arbeit (mit Kindern) muß demnach darauf abzielen, Medienverbundsystemen in ihren Abhängigkeiten und Vernetzungen transparent zu machen. Die gleichschaltende und anpassende Tendenz von Medienverbundsysteme sollte Kindern aufgezeigt werden im Gegensatz zu einer (im Idealfall) befreienden und eigenständigen Entwicklung in wirklichem, selbstbestimmten Freiraum. Sozialpädagogik[2)] sollte hier auf Emanzipation abzielen, einen freigestalteten Umgang mit Medien und ihren Produkten durch kritische und praktische Anstöße ermöglichen.

6. Schritt: Konkrete Handlungsvorschläge

Voraussetzung: Eltern, Erzieher und andere Pädagogen müssen die Erscheinungsformen der Medienverbundsysteme (er-) kennen (können), müssen sich eine eigene Meinung dazu gebildet haben und diese vertreten können.

Ideen:

1) Kindern durch erlebnispädagogische Arbeit neue, unmittelbare Erfahrungsräume öffnen, z.B. zum Thema "Arbeit & Berufe" Arbeitsplatzbesuche vornehmen, zu Umweltthemen konkrete Fragestellungen vor Ort zu klären suchen; z.B. "Wohin geht unser Müll? Wer macht unser Waschwasser wieder sauber? Wie kommt die Milch in die Tüte? etc. Dabei Kinder mithandeln lassen, nicht nur Theorie vermitteln!

2) Spiel-Räume schaffen! Durch kulturpädagogische Projekte Kindern Spielräume öffnen; z.B. Der Spielplatz wird zur Raumstation! Oder das Jugendzentrum zur Stadt im Orient etc. Dabei Kinder nach eigenen Ideen gestalten lassen, mit Tapete, Kleister, Farbe ...

3) Medienerfahrung vermitteln. Kritisch-emanzipative Medienarbeit strebt dabei aktiven Umgang mit Medien an, vermittelt Kenntnis und Experimentierfreude und setzt diese dem passiven Medienkonsum gezielt entgegen. Kinder werden so zu Medien-Kennern, die bewußt und nach eigenen Kriterien auswählen.

4) Theaterarbeit mit Kindern. Themen durch die Kinder vorgeben lassen. Themen ausspielen, Geschichten "weiterspinnen" und schauspielerisch umsetzen; Phantasie fördern und den gewählten Rollen Raum und Aufmerksamkeit schenken.

5) Zirkusprojekt. Dabei nicht so sehr auf Perfektion achten, vielmehr die Übungsarbeit unterstützen, die eigenen Schritte be-

kräftigen, untypische Rollenwahl ermöglichen (das stille, kleine Mädchen als Löwe; der "Bengel" als Seiltänzer...)

Zusammenfassung:

Die den Kindern eigene kreative Kraft nutzen, um passiven Medienkonsumerfahrugen etwas entgegenzusetzen: die Freude an der eigenen Aktivität, die neue, dabei so einfache (nicht durchgestylte) Erfahrung, den weiten Spielraum.

Literaturhinweis:

1) Heinz Hengst: Wo sich die Mutanten tummeln, Deutsche Volkszeitung/die tat Nr. 50, 11.12.1987

2) Helga Marburger: Entwicklung und Konzepte der Sozialpädagogik, Juventa Verlag, 2. Auflage, München 1981.

Zur Vertiefung des Themas:
Zur gesellschaftlichen und pädagogischen Funktion von Spielwaren in der Gegenwart: eine Analyse ihres wesentllichen Beitrags zur Entfremdung in der Kindheit und zur Problematik in der Institution Kindergarten.
Erika Kazemi-Veisari, Frankfurt a. Main: Haag + Herchen, 1987.

Theater

Totales Theater als Spiel mit dem Unvorhersehbaren

Gitta Martens
Dozentin für Kulturpädagogik und Theater an der Akademie Remscheid

Kreativ - kreativer - künstlerisch kreativ?

Dagmar Dörger
Lehrerin, Spiel- und Theaterpädagogin, wissenschaftl. Mitarbeiterin HdK Berlin

Das individuelle Rollenspektrum als Selbst- und Spielerfahrung

Birgit Klosterkötter-Prisor
Dr. phil., Dozentin für Theater an der Akademie Remscheid

Thesen und Antithesen zum Modell Typ - Antityp

Heinz Schlage
Professor für Theater an der Hochschule für Musik und Theater Hannover

Totales Theater als Spiel mit dem Unvorhersehbaren

Gitta Martens

Ein junger Mann spielt mit einem Spazierstock Golf und schlägt zielsicher einen imaginierten Ball in ein imaginiertes Loch. Eine Dame mit einer durchlöcherten Gardine als Schleier vor dem Gesicht klatscht begeistert Beifall und beginnt kokett einen Flirt, indem sie den jungen Mann wie einen Stier mit ihrer Gardine als rotem Tuch reizt. Eine zweite Frau winkt mit einem Hut wie mit einer Polizeikelle und fordert Aufmerksamkeit. Da sie diese nicht bekommt, wird sie eifersüchtig. Sie setzt den Hut auf und verwandelt sich durch ihn in eine Autoritätsperson, die dem spielenden Paar das Betreten eines imaginierten Rasens zu verbieten versucht.

Zwar ist das Paar von der fordernden Körperhaltung beeindruckt, es weicht aber nicht zurück. Die Dame breitet vielmehr ihre Gardine als Decke auf dem Rasen aus. Der Golfspieler hakt mit dem Spazierstock das imaginierte Laub fort, legt sich zu ihr und beide genießen eine imaginierte Sonne.

Die Autoritätsperson gibt nicht auf, wird aber geschickt mit dem Spazierstock zu Fall gebracht und mit der Gardine gefesselt. Der Hut dient nun als Knebel. So um die Wirkung ihrer Autorität gebracht, beginnt die Frau wie ein Säugling zu strampeln. Das Paar zeigt sich unbeeindruckt und verläßt, eng umschlungen, den Ort.

Amüsierte Zuschauer/innen klatschen zufrieden Beifall. Ein Stegreifspiel - Die Kunst des Augenblicks - findet damit sein Ende. Die Stegreifspieler mischen sich wieder unter das Publikum. Auf der Spielfläche bleiben der Spazierstock, die Gardine, der Hut. Ein neues Spiel kann mit ihnen beginnen.

"Das Ziel des Mitspiels ist: Kommunikation aller Beteiligten zu verwirklichen ... Kreativität aller Beteiligten zu wecken, bleibt ein Fernziel" (Pörtner, 1972, S. 82).

Meine Konzeption des "Totalen Theaters" ist mein Beitrag zur Erreichung dieses Fernziels. In meiner beruflichen Praxis geht es mir darum, jugendliches Publikum an das Theaterspiel heranzuführen, d.h. es zum eigenen Theaterspiel zu befähigen. Ich legte deshalb meinen Schwerpunkt auf die Entwicklung künstlerischer Kreativität. Das "Totale Theater" ist ein Schritt dahin.

Im folgenden werde ich die Konzeption dieser Theaterform vorstellen, um aufzuzeigen, wie die Stegreifspieler auf spielerische Weise mit den Grundlagen des Theaters und der Schauspielkunst bekannt gemacht werden.

Danach werde ich einen kurzen Überblick über die Mitspieltheaterversuche von Moreno, Pörtner und Boal geben, da ich aus deren Erfahrungen und meiner theaterpraktischen Auseinandersetzung mit ihren Ergebnissen meine Konzeption entwickelt habe. Aus der Darstellung beider Punkte wird deutlich, welche Vorstellungen von künstlerischer, speziell theatraler Kreativität mich geleitet haben.

"Während das alte Theater den Stegreifprozeß vor die Darstellung und hinter die Kulissen verlegt (Stanislawski), bringt das neue Theater den ursprünglichen Stegreifprozeß selber ungekürzt, alle Teile der Produktion betreffend, vor das Publikum. Das gesamte Kunstwerk entsteht vor aller Augen, status nascendi, in umgekehrter Reihenfolge wie ehedem....." (Moreno, 1970, S. 22/23)

Totales Theater besteht aus drei Schritten:

1. Eine Gruppe von Theaterpädagogen begrüßt ein Publikum und führt es durch eine gelenkte Improvisation ins "Land der unbekannten Geschichten". Beispiel: Drei sechste Klassen von sechzig Kindern verteilen sich auf zehn Reisegruppen und fliegen, segeln, robben unter der Leitung ihrer Reiseleiter durch den

Raum, über Stock und Stein, Wasser, Berge und Wüste, bei Kälte und Hitze, oder was sich die Kinder zusätzlich einfallen lassen.

2. Die Theaterpädagogen demonstrieren, im "Land der unbekannten Geschichten" angekommen, auf jeder der sieben Spielflächen nacheinander, wie die Geschichten lebendig werden können, d.h. sie improvisieren aus dem Stegreif eine Geschichte und zeigen damit die Spielregeln auf sowie das Ziel jeder Improvisation. Das sind die Spielflächen:

1. Ein Gegenstand, z.B. Bügeleisen, erzählt eine Geschichte.

2. Hand- und Fußtheater, nackte Füße zeigen Gefühle.

3. Bau von Statuen, einer formt zwei.

4. Neutral-Maskenspiel "Zug um Zug" auf neun Punkten.

5. Gegenstände begegnen sich (siehe Eingangsbeispiel).

6. Prominente begegnen sich.

7. Scharade zu dritt.

Die Spielanlässe sind nicht neu, greifen im Gegenteil auf Bekanntes bewußt zurück. Neu für die meisten Zuschauer einer Aktion Totales Theater sind die Spielregeln und das Ziel des Spiels. Das sind die Spielschritte und -regeln, die so explizit nicht vor Ort formuliert werden:

- Erforsche die Möglichkeiten, z.B. des Spazierstockes.
- Führe phantasierte Handlungen genau aus, z.B. Golf spielen.
- Setze deine Vorstellungsbilder in Handlungen um, z.B. den Rasen von Laub frei fegen.
- Erweitere den Kreis deiner Aufmerksamkeit auf deine Mitspieler und lasse dich von deren Vorstellungsbildern und Umsetzungen inspirieren, z.B. Gardine und Torerospiel.
- Kommt durch das Zusammen- und Wechselspiel zu einer gemeinsamen vorgestellten Situation, z.B. Park.

- Entwickelt euer Spiel, indem jeder von euch sich fragt, was mache ich in meiner Rolle "wenn ...", z.B. ich nicht auf dem Rasen liegen darf.
- Treibt die gemeinsame Handlung bis zu einem gemeinsamen Schluß ohne Worte und ohne Absprachen und erzählt und erspielt auf diese Weise eine Geschichte.

In den Spielschritten zeigt sich das Ziel: Die Zuschauer sollen als Stegreifspieler im Stegreifspiel mit den Mitteln der darstellenden Kunst ohne Absprache und ohne Worte eine Geschichte erzählen.

3. Die Zuschauer/innen schlüpfen in die Rolle von Stegreifspielern und improvisieren auf den Spielflächen ihrer Wahl. Sie sind Stegreifspieler und Zuschauer je nach Wunsch. Diesem dritten Schritt dienen die beiden ersten. Das Stegreifspiel entwikkelt sich dann auf allen Spielflächen gleichzeitig undd läuft ohne Lenkung durch Theaterpädagogen. Sie stehen nur bereit, um die von ihnen im Spiel demonstrierten Spielregeln auf Wunsch zu erläutern[1)].

"Totales Theater" heißt damit: Verzicht auf einen Autor und eine vorgegebene Rahmenhandlung; Verzicht auf einen Spielleiter/Regisseur und eine Inszenierung oder Anleitung; Verzicht auf mitspielende Schauspieler.

Das Stegreifspiel der Zuschauer/innen, die Improvisation wird also nicht eingesetzt, um der Perfektion der Darstellung einer literarischen Rolle willen, sondern um die "Spielmächtigkeit" jedes einzelnen hervorzulocken. Das verlangt jedoch, daß "Imperfektion erlaubt (ist), um echte totale Spontaneität zu erzielen" (Moreno, 1970 a.a.O.). Das "Totale Theater" erlaubt Imperfektion, und trotzdem oder gerade deswegen läßt sich auch die Begrifflichkeit Stanislawskis aus seiner "Arbeit des Schauspielers an sich selbst im schöpferischen Prozeß des Erlebens" auf diese Theaterarbeit mit Laien anwenden[2)].

Es geht beim Stegreifspiel des "Totalen Theaters" jedoch nicht um Schauspielertraining; es geht mir darum, daß Laien, d.h. Zuschauer: Kinder, Jugendliche aber auch Erwachsene, Möglichkeiten finden, alle ihnen zur Verfügung stehenden darstellerischen Fähigkeiten selber aktiv ins Spiel einzubringen. Indem sie als Stegreifspieler ihre eigenen Ideen, die von ihnen selbst gefundene und ausgestaltete Rolle im Zusammenspiel mit anderen umsetzen und gestalten, überschreiten sie nicht nur die Grenze des traditionellen Zuschauers, sondern auch ihre eigenen Grenzen und erleben sich neu.

Dieses Erforschen der eigenen spielerischen, ja darstellerischen Möglichkeiten, häufig sogar erst einmal Freilegen dieser Fähigkeiten verlangt Spontaneität und setzt künstlerische Kreativität frei. Jeder einzelne als Schöpfer: für Stanislawski die Grundlage der Schauspielkunst, für Moreno die anthropologische Grundannahme.

"Das derbe Theater zeichnet sich meistens durch die Abwesenheit dessen aus, was man Stil nennt. Stil braucht Muße; wenn man etwas in einer rohen Fassung darbietet, ist es wie eine Revolution, denn alles, was zur Hand kommt, läßt sich in eine Waffe verkehren." (Brook, 1988, S. 95).

Theaterspiel lebt davon, daß es ein Bild der Wirklichkeit oder der Phantasie für den Betrachter liefert. Dieser entziffert das Symbol, so einfach oder ästhetisch ausgereift es auch ist. Dies passiert auch beim Stegreifspiel, da hier niemand allein spielt, sondern gemeinsam mit anderen. Zusammenspiel kann nur entstehen, wenn sich die Beteiligten einander verständlich machen.

Da ihnen die Worte fehlen, müssen die Handlungen und Körperaktionen der Kommunikation und der Entwicklung einer Geschichte dienen. Geschieht dies, so kann auch das Publikum dem Dargestellten folgen, es wird kommunizierbar. Die Bilder und Ideen finden im Spiel ihren Ausdruck. Der Zuschauer kann die Symbole entziffern und der Handlung und ihren Brüchen folgen. Und dies, obwohl Stegreif ganz sicher andere Wege geht als das Autorentheater.

"Die Stegreifkunst macht vom Bewußtsein keinen Gebrauch, das Unbewußte steigt unverletzt auf. Die Scheingestalt entsteht erst im Augenblick seiner Berührung mit dem Bewußtsein. Dieser selbst entscheidet über Entstehen oder Nicht-Entstehen. Die Augenblickskörper und -seelen haben keine Kulissen, hinter denen sie sich begründet haben, sie sind unbekümmert und frei von Metaphysik" (Moreno, 1970, S. 18).

Gleichwohl darf man hier Moreno nicht so verstehen, daß die Stegreifspieler "bewußt"los seien. Sie sind im Gegenteil sehr konzentriert und wach, sich ihrer Aufgabe und des Zusammenspiels als Herausforderung bewußt. Unbewußt bleibt ihnen der innere Prozeß des Erfindens und Darstellens und gemeinsamen Gestaltens. Sie sind nach dem Spiel erstaunt über ihre Phantasie, ihre Spontaneität und darstellerischen Möglichkeiten. Würde man Laienstegreifspieler vor ihrem Spiel nach Spannungsbogen, retardierendem Moment, Über- und Untertreibung fragen, sie wüßten zumeist nicht, was damit gemeint sein könnte.

Im Spiel, in der lebendigen Interaktion der Spieler, wird das Spiel mit den Stilmitteln möglich. Da ist das feine Spiel der Hände zu beobachten, die gezielte Veränderung der Körperhaltung, das Hinauszögern mit Spannung erwarteter Reaktionen. In allen Fällen kommt es zur Entwicklung kleiner Geschichten, d.h. der Grundlage jeden Theaterspiels, bei dem es um die Darstellung menschlichen Handelns, menschlicher Konflikte geht. So gibt es kein Thema, das im Stegreifspiel nicht vorkommen könnte.

Im Verlauf einer Stegreifaktion wie der des Totalen Theaters verfeinern die Spieler ihre Wahrnehmung und Darstellung. Steht zu Beginn der Drang zur Originalität und derben Satire im Vordergrund, so gelangen die Stegreifspieler aufgrund vielfacher und unterschiedlicher Versuche auf den sieben Spielflächen dahin, ihre Darstellung auf das Wesentliche zu reduzieren. Sie gewinnen dadurch mehr Differenzierungsvermögen im Tempo, in der Körpermotorik, im Spiel mit den Formen.

Da es möglich ist, sich langsam an das je individuell als schwerer erlebte Spielfeld heranzupirschen und da alles erprobt wird, gewinnen die Spieler von Spielfläche zu Spielfläche mehr Sicherheit und mehr Mut. Das Grobe, die Faxenmacherei - wie Stanislawski dies nennt - tritt zurück. Die Stegreifspieler sind für das Zusammenspiel sensibilisierter und gewinnen mehr Muße. Ernste und kritische Themen, aber auch komische werden subtiler dargestellt, wenngleich als Schluß die komische Pointe dominiert.

Wenn etwas nicht klappt, kommt es vor, daß Stegreifspieler und Zuschauer das Spiel unterbrechen und besprechen, woran es gelegen haben könnte. Dabei entstehen jedoch weder Leistungsdruck noch Besserwisserei. Da jeder Stegreifspieler war oder sein kann, weiß jeder um die Schwierigkeiten. So ist das Publikum bereit mitzudenken, lustige oder tragische Wendungen der Geschichten sofort als erkannt durch Applaus kund zu tun. Es begutachtet Ideen, vergleicht sie mit vorangegangenen Versuchen, entwickelt beim Zuschauen eigene Vorstellungen und zeigt seine Haltungen zu dem, was auf der Bühne passiert. Es demonstriert und fordert Wiederholungen.

Das geschieht, obwohl in der Regel weder Spieler noch Zuschauer etwas von den Verfremdungstechniken des Brechttheaters verstehen; zumeist jedoch entwickeln die Stegreifspieler ihre Geschichte aus einem Guß und setzen sich und das Publikum damit in Erstaunen.

Zuschauer zu sein und Stegreifspieler werden zu können, zwischen den realen Rollen wählen und in die fiktiven Rollen schlüpfen zu können, macht sensibel für die Aufgabe und füreinander. Es macht Spaß und fordert heraus, obwohl nicht immer alle spielen mögen.

Spieler wie Zuschauer bemerken jedoch positiv, daß sie bei dieser Art von Theaterspiel ganz andere Möglichkeiten gewinnen, sich einzumischen, daß sie gehört werden, daß sie gezielt agieren können, daß sie ihre Geschichten spielen können.

"Ist (das Publikum) einmal im Theater, kann (es) sich nicht zu einem besseren steigern, als es ist. In gewissem Sinne gibt es nichts, was ein Zuschauer wirklich tun kann. Und doch herrscht hier ein Widerspruch, der nicht übersehen werden darf, denn von ihm hängt alles ab" (Brook, 1983, S. 28).

Die Erfahrungen mit dem "Totalen Theater" sind den meisten neu. Sie kennen nur das traditionelle Theater unseres Kulturkreises, mit dem sie, zumal als Jugendliche selten Kontakt haben, in dessen Räumen sie sich nicht wohl fühlen. Bei Betreten dieser Räume verfallen sie häufig in eine passive, stumme Rolle, aus der es kein Entrinnen gibt bis zum Schluß[3)]. Die Wechselwirkung von Schauspieler und Zuschauer ist oft ausgelotet, aber nie ausreichend erklärt worden. Ihre Bedeutung ist Schauspielern bewußt, Zuschauer im traditionellen Theater können sie jedoch selten richtig einschätzen. In dieser Tradition wünschte Brecht einen neuen Zuschauer zu erziehen, der mitdenkt und, weil er seine eigene Existenzweise nicht leugnet und als Meßlatte versprochenen kulturellen Fortschritts anlegt, in Opposition zum Gezeigten geht. Doch durchbricht er damit nicht seinen stummen Part.

Da der Zuschauer weiß, daß er nicht gefragt wird, daß er keine Möglichkeiten der Einmischung hat, daß es niemand erfahren würde, selbst wenn er eine andere Meinung hätte, vielleicht sogar eine andere Interpretation des Stückes, gar andere Bilder oder Inszenierungsideen, fühlt er sich selten zum Widerspruch gefordert. Zuschauer, zumal junge Leute, sind in der Diskussion über Theateraufführungen ungeübt. Sie behalten ihre Eindrücke für sich. Sie glauben häufig, keine Phantasien bezüglich theatraler Darstellungen auf der Bühne zu haben.

So verhalten sie sich nicht nur stumm, sondern auch passiv, zollen allein dem Kulturereignis ihren Beifall. Aber im eigenen Spiel, in Auseinandersetzung mit ihren eigenen Themen und auf ihre Art erschließen sie diese sich selbst und gewinnen Erfahrungen aus erster Hand.

"Der Zuschauer, das passive Wesen par excellence, ist weniger als ein Mensch. Es tut not, ihn wieder zum Menschen zu machen, ihm seine Handlungsfähigkeit zurückzugeben. Er muß Subjekt, Protagonist werden" (Boal, 1980, S. 66).

Dies ist das Ziel jedes Mitspieltheaters und doch gibt es unterschiedliche Versuche in der Geschichte des Theaters, dies zu erreichen. Für die Entwicklung meiner Konzeption bedeutsam waren die Versuche von Moreno, Pörtner und Boal[4)].

J.L. Moreno

(Arzt und Therapeut) experimentierte zu Beginn der zwanziger Jahre in Wien mit Schauspielern und erwachsenem Publikum. Im Stegreifspiel sollten sie sich durch spontanes und kreatives Handeln von Rollenstereotypen und starrem Rollenhandeln befreien, um im Umgang mit fremden vorgefundenen Bedingungen selbständig und selbstverantwortlich aus dem Augenblick heraus adäquat agieren zu können.

Als Vorbild diente Moreno das kindliche Stegreifspiel, in dem die Kinder Autoren, Regisseure, Protagonisten und Zuschauer zu gleichen Maßen und im schnellen Wechsel sind. Moreno konfrontierte seine erwachsenen Spieler mit von ihm verfaßten Rahmenhandlungen, fungierte als Spielleiter und zeigte den Mitspielern ihre Möglichkeiten und Grenzen auf. Begeistert formulierte er: "Selbst die kunstvollste, großartigste Konserve, die beste Simulation von Realität im Theater kann nicht den Augenblick ersetzen, wo Spontaneität in einer realen Person zum Ausdruck kommt: Der Blitz der Wahrheit" (Pörtner, 1970, S. 50).

Sein neues Theater war ein Versuch neben anderen in dieser Zeit und auf der Suche nach Lebendigkeit und stärkerer Unmittelbarkeit[5)]. Seine Rahmenbedingungen, so meine ich, waren jedoch sehr komplex, wie auch seine Spielanweisungen. Sie überforderten das mitspielende Publikum, wie aus seinen Reflexionen hervorgeht. Seine Versuche scheiterten. Unter den von Moreno gesetzten Bedingungen fanden die Stegreifspieler nicht zu der von ihm vorgelebten und erwarteten Spielmächtigkeit. Sie schätzten zudem die Stegreifergebnisse im Vergleich zum traditionellen Theater gering und wandten sich ab. Moreno konzentrierte seine Stegreifversuche auf die Arbeit mit Patienten und entwickelte das Psychodrama.

Paul Pörtner

(deutscher Theatermacher) ging bei seinen Mitspieltheaterversuchen mit Stadttheaterpublikum in Ulm zu Beginn der 60er Jahre dann auch vorsichtiger um. Er ließ sein Publikum diskutieren, Spielvorschläge machen, die dann von Schauspielern umgesetzt wurden, das Stück verändern und schließlich auch die eigenen Handlungsvorschläge auf der Bühne selber erproben[6)].

Doch auch er gab eine strenge Rahmenhandlung vor, arbeitete mit einer fertigen Inszenierung und professionellen Schauspielern sowie einem Spielleiter als Dreh- und Angelpunkt bezüglich der Spielregeln und der Spielinhalte. Er formulierte für seine Ergebnisse auch im Hinblick auf Morenos Erfahrungen kritisch, daß das Publikum auf der Bühne nicht spontan handele, sondern impulsiv und hektisch, daß es Emotionen frei setze, aber Klischees und beliebige Verhaltensweisen reproduziere.

Sein Ziel: Einüben in gesellschaftlich relevantes Handeln sowie die Erprobung demokratischer Formen sah er erreicht.

Augusto Boal

(brasilianischer Theatermacher) geht mit den Zielsetzungen seiner Konzeption eines "Theaters der Unterdrückten" eindeutig über die allgemeinen Ziele Pörtners hinaus. Er formuliert vor dem Hintergrund der brasilianischen Verhältnisse zur selben Zeit seine "Poetik der Befreiung", die eindeutig Partei für das unterdrückte Volk, bzw. die Opfer nimmt: "Theater ist Aktion. Vielleicht ist Theater nicht selbst revolutionär, aber Theater probt die Revolution" (Boal, 1980, S. 66).

In den handelnden, mitspielenden Zuschauern soll der Wunsch erweckt werden, das in die Wirklichkeit umzusetzen, was im Theater geprobt wurde. Die Zuschauer haben daher bei ihm die Möglichkeit, in Identifikation mit der Rolle des Opfers, dieses auf der Bühne zu ersetzen, um die Wirklichkeit zu ihren Gunsten zu verändern.

Wie mir aus eigenen Forumtheateraktionen bekannt ist, wird damit die oben von Pörtner genannte Gefahr der Klischees und beliebigen Verhaltensweisen verhindert. Aber auch bei Boal wird der Zuschauer mit einer zuvor von Schauspielern oder Pädagogen inszenierten Rahmenhandlung konfrontiert. Doch anders als bei Moreno und Pörtner wird er für das Mitspiel gewonnen und spielerisch vorbereitet[7)].

Diese kurze Darstellung möchte ich für meine Darlegungen wie folgt unterscheiden: Moreno zielt auf die Erweiterung allgemein menschlichen Handlungsvermögens, ist also therapeutisch ausgerichtet. Pörtner geht es um die Ausbildung staatsbürgerlichen Handelns, was als pädagogisch benannt werden kann. Boal fordert die Herausbildung interessegeleiteten Handelns, was als politisch bezeichnet werden kann. Das Spiel dient ihnen als Aktionsform zur Erreichung dieser Zwecke. Ihre Rahmenhandlungen, Spielregeln und die Rolle der Spielleitung begründen sich aus diesen Zwecken. Die Immanenz des Spiels stellt sich dar als Tücke, der formal begegnet werden muß.

"(Die) Gleichzeitigkeit verschiedener kreativer Momente (Autor, Darsteller, Regisseur) wird durch das Zusammenspiel kompliziert: Die Aufmerksamkeit ist auf das Hören gerichtet, das Zuhören auf das, was andere sagen, (der Zuschauer) muß alle geistigen Reize, die von seinem Mitspieler ausgehen, auffangen, auf sie sinnvoll reagieren. Hinzu kommt, daß der Spieler die bevorstehenden Gesten des Mitspielers nicht kennt und die Idee seiner eigenen Antwort nicht voraussehen kann, er also nicht nur auf die gegenwärtige Situation sich einstellen muß, sondern eine gewisse Voraussicht, Vorausahnung haben sollte. Im bloßen Aufzählen dieser Schwierigkeiten der Stegreifproduktion scheinen die Anforderungen kaum erfüllbar" (Pörtner, 1972, S. 119).

Bei meinen Experimenten mit diesen Formen habe ich folgende Beobachtungen gemacht:

- Es kommt zur Interaktion von Schauspielern und Mitspielern. Erstere haben aber Letzteren immer voraus, daß sie sich schon länger mit der Spielhandlung beschäftigt haben, im Improvisieren geübt sind und den Schutz einer Rolle genießen. Das führt zu einem Ungleichgewicht.
- Die Mitspieler aus dem Publikum beeinflussen zwar die Handlung, diese ist aber von einem Autor oder einer Gruppe von Spielern aufbereitet worden. Die Situation empfinden viele Zuschauer als thematische und formale Gängelung, als Ungleichgewicht, so daß viele aus Spielangst gegen den Inhalt und die Form polemisieren und sich selbst behindern.

- Die Spielszenen sind pädagogischen/politischen Zwecken untergeordnet. Sie bewegen sich auf der realistischen Ebene der Darstellung und verlangen, daß der mitspielende Zuschauer seine Lebenserfahrung und Handlungsfähigkeit unter Beweis stellt. Der mitspielende Zuschauer sieht sich in der Gefahr, sich bloßzustellen. Dies führt immer wieder zu hohem Leistungsdruck.
- Da Inhalt und Erkenntnis wichtige Ziele sind, verlangt das Spiel die Sprache. Dies reduziert den ungeübten Mitspieler immer wieder auf das Sprechen statt Handeln, da die körperlichen Ausdrucksmittel, die Handlungsbilder, für den Laien nicht so verfügbar sind, andererseits funktional für das Spiel sein müßten. Das Sprechen fördert jedoch die Distanz, noch bevor sich der Impuls in Handlungen zu erkennen geben kann. Dies führt zu zwei Problemen: Das Spiel reduziert sich häufig auf Diskussion, was die Auswahl unter den potentiellen Mitspielern einschränkt. Wer sich nicht wortmächtig fühlt, wagt den Schritt auf die Spielfläche nicht. Wer es dennoch tut, erlebt das Sprechen als Flucht und Behinderung und sich selbst im Vergleich mit den Schauspielern als spielunfähig. Dies verstärkt den Eindruck des Ungleichgewichts.
- So erfährt das von Boal anvisierte Subjekt sehr häufig sein Unvermögen, spürt die fremden Anforderungen und Maßstäbe, spürt, daß es mitspielen darf zur Musik der anderen.

Meine Beobachtungen sollen nun keineswegs gegen das Mitspieltheater sprechen. Besonders das Forumtheater Boals ist für mich immer wieder ein Höhepunkt der Kommunikation zwischen Publikum und Spielern und eine wohltuende Erfahrung, daß mit Hilfe des Spiels politische oder gesellschaftliche Themen verstehbar, verhandelbar, mitspielbar sind auf einer toleranten und offenen Grundlage. Wer meint, bluffen zu können, wird schnell auf die Bühne gebeten, wo er sich im Spiel, im Handeln erproben kann. Als politisches Theater im umfassenden Sinne finde ich diese Mitspieltheaterform großartig. Sie befriedigt dann, wenn man den Schwerpunkt auf das Handlungs- und Erfahrungslernen der Spieler und Zuschauer außerhalb des Theaterspiels gesetzter Zwecke legt.

Fazit:

Mitspieltheater, das vom traditionellen Theater her denkt - Autor, Schauspieler, Spielleiter - wird, selbst wenn es in einzelnen Fragen wie z.B. der Bühne, die Bedingungen verändert, immer mehr oder weniger stark dieses Ungleichgewicht reproduzieren, d.h. Mitspiel sein. Die professionellen Standards und Ziele von Autor, Schauspieler, Spielleiter aber auch Pädagoge werden den Entfaltungsraum der Zuschauer unter der Überschrift "Hilfeleistung" immer einengen.

Die einen dominieren das Spiel und die Form, die anderen den Inhalt. Das Spiel, um zu spielen, die freie Entfaltung der Spielmächtigkeit, die nur durch immanente Regeln geleitet wird, wird im Mitspiel als Ziel selbst bei Moreno nicht anvisiert oder gewürdigt.

Das Ergebnis ist folglich auf zwei Ebenen paradox: Der Zuschauer soll Subjekt werden, aber man traut ihm nicht recht bezüglich seiner inhaltlichen und formalen Wahl. Beides scheint den Machern immer in der Gefahr Standards nicht zu erreichen. Das Spiel, speziell das Theaterspiel, gilt zwar als komplexes Ausdrucksmedium, in dem immanent Herausforderungen auf sozialer, inhaltlicher und formaler Ebene gleichgewichtig und dialektisch verzahnt gestellt sind, das Ziel, die Zuschauer, d.h. Laien zum Theaterspiel zu befähigen, erscheint jedoch suspekt. Man befürchtet l'art pour l'art. Dem Theaterspiel an sich wird nicht getraut.

"Wer mit Improvisationen arbeitet, ist imstande, mit erschreckender Deutlichkeit zu erkennen, wie schnell die Grenzen der sogenannten Freiheit erreicht sind" (Brook, 1988, S. 164).

Mit der Konzeption des "Totalen Theaters" habe ich ein Improvisationstheater schaffen wollen, das Laien die Chancen eröffnet, sich spontan und kreativ im Spiel zu erleben. Damit möchte ich das zuvor benannte Ungleichgewicht auflösen und die Paradoxien vermeiden.

Das Spiel "aller mit allen" hat seine Grundlagen in Moreno, von dem es den Titel hat[8)] und den Glauben in die Schöpfungskraft eines jeden Menschen, und in Stanislawski. Dieser formulierte für Schauspieler, daß die "Kunst des Verkörperns" die "Kunst des Erlebens" voraussetze. Seine schauspielerische Grundlagenarbeit hatte das Ziel, den Schauspieler zum Dichter zu erziehen, indem er ihm immer wieder die Frage stellte: Was machst Du in einer vorgeschlagenen Situation "Wenn" ?... Das zwang den Schauspieler, intuitiv zu handeln und seine Phantasie war angeregt, um Rollen zu erfinden, Rollenhandeln zu begründen und im Zusammenspiel mit anderen Rollenträgern eine Geschichte zu erzählen. Was dem Schauspieler recht ist, kann dem Laien nur billig sein. Die Kunst des Erlebens im Spiel mit anderen ist ein ausreichendes Ziel. Aus diesen Überlegungen und meinen Erfahrungen aus der theaterpädagogischen Arbeit mit Jugendlichen und Erwachsenen im Rahmen von Schule, Freizeit, Bildungsveranstaltungen und politischen Aktionen schloß ich:

- Es werden keine Themen oder Rahmenhandlungen vorgegeben; Spielanlässe wie Gegenstände, Neutralmasken etc. reichen, um die Phantasie in Gang zu bringen.
- Die Laien werden nicht mit Schauspielern konfrontiert; Theaterpädagogen bereiten die gesamte Aktion vor und demonstrieren die Arbeitsschritte und Spielregeln, halten sich dann im Hintergrund.
- Die Laien werden durch eine Großgruppenanimation erwärmt und in Bewegung gebracht. Der Einstieg erfolgt also bereits über das Spiel.
- Die Spielschritte und -regeln begründen sich aus den Anforderungen des Theaterspiels und seiner Struktur.
- Mimik und Gestik, Handlungen bestimmen das Spiel und nicht die Sprache. Die Phantasie und das Gefühl werden angesprochen.
- Der Laie stellt nicht sich zur Diskussion, sondern seine Rolle und deren Rollenhandeln. Er genießt den Schutz der Rolle.
- Das Spiel entwickelt sich aus und im Zusammenspiel und führt damit immanent zur Objektivierung der Ideen, Gefühle, physischen und psychischen Dispositionen der einzelnen.

- Die Stegreifspieler sind gleichrangig und ihre Ideen gleichwertig. Das Spiel entscheidet über Annahme oder Vergessen, d.h. ob die Idee in dem Moment spielfördernd ist.
- Spontane Darstellung des Bösen, der Triebe, des Ungezügelten dürfen nicht ausgeschlossen sein.

Aus all diesen Überlegungen zusammen genommen resultiert meine Konzeption des "Totalen Theaters". Total nicht wegen der Ansammlung technischer Medien oder aller Künste, sondern wegen der Freisetzung dieses riesigen Potentials spontaner Kreativität der Menschen im Spiel. Die Lösung ist radikal. Sie entläßt das Theater als Aktionsraum; sie entläßt vor allem Autor, Schauspieler und Pädagoge aus ihrer selbstgewählten Vormundschaft und überantwortet die Darstellung der Ideen und deren Gestaltung den Stegreifspielern selbst, d.h. den ehemaligen Zuschauern. Damit geht Totales Theater über das Mitspiel hinaus und hebt die Trennung von Schauspieler und Zuschauer auf.

"Solange die Kultur oder irgendeine Kunst nur ein Anhängsel des Lebens ist, davon trennbar und, wenn getrennt, offenbar unnötig, ... ist es nicht nur eine Frage der Publikumslockung. Es ist die noch schwierigere Sache, Werke zu schaffen, die im Publikum einen unverkennbaren Hunger oder Durst hervorrufen" (Brook, 1988, S. 195).

"Totales Theater" möchte deshalb mit Erfahrungsräumen konfrontieren, die Erlebnisse aus erster Hand garantieren und jedem die Chance eröffnen, sich selbst in unbekannten Rollen auf ungewohnte Art kennenzulernen. Es ermöglicht, über den eigenen Schatten zu springen und sich mit den Bildklischees der Medienwelt, die unser Leben beeinflussen bis prägen, auseinanderzusetzen.

Indem im Spiel die Klischees reproduziert und neu gewendet werden, wird deren Macht dem Lachen preis gegeben. So erfährt, um im Bilde Peter Brooks zu bleiben, jeder Stegreifspieler im Stegreif die "Grenzen der Freiheit" aber auch den Charakter des "Groben als Waffe".

Das Stegreifspiel des "Totalen Theaters" ist nicht affirmativ, vielmehr ist es, wie das Eingangsbeispiel als typisch zeigt, der ständige Kampf des Lustprinzips gegen das Realitätsprinzip. Im Spiel siegt die Lust, die Offenheit, die Zuwendung, die Hoffnung.

"Kann das Publikum ein Mal der Katharsis zurückbehalten - oder ist ein warmes Gefühl des Wohlbefindens das Beste, was sich überhaupt erreichen läßt?" (Brook, 1988, S. 201)

Rückmeldungen von Stegreifspielern und Zuschauern zeigen:

- Große Freude und Erstaunen, auf diese unbekannte Weise miteinander, selbst mit Fremden, kommunizieren, spielen, zu einer gemeinsamen Geschichte finden zu können.
- Den Stolz, die Angst und die Barrieren vor dem Theaterspiel überwunden zu haben und die Aufgabe mit anderen gemeinsam und zur eigenen und zur Freude des Publikums gelöst zu haben.
- Erstaunen über die eigene Spielfreude und -fähigkeit, die Ideen und den eigenen Ausdrucksreichtum.
- Große Bereitschaft, das eigene Spiel selbstkritisch zu betrachten, die Reproduktion von Klischees zu erkennen und zu durchbrechen.
- Großes Interesse und die Bereitschaft, die Theaterarbeit anderer, auch professioneller Theater offen und kritisch aufzunehmen.
- Die größere Offenheit für Bilder-, Körper- und Tanztheater und geringere Fixierung auf das Sprechtheater als einzig legitimem Ausdruck von Theater.
- Eine kritische Haltung gegenüber der Bildersprache von Film und Fernsehen und deren Erzählweise.
- Interesse, selber zu spielen und sich im Spiel zu fordern. - daß die theatrale Ausdrucksform als Erweiterung des eigenen Ausdrucksrepertoires gesehen wird.
- Faszination über die Möglichkeiten des Theaterspiels, im Spiel die intellektuelle Einschätzung einer Sache und die gefühlsmäßige Reaktion auf sie gleichzeitig darstellen zu können.

- Eine erhöhte Sensibilität für zwischenmenschliche Beziehungen und deren Ausdruck in Körpersprache, Gestik und Mimik.

Immer wird der Wunsch formuliert, öfter Gelegenheit zu dieser Art Theaterspiel zu haben, da sie nicht unter Leistungsdruck setze, eine gute Stimmung und solidarisches Handeln ermögliche, keine Angst vor Blamage entstehe, sondern ein neugieriges Experimentieren mit den eigenen Möglichkeiten und denen der anderen. Wer beim "Totalen Theater" seine Scheu vor dem Ungewohnten und Unvorhersehbaren überwindet und spielt, beantwortet die Frage Peter Brooks, ob der Zuschauer "denn einen Wechsel in seinem Zustand ... seinem Innern, seinem Leben, seiner Gesellschaft" möchte (a.a.O. S. 202) mit ja.

Dennoch mögen Kritiker einwenden, daß die Fülle der positiven Erfahrungen nichts darüber aussage, ob im Sinne der Zielsetzung, künstlerische, theatrale Kreativität zu fördern, das Ziel erreicht werden kann. Ob statt der Schulung des ästhetischen Empfindens nicht vielmehr Aktionismus statt ernsthafte schauspielerische Darstellung das Ergebnis so eines Erlebnisses seien. Damit stellt sich die Frage nach den Kriterien dessen, was in diesem Zusammenhang als ästhetisch genannt werden soll[9)].

Der Zuschauer/potentielle Stegreifspieler, der aufmerksam bei den Stegreifspielen zuschaut, wird wahrnehmen, was schön, was authentisch, stimmig, verstehbar ist. Sicher ist es nicht ausgeklügelt und raffiniert, hat keinen Stil. Das kann von einer einmaligen Aktion nicht erwartet werden. Dafür muß einen in Erstaunen versetzen, welche Fülle von Formen zum Ausdruck kommen, was der "Horror Vacui", der am Anfang des freigestellten Handelns als Angst wirkt, für einen Sog der Spielideen entwickelt[10)]. Aktionismus ist sicher auch dabei.

Ansonsten kann ich den Kritikern nur mit Pörtner sagen: ..."man kann denen, die sich einlassen auf das Spiel, nicht den Erfolg garantieren: Es hängt von allen Beteiligten ab, ob das Spiel gelingt oder nicht. Jedenfalls gibt auch ein mißlungenes Mitspiel Auskunft über die Situation: der Schauspieler, des Publikums, des Theaters", und ich möchte schließen mit Moreno's Erkenntnis: "Das Zusammenspiel ist ein Gesellschaftsproblem"[11)].

Anmerkungen:

1) Siehe zu den Spielanlässen und zu den Anforderungen an die Theaterpädagogen den Anhang.

2) Stanislawski, Die Arbeit des Schauspielers an sich selbst, Band 1, Westberlin 1988

3) Siehe in diesem Zusammenhang:
Dörger, Dagmar, Mini- und Monodramen, Eine Anleitung zu theatralen Kleinformen, Wilhelmshaven, 1985, S. 91 ff

4) Levi J. Moreno, Arzt und Therapeut 1889 - 1974, entwickelte ein triadisches System, das aus Psychodrama, Soziometrie und Gruppenpsychotherapie besteht. Paul Pörtner, Spontanes Theater, Köln 1972 und Moreno und das moderne Theater in Petzold, Hrsg., Paderborn 1972. Augusto Boal, 1931 geb. in Rio de Janeiro, Theater der Unterdrückten, Frankfurt/Main, 2. Auflage 1980

5) Zum historischen und theoretischen Hintergrund in diesem Zusammenhang:
Hilarion Petzold Hrsg., Angewandtes Psychodrama in Therapie, Pädagogik, Theater und Wissenschaft, Paderborn 1972, darin seinen Aufsatz Psychodrama und Theater, S. 13 ff.

6) Pörtner, Köln 1972, S. 61 ff

7) Einen Einblick in meine Arbeit mit dem Forumtheater gibt mein Aufsatz "Aus der Sicht der Stöckelschuhe", in Forum Wissenschaft, 1/86 S. 26 ff.

8) L.J. Moreno, Das Stegreiftheater, Beavon 1970, 2. Auflage und Petzold a.a.O.. S. 15.

9) Moreno wendet sich gegen den Begriff der Ästhetik im Zusammenspiel und setzt dagegen den der "Metapraxie", a.a.O., S. 19 ff.

10) Pörtner, Köln, 1972, S. 126

11) Ders. S. 82.

Weitere verwendete Literatur: Peter Brook, Der leere Raum, Berlin 1988, 3. Auflage.

Anhang:

Ad 1.
Die Geschichte ist die Grundlage jeden Theaterspiels, bei dem es um die Darstellung menschlichen Handelns und menschlicher Konflikte geht. Auf diesen Spielanlaß übertragen, bedeutet dies, daß die Geschichtenerzählerin eine größere Freiheit zur Phantasie durch die Verfremdung erlebt und den Schutz durch diese Verfremdung. Es wird erzählt und noch nicht gespielt. Ruhigere, scheue, nicht so extrovertierte Kinder sind hier zu finden.

Ad 2.
Es geht darum, Gefühle darzustellen, die als Füße oder Hände aber die Protagonisten nicht bloßstellen. Die für diese Zwecke unbekannten Ausdrucksmittel regen die Phantasie an und reizen zu Neuem, bzw. stärken die Wahrnehmung der Zuschauer. Die Personen sind durch einen Vorhang geschützt und agieren gleichzeitig zu mehreren, was vor wie hinter dem Vorhang viel Freude macht.

Ad 3.
Beim Statuenbau formt eine Person ohne Worte zwei weitere wie ein Bildhauer, aber sensibler, zu einem Bild für einen Begriff wie z.B. Macht, Ohnmacht, Kampf. Die Menschen sind sichtbar, müssen sich berühren, müssen mit Gestik und Körpersprache im Raum ihrem Vorstellungsbild Ausdruck geben. Sie können einen vorbereiteten Begriff ziehen oder aber einen eigenen wählen. Die Umsetzung wird vom Publikum und den Mitspielern geraten, so daß Verständlichkeit gefordert ist.

Ad 4.
Beim Spiel mit den Neutralmasken auf neun Punkten spielen zwei Spieler einen Dialog, bei dem ihre Gesichter verdeckt sind, so daß

das körpersprachliche Spiel sowie die Gestik in Bewegung als Aktion und Reaktion gefordert sind. Hier wird häufig die Geschichte einer Beziehung entwickelt, die bei Kindern meist das Thema "Macht und Einschüchterung" bzw. "sich wehren" hat. Das Spiel bietet Schutz durch die Masken, erzwingt ein sensibles aufeinander Eingehen, zumal ein eindeutiges Spiel. Hier geht es nicht mehr nur um das Entstehen von Vorstellungsbildern und deren Darstellung, vielmehr sind hier vorgeschlagene Situationen zu entwickeln, die durch das Zusammenspiel für beide Partner konkret werden müssen. Der Kreis der "konzentrierten Aufmerksamkeit" geht vom "Ich" zum "Du" und führt unter dem Schutz der Maske häufig zu "innerer Wahrhaftigkeit" des im Spiel aufkommenden Gefühls und Handelns.

Ad 5.

Siehe hierzu das Eingangsbeispiel am Beginn dieses Aufsatzes.

Ad 6.

Im Spiel "Prominente begegnen sich" ist eine eindeutige Rollenfindung ohne die anregende Hilfe der Gegenstände gefordert. Die vorgegebenen Rollenfiguren wie z.B. Boris Becker oder die Hexe aus Hänsel und Gretel zwingen zum genauen Spiel mit imaginierten Requisiten, was zu hoher Konzentration führen kann, da sonst die Rollendarsteller, die ja nicht voneinander die Rollen wissen, nicht eindeutig werden. Hier ist Eindeutigkeit verlangt, damit sich die Figuren durch ihre Handlungen erkennen und zu vorgeschlagenen Situationen finden, die sie dann zu einer Geschichte ausbauen.

Ad 7.

Scharade zu dritt verlangt eine ähnliche Präzision in der Körperaktion und in den Handlungen, damit ein gemeinsames Spiel ohne Worte und ohne Absprachen entstehen kann. Hier finden sich sehr körperaktive Spieler/innen ein und es geht phantastisch zu, wenn sich ein Staubsauger, eine Kaffeemaschine und ein Quirl begegnen. Der Phantasie sind keine Grenzen gesetzt, und dennoch müssen sich die Spieler erst einmal erkennen, um zum Zusammenspiel finden zu können.

Auf allen Spielflächen kennen die Mitspieler voneinander nicht die Aufgaben. Die Neugierde, was die anderen darstellen, führt automatisch zur Wahrnehmung füreinander. Das Ziel, gemeinsam eine Geschichte zu entwickeln, fordert Eindeutigkeit und zwingt nach den Phasen von Exploration und Experimentieren zur Entscheidung für eine Rolle. Jetzt sind die Spieler für sich erkennbar und können verschiedene Situationen anspielen, bevor sie sich auch hier für eine entscheiden, die sie dann ausgestalten und zu einem Ende führen. Das läuft auch bei Kindern ohne Worte und ohne Absprachen. Sprechen ist meist als Zeichen größten Engagements zu verstehen, als ein Ventil für die Konzentration und Spannung.

Je nach Zielgruppe sind die Arbeitsschritte auf einer Wandzeitung hinter den Spielflächen zu lesen. Bei Kindern haben sie jedoch keine Bedeutung, hier ist der persönliche Kontakt zu den die Spielfläche betreuenden Theaterpädagogen wichtig. Deshalb muß bei einer Aktion mit Kindern auch die ganze Zeit an den Spielflächen ein Ansprechpartner stehen. Bei Mißverständnissen oder schwierigen Situationen ist immer wieder zu beobachten, daß sich die Spieler/innen Zeit lassen und nicht hektisch werden. Sie warten auf ihre Einstiegsmöglichkeit. Sie lassen sich auch durch Zwischenrufe aus dem Publikum nicht verunsichern, sondern gehen im Gegenteil auf Hilfen leicht und positiv ein. Es ist ein Experiment, ein spannendes, lustiges, aufregendes. Die Auswertung erfolgt meist gleich im Anschluß an das Spiel zusammen mit den zufälligen Spielpartnern und/oder dem Publikum. Kinder möchten gerne ihre Erfahrungen und Eindrücke der Theaterpädagogin schildern, mit der sie (siehe Bsp. S. ... im Aufsatz) ins "Land der unbekannten Geschichten" gereist sind. Hier gibt der persönliche Kontakt Orientierung.

Pädagogen, die eine derartige Aktion des "Totalen Theaters" vorbereiten und durchführen, müssen bestimmten Anforderungen genügen. Sie müssen

- die Einschätzung teilen, daß alle Menschen spielmächtig sind, wenn man ihnen Ort, Zeit und Anlaß gibt,
- sich an den Ideen anderer freuen können und neugierig sein auf die Schöpfungskraft anderer,
- ihre Stegreifspieler ernst nehmen und bestärken,
- Spielfreude vermitteln und eine offene und freundliche Atmosphäre schaffen,

- improvisieren gelernt haben,
- zielgruppenorientierte und -angemessene Angebote machen (Phansasiereise, Spielanlässe, Spielregeln erläutern auf Nachfrage),
- Großgruppenaktionen planen und durchführen,
- Spielregeln und Spielschritte einleuchtend demonstrieren,
- Stütze sein, einspringen können, ohne sich in den Vordergrund zu stellen,
- sich zurückhalten.

Die Kreativität ist folglich auf vielen Ebenen gefordert und setzt Handwerkszeug voraus sowie das Selbstverständnis, Hebammendienste zu leisten. Die Teilnehmer/innen meiner Aufbaukurse mit dem Schwerpunkt Mitspieltheater lernen dann auch erst einmal: zu improvisieren,Forumtheater mit jugendlichem Publikum durchzuführen, Clownspiele mit Kindern als Mit- und Vorspiel zu gestalten, Lehrstückarbeit nach Brecht kennen, sowie Planung, Organisation und Durchführung von Großgruppenaktionen sowie methodisch-didaktische Reflexion, bevor sie in der sechsten Fortbildungswoche als Quintessenz der Fortbildung eine Aktion des "Totalen Theaters" entweder mit Kindern oder Jugendlichen oder Erwachsenen durchführen.

Kreativ - kreativer - künstlerisch kreativ?

Eine Auseinandersetzung mit Konzepten des Animationstheaters

Dagmar Dörger

Nun gut - schauen wir also durch die Brille "Kreativität" (vor 20 Jahren wäre es die Brille "gesellschaftliche Relevanz" oder "Emanzipation" gewesen). Auf der Fachtagung der Akademie Remscheid soll das "Konzept Kreativität" diskutiert werden. Es geht darum zu reflektieren, welche Funktion die Kreativität in der Arbeit der Akademie hat. Unter anderem wird die Kreativität der Zuschauer/innen im Theater gefordert - auch gefördert.

Selbst naturalistische Theaterinszenierungen können dem Zuschauer Raum für eigene Bilder lassen. Sicher, eine Hauptmann-Inszenierung läßt weniger Freiraum als etwa eine Robert Wilson-Produktion.

Aber im Theater findet ein Schaffensprozeß statt, und der Zuschauer ist daran beteiligt. Ob er in der letzten Reihe sitzt oder gar mitspielt, seine Rolle des Zuschauers bleibt konstituierendes Theaterelement.

Im Zusammenhang mit dem Tagungsthema stellt Gitta Martens ihr Konzept des "Totalen Theaters" vor. Sie reiht dieses Konzept ein in eine Mitspiel-Theater-Tradition, in der dem Zuschauer besondere Aufmerksamkeit gewidmet wird.

Mir geht es in meinem Beitrag darum, die Schwerpunkte dieser Animationsformen herauszustellen. Ich werde zunächst auf die allgemeine Begrifflichkeit eingehen, um anschließend genauer die Intentionen unterschiedlicher Konzeptionen zu klären.

Zum Grundbegriff Animationstheater

Ich ersetze den Begriff Mitspiel-Theater durch Animationstheater (vgl. dazu auch D.D., S. 3 f und H.W. Nickel, S. 5 f. im Animationstheaterheft).

Er ist umfassender als Mitspiel, aber trotzdem zunächst präziser, weil er den Sachverhalt mit dem kleinsten gemeinsamen Nenner faßt. Animare - lat.: beleben, beseelen; also lebendig machen im Gegensatz zu erstarrt sein; im Animationstheater wird das Publikum belebt, ihm wird Leben eingehaucht, es wird aus einer Erstarrung herausgebracht.

Wenn ich also von Animationstheater spreche, meine ich Formen theatraler Ereignisse, bei denen der Zuschauer über das reine Zusehen hinaus aktiviert (animiert) wird. Daß der Zuschauer auch im Zusehen-Betrachten sehr lebendig eigene Bilder und geistige Aktivitäten kreieren kann, sei damit nicht negiert oder gar unterbewertet.

Diese Formen des Theaters werden meist mit Mitspiel bezeichnet. Allerdings garantiert der Begriff noch nicht, daß das Publikum wirklich mitspielt, gar auf der Bühne. Häufig reduziert sich das "Mitspiel" auf Zurufe, Geräusche machen etc. Auf die Schwierigkeit der Zeichnung bin ich an anderer Stelle ausführlicher eingegangen (D.D., Mini- und Mono-Dramen, S. 117 ff). Das Kinder- und Jugendtheater nutzt diese Animationsform häufiger, im Erwachsenen-Theater sind es eher Ausnahmen (Pörtner, Boal).

Intentionen und Kreativität

Grundsätzlich muß in der Diskussion um Animationstheater berücksichtigt werden, daß die Intentionen der Macher jeweils Schwerpunkte innerhalb ihrer Arbeit setzen. Diese Intentionen gehören verschiedenen Ebenen an, sie sind mehrdimensional und vielfältig. Wir können sie bezeichnen als:

1. Die gesellschaftliche Dimension

2. Die individuell-persönliche (auch psychologische) Dimension

3. Die künstlerisch-ästhetische Dimension

Kreativität ist dabei in allen drei Dimensionen nicht nur wünschenswert, sondern notwendig. Ich beobachte aber, daß es eine unterschiedliche Wertschätzung innerhalb der Kreativität gibt. Der künstlerisch-kreative Mensch genießt dabei den Superlativ. Das liegt für mich daran, daß im gesellschaftlichen, politischen, technischen und wissenschaftlichen Bereich schneller Grenzen und Gefahren kreativer Entwicklung existieren, während der Kunst "Narrenfreiheit" zugesprochen wird und sie in einem gesellschaftlichen Schonraum lebt.

Zwar vermag eine Skulptur Vostells noch Bürgerinitiativen ins Leben zu rufen, deren Ziel die Beseitigung dieses kreativen Produktes ist, aber eine ernstzunehmende Gefahr geht von dieser Skulptur doch nicht aus, während die kreative Entwicklung und Forschung im gentechnologischen Bereich eine ernstzunehmende Gefahr darstellt.

Die Differenziertheit, mit der Kreativität in den genannten Bereichen betrachtet werden muß, rechtfertigt jedoch nicht die überhöhte Stellung der künstlerischen Kreativität.Jeweils alle Konzeptionen, die hier diskutiert werden, beinhalten diese drei Dimensionen, gewichten sie aber in ihrer Arbeit unterschiedlich stark. Dementsprechend ist ein Vergleich, der dies nicht berücksichtigt, notwendig ungenau. Aus diesem Grunde gehe ich hier von den Intentionen der einzelnen Konzepte aus.

Beispiele

Vorbemerkung: Mir geht es hier nicht um Didaktik; ich will nur darauf hinweisen, daß unterschiedliche Mitspieler mit unterschiedlichen Verhaltensweisen unterschiedliche Schwierigkeiten haben: Ob es für jemanden einfacher ist, mit einer Maske zu spielen oder einen Gegenstand darzustellen oder verbal zu einem Thema Stellung zu beziehen oder eine Beobachtung in Worte zu fassen, hängt immer von der einzelnen Person ab.

Ich werde mich in der Darstellung neben dem Konzept des Totalen Theaters insbesondere beschränken auf die Ansätze von Augusto Boal und Paul Pörtner, da Gitta Martens neben Moreno insbesondere diese beiden Konzeptionen anführt.

Paul Pörtner und seine "Mitspiele"

Pörtner wählt eine unspektakuläre Bezeichnung, die sich primär auf die Form bezieht. Er entwickelte seine Mitspiel-Form für das traditionelle Erwachsenen-Publikum zu einer Zeit, als in Deutschland die Diskussion um die Re-Aktivierung, die Re-Animation des Publikums noch lange nicht entbrannt war, wie etwa im Zusammenhang der 60er Bewegung (siehe ausführlicher dazu in seinem Buch "Spontanes Theater").

Pörtner wollte " ...eine Veränderung des Publikumsverhaltens vom rezeptiven Zuschauen und Zuhören, von der Erwartung von der Bühne herab etwas geboten zu bekommen, zu einem aktiven Mitwirken in definierten Rollen, eine Beteiligung an den Bühnengeschehnissen, die bis zum Mitspielen auf der Bühne sich erstrekken kann," bewirken (S. 61).

Die Uraufführung seines ersten Mitspiels "Scherenschnitt" fand 1963 in Ulm statt; dabei bediente er sich der Technik des Kriminalstücks. Zahlreiche Versuche folgten (s.S. 61-82). Sein Ziel des Mitspiels war: "Kommunikation aller Beteiligten zu verwirklichen.

Das Theater soll nicht nur Ort der Handlung sein, sondern zum "Ort der Verhandlung" werden" (S. 82).

Es geht Pörtner nicht darum, "...Emotionen freizusetzen, Klischees zu produzieren, beliebige Verhaltensweisen zu provozieren, sondern kontrollierbare Situationen genau und in ständigem Durchblick auf die Realitätserfahrung zur Sprache und zum Ausdruck zu bringen" (S. 81). Ein Fernziel ist auch, "Kreativität aller Beteiligten zu erwecken" (S. 82).

Augusto Boal und sein "Theater der Unterdrückten"

Boal entwickelte seine Volkstheatertechniken in Lateinamerika (Ende der 60er bis Mitte der 70er Jahre). Auf dem Hintergrund der dortigen politischen Unterdrückungssituation sind sie zu verstehen (siehe ausführlicher dazu Boal, Theater der Unterdrückten).

Das Forumtheater ist dabei die Form, die das Publikum am intensivsten mit einbezieht. Der Begriff bezeichnet (lat.) ja auch den Platz, der (im alten Rom) bestimmt war für den Marktverkehr, die Rechtspflege und die Volksversammlung.

Für Boal gibt es "...keinen entscheidenden Unterschied zwischen Leben und Theater ... Der einzige Unterschied ist, daß das Spiel einer Rolle "draußen" eher unbewußt, jedoch auf der Bühne in höchstem Maße bewußt geschieht". (Jürgen Weintz, Gespräch mit A. Boal, LAG Berlin Info 18/1984). Theater ist für Boal Probe für die Wirklichkeit.

Damit sind wir auch schon bei den Grundsätzen von Boal. Es geht ihm darum, daß der Zuschauer, bisher Objekt, passives Wesen, zum handelnden Subjekt wird, das seine Realität verändert. "Der Zuschauer, der in einer Forumtheater-Sitzung fähig gewesen ist zu einem Akt der Befreiung, will diesen auch draußen, im Leben vollbringen, nicht nur in der fiktiven Realität des Theaters. Die "Probe bereitet ihn auf die Wirklichkeit vor" (S. 68 f).

Der Zuschauer handelt im Theater der Unterdrückten auf der Bühne zwar in einer fiktiven Situation, aber die Erfahrung ist konkret (vgl. S. 58), und diese Erfahrung weckt in ihm den Wunsch, das in die Wirklichkeit umzusetzen, was er im Theater geprobt hat. Kreativität entwickeln die Zuschauer, so Boal, weil sie wissen, daß es um ein konkretes, sie unmittelbar betreffendes Problem geht (vgl. S. 69).

Vergleichen wir: Pörtner möchte das Publikumsverhalten verändern (hin zur Aktion), die Kommunikation aller Beteiligten intensivieren und durch die Mitspiel-Form als politischem Theater die Zuschauer zu einem mündigen Staatsbürger erziehen. Die Kreativität der Beteiligten zu wecken, ist Fernziel.

Boals Zuschauer soll vom passiven Objekt zum handelnden Subjekt werden; vor allem soll er ermutigt und befähigt werden, in der Realität das umzusetzen, was er im Theater geprobt hat. Kreativität entwickeln die Zuschauer, weil sie wissen, daß es um ihre Probleme geht.

Gitta Martens und ihr "Totales Theater"

Gitta Martens stellt die Kreativität in den Mittelpunkt ihrer Konzeption. Den Begriff "Totales Theater" übernimmt sie von Moreno. Diese inhaltlich verständliche Entlehnung dürfte aber von den wenigsten auch mit Moreno assoziiert werden (auch von mir nicht), sondern ich denke, daß der Begriff durch die bekanntere historische Besetzung[1)] andere Erwartungen weckt.

Sie grenzt diese aber gleichzeitig sofort ein und begründet ihre Wahl, indem sie "Total" definiert "nicht wegen der Ansammlung von technischen Medien, sondern im Gegenteil, wegen der Freisetzung dieses riesigen Potentials spontaner Kreativität der Menschen im Spiel" (unveröffentl. Manuskript).

Grundlage der Konzeption des Totalen Theaters ist es, "die Funktionsteilung in Schauspieler, Regisseur und Zuschauer aufzuheben und damit jedem einzelnen die Möglichkeit zu geben, alle kreativen Potentiale zu entfalten" (Hervorh. D.D.). Und: "Totales Theater möchte grundsätzlich mit Erfahrungsräumen konfrontieren, die Erlebnis aus erster Hand garantieren und die Chancen einräumen, sich selbst in unbekannten Rollen auf neue Art und Weise kennenzulernen".

Gitta Martens möchte den Zuschauern dadurch freiere Räume zur Entfaltung ihrer Kreativität geben, daß sie ihnen möglichst wenig (z.B. thematisch) vorgibt, sondern äußere Regeln anbietet, die die Zuschauer mit ihren Ideen und Wünschen füllen können. Diese Regeln werden weitgehend bestimmt durch ästhetische Formen (das Darstellen eines Gegenstandes, mit einer Maske spielen etc.).

Vergleichen wir noch einmal: Lagen bei Pörtner und Boal die Intentionen mehr im Bereich der gesellschaftlichen Dimensionen, der politischen Kompetenz und Animation (wobei Pörtner eher formal-politisch und Boal eher inhaltlich-politisch gewichtet), liegen die Intentionen bei Martens vielfach auf der ästhetischkünstlerischen Dimension, der Animation von unzensierter Kreativität. Benennt Martens also, daß die spielerisch-ästhetische Dimension bei Pörtner und Boal (notwendig) zu kurz kommt, füllt sie diese Lücke ausgiebig, setzt aber gleichzeitig eine neue (das weitgehende Fehlen der gesellschaftlichen Dimension).

Die individuell-persönliche Dimension wird bei allen drei Konzeptionen gefördert; es bedeutet für alle Mit-Spieler/innen, Angst überwunden, Mut aufgebracht und neue Erfahrungen gesammelt zu haben. Aber: Im Konzept des Totalen Theaters von Gitta Martens stecken auch andere wichtige Möglichkeiten für den Zuschauer. Nur: Unter dem Blick durch die Brille "Kreativität" geraten diese Aspekte aus dem Gesichtsfeld.

Neben dem Schwerpunkt auf der künstlerisch-ästhetischen liegt die Bedeutung auch auf der individuell-persönlichen Dimension: - Die radikale Auflösung starrer Konventionen zu erleben, - sich im Spiel mit anderen zu erfahren; - vor allem: selber gespielt zu haben, spielen zu können. Das ermöglicht eine Erfahrung, die über eine inhaltliche Beteiligung und Auseinandersetzung hinausgeht.

Resümee

Ein Mann (aus dem normalen Abonnement-Publikum), der beispielsweise in dem Mitspiel "Scherenschnitt" von Pörtner aus seiner Reihe und von seinem Platz im traditionellen Theater aufsteht, nach vorne geht, auf die Bühne, und den Spielern und dem Publikum erklärt, zunächst verbal, daß der Friseur eine Schere in der Hand hatte, finster schaute und genau von dort kam, das dann vorspielt, achtet nicht auf die ästhetische Dimension (auch nicht die Zuschauer).

Es geht ihm nicht darum, möglichst toll zur künstlerischen Wirkung in einer Rolle zu gelangen, sondern einen Sachverhalt zu erklären. Dieser Sachverhalt nun ist gesellschaftlich nicht sehr bedeutend. So ist es auch bei Pörtner inhaltlich meist nicht um aktuelle gesellschaftliche Probleme gegangen, sondern sein Augenmark lag darin, daß der Zuschauer überhaupt all das oben Beschriebene durchführt, sich zu Wort meldet und damit "Formen der Politik" praktiziert (vgl. ausf. S. 81 f.). Anders bei Boal: Ihm geht es immer um die Inhalte, für ihn ist es wichtig, daß die Stücke die jeweilige Problematik der Zuschauer genau treffen, daß sich die Zuschauer inhaltlich angesprochen fühlen, daß ihre Probleme auf der Bühne verhandelt werden.

Da geht eine Frau auf die Bühne und zeigt, wie sie im Chefzimmer gegen die Überlegenheit des Chefs ankämpft. Aber auch für sie gilt wie bei Pörtner: Sie achtet weniger auf die ästhetische Qualität ihrer Darbietung, sondern es geht darum, inhaltlich zur Problemlösung beizutragen. Im Vordergrund steht die Kommunikation der Beteiligten über das Thema.

In beiden Fällen brauchen die Teilnehmer kreative Kompetenzen, sie müssen sich darstellen, äußern, etwas beschreiben etc. Sie brauchen allerdings weniger künstlerisch-kreative Kompetenzen, das Wie ihrer Darstellung ist nicht bedeutend.

Noch anders bei Gitta Martens: Ein Mann und eine Frau gehen auf die Spielfläche (die nicht erhöht ist!), wählen sich Masken aus, setzen diese auf und beginnen ein Spiel. Vielleicht steht die Frau sicher und breitbeinig da, die Männer schleichen am Rand der Spielfläche ...? Dabei müssen die Spieler daran denken, daß durch die schützende und verfremdende Maske ihr Körperspiel klar sein sollte.

Die Zuschauer sollen verstehen, was gezeigt wird. Die ästhetische Qualität ist wichtig, die Kreativität sollte eine künstlerische Form erhalten. Darüberhinaus aber haben die "Zuschauer" nach anfänglicher Animation der Spielleiter den Verlauf und Erfolg des Abends allein (der Entdeckung) ihrer Spielfähigkeit zu verdanken. Damit haben sie ein hohes Maß an eigener Gestaltungsmöglichkeit.

1) Bei W. Gropius und E. Piscator bezeichnete Totaltheater eher eine Architekturform; totales Theater ging von der Idee "... der Entfesselung der gesamten darstellenden Künste (Gesamtkunstwerk)" aus (Carl Wege, im Theaterlexikon, S. 1004). Auch Moholy-Nagy spricht vom "Theater der Totalität", meint aber auch eher das Zusammenfügen von Licht, Raum, Fläche, Form, Bewegung, Ton und Mensch zu einem Organismus (vgl. Moholy-Nagy, Theater im 20. Jh., S. 154 ff.).

Das individuelle Rollenspektrum als Selbst- und Spielerfahrung

Birgit Klosterkötter-Prisor

Theater: Spiegel unserer Welt, Zerrbild oder Wunschbild? Ohne den Schauspieler, der in unterschiedlichsten Rollen "diese Bretter der Bühne" zur Welt macht, ist Theater undenkbar. Um eine Rolle zum Leben zu erwecken, bedarf es eines Menschen, der sich zunächst ganz, mit Körper, Geist und Seele in sie hineinversetzt, um dann wiederum von ihr zurückzutreten.

Diese nachfolgende Distanzierung des Rollenspielers von seiner übernommenen Rolle hat mehrere Gründe: Sie ist notwendig für den Spieler, um die Spannung zwischen ihm als wirklicher Person und ihm als Kunstfigur fruchtbar zu erleben, und sie ist notwendig, um das Spielen einer Rolle glaubhaft gestalten und wiederholbar machen zu können.

Aus der Perspektive einer(s) Theaterpädagogen(in) darf und muß das Augenmerk neben der künstlerischen Arbeit an der Rolle, am Stück, stärker als beim Regisseur auf das Individuum des jeweiligen Spielers, auf die besonderen Bedingungen der spielenden Gruppe gerichtet sein. Hier ist die lange Auseinandersetzung zwischen "Theaterprofis" einerseits und Theaterpädagogen andererseits um die Frage der Ansiedlung von "Theater zwischen Prozeß und/oder Produkt" zu nennen.

Eine Klärung und Abgrenzung auf beiden Seiten war notwendig, um sowohl die Unterschiedlichkeit der jeweiligen Theateraufträge deutlicher wahrnehmen als auch Gemeinsamkeiten erkennen zu können. So ist der folgende von mir an der Akademie Remscheid entwickelte Rollenspielansatz in meiner Auseinandersetzung mit der schauspielerischen Arbeit von Prof. Heinz Schlage von der Hochschule für Musik und Theater in Hannover erwachsen.

Zur Entwicklung des individuellen Rollenspektrums als Typ- Gegentyp-Modell

Die Signale unserer Körpersprache ("body-reading")

Der hier entwickelte Ansatz der Rollenfindung trägt einer nicht zu übersehenden derzeitigen Entwicklung zu größerem Körperbewußtsein Rechnung, die sich in besonderer Weise in Kunst und Therapie niederschlägt. Körperorientierte Methoden wie Bioenergetik, Gestalttherapie, "Rolfing", und viele andere versuchen mit unterschiedlichen Akzenten die "stumme Sprache" des menschlichen Körpers zu entziffern.

In ähnlicher Weise wie sich das Interesse der therapeutischen Praxis verlagert hat, fort von der rein verbalen Erarbeitung in Richtung Handeln und Tun, hat sich auch die Theaterpraxis stärker als zuvor auf körperlich Erfahrbares ausgerichtet.

So entwickelte der Pole Grotowski mit seinen Schülern ein Körperalphabet, bestehend aus einer Anzahl von "Buchstaben", die aus Bewegungsimprovisationen entstanden und zu einem Kanon exakt festgelegter Köperetüden wurden, auf die sich die Spieler bei der Texterarbeitung und Inszenierung beziehen können.

Wenn es zutrifft, daß Körper sich stillschweigend einander mitteilen und aussagen können "wer, was, wo, wie der jeweils in dem Körper Wohnende ist, war und sein wird," (John C. Lilly) so stellt sich für mich als Theaterpädagogin und Darstellerin die Aufgabe, diese subtilen Botschaften jenseits der gesprochenen Sprache deutlich wahrzunehmen und die Wahrnehmungsfähigkeit anderen weiterzuvermitteln.

Die Nutzung dieser subtilen Aussagen der Körpersprache ist für das Theater seit jeher existenziell und wird es bleiben. Worum es hier geht, ist der Versuch der Entwicklung eines systematischen Ansatzes, die aus den körperorientierten Disziplinen erwachsenen Erkenntnisse für die Rollenfindung und - entwicklung in meiner Theaterarbeit fruchtbar zu machen.

Das "Typ-Gegentyp"-Modell

Kernstück meiner mehrjährigen Theaterfortbildung in der Akademie Remscheid ist die Arbeit am Typ-Gegentyp-Modell sowie an der Typisierung eines jeden einzelnen. Dabei wird davon ausgegangen, daß man nur dasjenige lebendig und überzeugend spielen kann, das man in sich erfahren hat.

So steht bei der von mir entwickelten Typenfindung zunächst einmal der Spieler mit seinem aus seinem Eigentypus erwachsenen Rollenspektrum als Individuum im Mittelpunkt. Dieses Spektrum an möglichen Rollen trägt jeder Mensch individuell unterschiedlich geartet in sich. Es stellt aber in den meisten Fällen nicht nur die bereits realisierbaren Rollen eines jeden dar, sondern die Vielzahl und Widersprüchlichkeit seiner sowohl vergangenen als auch noch nicht ausgelebten möglichen Rollen. Es ist nicht als ein starres, unveränderbares, sondern vielmehr als dynamisches Spektrum zu sehen.

Beispiele:

Nach der soziologischen Rollentheorie spielt ein jeder von uns eine Vielzahl von unterschiedlichen, teils widersprüchlichen Rollen in seinem Leben. Nehmen wir als Beispiel dieses Spektrums einer Person ihre Rolle "Mutter". Wie wir am unten aufgezeigten Beispiel 1 erkennen, stellen die mit der Rolle "Mutter" verbundenen Rollensektoren die Rollensender dar, die jeweils andersartige Erwartungen an die Person "Mutter" haben. Dies kann zu Rollenkonflikten führen, bei der die Person "Mutter" sich in ganz individueller Weise diesen Erwartungen anpassen kann oder nicht. Das beinhaltet einen Spielraum bei der jeweiligen Rollengestaltung.

1.) Rolle und Position einer wirklichen Person. Konkretisiertes Beispiel aus der soziologischen Rollentheorie:

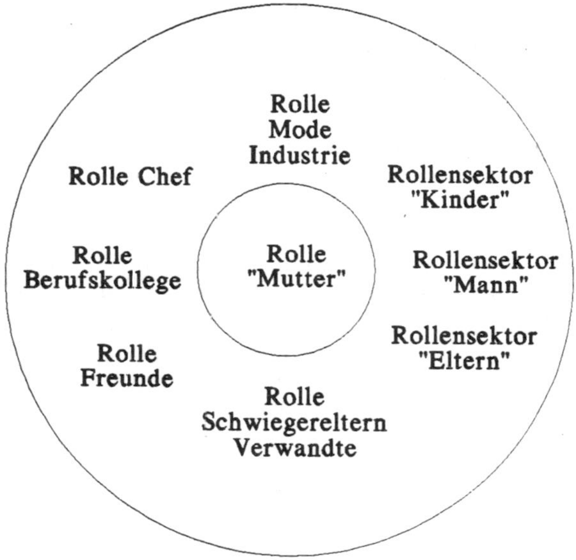

Dieses aus der soziologischen Rollentheorie entwickelte Denkmodell liegt dem von mir hier vorgestellten Ansatz der Typisierung und Rollenfindung zugrunde. **Dabei möchte ich die These aufstellen, daß sich dieses Spektrum an Rollen einer wirklichen Person weitgehend allein durch eine sensible Wahrnehmung seiner Körpersprache erkennen läßt!**

Die im Verlaufe von mehreren Jahren während meiner Theaterarbeit gesammelten Erfahrungen ermutigen mich zu dieser Behauptung.

Anlaß zu einer solchen Arbeit der individuellen Rollenfindung boten mir meine Beobachtungen an Laienspielern, ihre Ängste und Unsicherheiten in bezug auf das Spielen ihrer "eigenen Rollen". Da für viele Spielanfänger Theaterspiel wesentlich auf ein Auswendiglernen und Spielen vorgegebener Rollen ausgerichtet ist, sehe ich von meinem eigenen theaterpädagogischen Anspruch her meine Aufgabe zunächst darin, die Voraussetzungen zum Spielen zu schaffen, das bedeutet, das persönlich Erleb- und Erfahrbare bewußt zu machen, um es für die Gestaltung produktiv nutzen zu können.

2.) Rollenspektrum der wirklichen Person

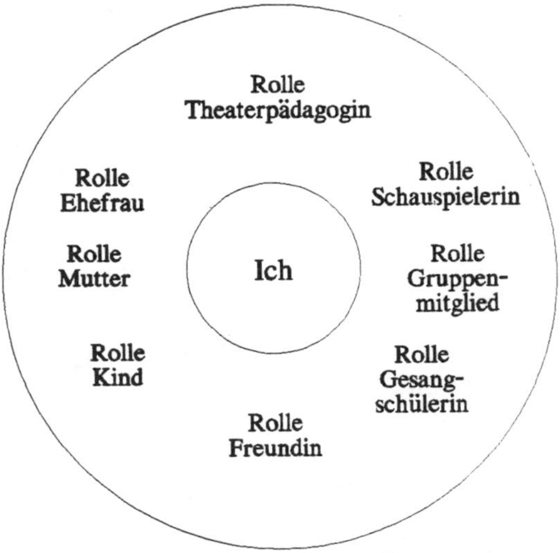

Das folgende Beispiel 2 des Rollenspektrums einer wirklichen Person ("Ich") stellt die tatsächlichen Rollen einer Teilnehmerin einer Theaterfortbildung dar, während Beispiel 3 das Rollenspektrum derselben Person als Kunstfigur darstellt, d.h. nicht ihre tatsächlichen Rollen, sondern solche, die ihr mit Hilfe der Beobachtung ihrer Körpersprache durch die anderen Gruppenmitglieder zugeschrieben wurden.

3.) Rollenspektrum der Kunstfigur

(Zugeschriebene, beobachtete mögliche Rollen derselben Spielerin der Gruppe)

Interessant ist an diesem Beispiel, daß durch Beobachtung der Körpersprache eines Menschen nicht unbedingt immer die tatsächlichen Rollen des einzelnen symbolisch anderen Menschen übermittelt werden, sondern häufig gerade versteckte oder vielleicht alte, bereits abgelegte, nicht gewünschte oder auch ersehnte Wunschrollen durch unsere Körpersprache ausgedrückt werden.

Diese symbolische Übermittlung vollzieht sich meistens unbewußt. Wir zeigen durch unsere Körperhaltung, unseren Gang, unsere Art zu sprechen, unseren Körperbau, unsere Kleidung, unsere Umgebung an, wer wir sind, bzw. sein möchten. Die anderen nehmen uns mit diesen Symbolen wahr und ordnen uns in ihre bekannten Rollensysteme ein.

Innerhalb dieses Rollenspektrums lassen sich nun sowohl sich entsprechende oder ergänzende Rollen als auch sich widersprechende nennen. Diese sich entsprechenden Rollen sollen hier unter der Bezeichnung "Typ" zusammengefaßt werden. So kann jemand aufgrund des benannten Rollenspektrums den anderen den Typ "extravagante Erfolgsfrau" symbolisch durch seine Körpersprache vermitteln. Zu dieser Bezeichnung werden dann ähnliche Bezeichnungen und Rollen dieses Spektrums passen wie z.B. "Pianistin" oder auch "Commander eines Raumschiffes". Im Widerspruch dazu gehören zum Rollenspektrum des einzelnen aber auch gegentypische Rollen wie z.B. "einsames Mädchen" oder "verlegenes Kind" oder "schwangere, ergebene Frau".

Als gegentypisch werden hier nicht die außerhalb des Rollenspektrums liegenden Rollen bezeichnet, sondern die dem dominant, typisch erscheinenen Rollen widersprechenden.

Absicht dieser Arbeit am "Typ-Gegentyp-Modell" ist es:

a) jedem Spieler Informationen über die Wirkungen seiner Körpersprache sowie

b) über dieses Sich-Selbstbewußtwerden hinaus Hilfen zur Rollenfindung und -gestaltung zu geben.

Die Neutralmaskenübung als Mittel zur Wahrnehmung des Rollenspektrums der Kunstfigur und als Möglichkeit der individuellen Rollenfindung

Der Protagonist setzt sich eine seinem Geschlecht entsprechende Neutralmaske auf und nimmt mit der Anweisung, sich in einer für ihn bequemen Haltung auf den Stuhl zu setzen, Platz.

3 Hilfs-Ichs setzen sich schräg von ihm (jeweils mit einer Neutralmaske) auf je einen Stuhl.

Hilfs-Ich Hilfs-Ich Hilfs-Ich

Protagonist

Beobachter

Während der Protagonist (P) cirka 20 Minuten lang in derselben von ihm gewählten Sitzhaltung bewegungslos verharrt, versuchen die Beobachter seine Körpersprache intensiv wahrzunehmen und Assoziationen dazu abzugeben, z.B. (Teil a) mögliche Berufe, Vorlieben, Alter, soziale Stellung, Zustand, Umfeld. Die 3 Hilfs-Ichs versuchen jeweils unabhängig voneinander die gerade genannte Assoziation in einer Sitzhaltung (mit Neutralmaske vor dem Gesicht) darzustellen. Der Hilfseffekt ist der, daß die Beobachter durch die 3 Hilfs-Ichs ständig eine Rückkoppelung und Korrektur ihrer Zurufe erfahren, um so eine immer genauere und stimmigere Assoziation zur Körpersprache des Protagonisten machen zu können.

Beispiel-Auszug

(vgl.: Beispiel 3 "Rollenspektrum der Kunstfigur")

a) **Assoziationen**
eine Außerirdische, die gerade gelandet ist,
Kommander eines Raumschiffes,
etwas von Mozart,
in einer Sache außergewöhnlich begabt,
Pianistin im Oberkörper,
Zitherspielerin,
Disziplin über dem Stuhl,
Stadtkind,
Tochter aus gutem Hause,
Lieblingskind des strengen Vaters,
Clown,
fröhlicher Charakter,
gelernt, sich über Regeln hinwegzusetzen,
Pippi Langstrumpf,
schwangere ergebene Frau,
verlegenes 12jähriges Mädchen mit guten Noten,
verlorenes Kind

b) **Körperhaltung**
Oberkörper: symmetrisch, fest, männlicher, gerade aufgerichtet
Unterkörper: locker, verspielte Fußhaltung, weibliches Becken
linke Seite: verspielt, locker, geerdete Fußstellung
rechte Seite: nicht verspielt, zurückgezogen, angespannt, rechte Ferse schwebt
Proportionen: Arme, Gliedmaßen zart, Becken dominant, Kopf in guter Relation zum Körper

Nach dieser sorgfältigen Beobachtungsarbeit löst der Protagonist seine Sitzhaltung auf und nimmt selbst Stellung zu dem Gesagten. Er bestätigt oder negiert, was er gehört hat und gibt seine eigenen Kommentare ab.

Fragen, die auftauchen, sind: "An welcher Stelle im Körper des Protagonisten hat du die Assoziation 'Musterschülerin' festgemacht?" "Der aufgerichtete Oberkörper in Verbindung mit der gesetzten Fingerhaltung... usw." Das genaue Hinsehen und das Festmachen von Assoziationen in der Körpersprache, auch in der Sprache von Details ist dabei wichtig.

Wenn das Auge nun langsam sensibler wird für die stumme Sprache des Körpers, lassen sich auch Rollen klarer entwickeln, und der Körperausdruck wird bewußter und sicherer eingesetzt.

Methoden zur Entwicklung einer individuellen Rolle aus dem Rollenspektrum

Im folgenden suchen sich die Spieler nun aus dem ihnen gerade genannen Spektrum eine Rolle, die ihnen wichtig ist und versuchen, sie sich in der Phantasie genauer vorzustellen. Der Spielleiter gibt einige Kriterien als Hilfestellung an für die Rollenfindung, zu denen jeweils spontan zu der ausgewählten Rolle assoziiert und improvisiert werden soll:

Kriterien

Gangart, Schritte, Bewegungsrhythmus, Haltung (Kopf, Oberkörper, Beine...) Temperament, Farbe, Musik, Lebensmotto, dynamischer Schwerpunkt, was wäre er als Tier, als Pflanze, welche Tages-, Jahreszeit, welches Wetter paßt zu ihm, welches Geräusch, welche Melodie...

Nachdem jede(r) genügend Zeit hatte, frei im Raum die gegebenen Impulse körpersprachlich auszudrücken und auszuprobieren und so eine Art "Programm" für die ausgesuchte Rolle zu erarbeiten, geht es nun um die Überprüfung im Detail.

Stuhl-Übung mit Neutralmaske

Die Rolle wird nun von den Spielern jeweils im Zeitlupentempo in Bewegung gesetzt. Die Übung lautet: "Bewege dich in Zeitlupe mit Neutralmaske in deiner Rolle auf den Stuhl zu und setze dich darauf! Unterbrich den Bewegungsfluß immer, bevor du eine neue Bewegungsabsicht im Kopf hast. Halte inne, friere die Bewegung ein und kontrolliere deine Körperhaltung. Stimmt sie mit dem überein, was du ausdrücken willst? Zergliedere so deinen Bewegungsablauf in kleine Einheiten, halte inne, wende deinen Kopf kurz mit dem Gesicht zum Zuschauer (Toc) und fahre dann in Zeitlupe in deinem Bewegungsfluß fort bis zum nächsten 'Toc'!"

Durch das Hinwenden der Maske zum Publikum wird der rationale Prozeß des Zergliederns für den Spieler klarer, für den Zuschauer bedeutet es ein Zeigen: Seht her, das tue ich nun! Der Spieler tritt dabei für Sekunden aus seiner Rolle heraus, obgleich er seine Körperhaltung insgesamt nicht verändert.

Begegnung zweier Masken

Zwei Spieler (A und B) bewegen sich mit Neutralmasken in ihren Rollen im Zeitlupentempo aufeinander zu. Nach jeder Bewegung von A friert A ein (Toc) und wartet auf die Bewegungsreaktion von B (Toc). Darauf reagiert wiederum A (Toc) usw... Auf diese Weise entsteht eine äußerst exakte, sensible Kommunikation im "Zug- um-Zug-Verfahren", die leicht zu rekonstruieren und zu kontrollieren ist. Den Spielern werden feinste Bewegungsimpulse bewußt, und sie lernen, sich körpersprachlich genau zu überprüfen. Die Begegnung zweier Masken kann als Geschichte mit einem Höhepunkt und einem Ende angelegt werden.

Szenen mit mehreren Neutralmasken

Nach dem gleichen Prinzip lassen sich nun auch größere Szenen anlegen. Das Prinzip des "Zug-um-Zug" zunächst in Zeitlupe bleibt erhalten. Durch die größere Anzahl an Rollen nehmen Komplexität und Anforderungen an die sensible Wahrnehmung zu. Neue Bewegungsimpulse entstehen auch hier durch aufmerksames Agieren und Reagieren wie von selber.

Nach diesen ersten, im Zeitlupentempo angelegten Übungen zur Rollenentwicklung können die Neutralmasken zur Seite gelegt werden. Der weiteren Rollenarbeit dienen diese Vorübungen als entscheidende Arbeitsbasis.

Kreative Weiterentwicklung des Rollenspielansatzes durch die Teilnehmer

Im Verlauf der weiteren Arbeit beschäftigten sich die Teilnehmer zu Hause weiter mit ihrem jeweiligen Rollenspektrum. Sie stellten Skizzen ihres Spektrums graphisch dar. Von einem ausgesuchten Typen ihres jeweiligen Spektrums wurde in folgender Phase ein **"Seelenbild"** gemalt. Diese farbigen Bilder animierten die Teilnehmer untereinander so sehr, daß sie im Anschluß an ein ausführliches Betrachten der Bilder ihre jeweiligen Assoziationen zu den Bildern der anderen auf kleine Zettel notierten. Diese legten sie verdeckt unter das jeweilige "Seelenbild". So erhielt jeder Teilnehmer eine Fülle von Assoziationen. Mit diesen Sätzen und Wörtern schrieb jeder nun sein **Gedicht** zu seinem eigenen "Seelenbild". Zwei Beispiele drucken wir hier ab.

"Energie"
eine Nuß, die sich öffnet
langsam, aber voller Kraft,
ein Vulkan im Ausbruch,
eine Blume,
Kraft und Gewalt unter der blumigen Oberfläche,
eine sich öffnende Frucht,
eine platzende Samenkapsel,
eine Muschel,
etwas kommt zum Platzen,
power alles kommt aus dem Bauch

Wieder habe ich von dir geträumt
Mohnblüte
berauscht von der Farbe und dem Duft des Orients
seh' ich Sterne im Gras glitzern
weich laß' ich mich fallen...
bis zum Grund der Nacht.

Die in diesem Prozeß entstandenen Gedichte zeigten eine solche Kraft und Intensität, daß die Vorstellungen für den Bau von Masken unmittelbar in den nachfolgenden Prozeß der Maskenherstellung einmünden konnten. Die so geschaffenen **Masken** stellten **"Vertypisierungen" des jeweiligen Bild-Gedichtes** dar. Dabei wurden bildnerische Aussagen in literarische und diese wiederum in bildnerisch-darstellende Aussagen transponiert. Mit dem Aufsetzen der Maske ging es ans **Maskenspielen.**

Die gefundenen passenden Bewegungen zur Maske wurden immer weiter ausdifferenziert. Es entstanden auch Phantasie-Geschichten zur jeweiligen Maske. Die Maske erhielt einen Namen. Schließlich waren neue "Wesen" durch die Masken geboren worden, mit denen sich auch Zwiegespräche führen ließen. Zwiegespräche zwischen dem jeweiligen Spieler als wirklicher Person und dem zur Maske erstarrten und geformten Typen, einer Kunstfigur aus dem Spektrum desselben Spielers.

Schluß

Meine Erfahrungen mit dem hier beschriebenen Ansatz gehen inzwischen auf eine Reihe von Jahren zurück, und es ist jedesmal erstaunlich, wie stimmig die Assoziationen der Beobachter von den Protagonisten erlebt werden. Die Spieler erleben sich so wechselseitig in ihrer ganzen Widersprüchlichkeit, begegnen sich in einer neuen Offenheit und gewinnen langsam den Mut, sich auch Rollen zu erarbeiten, die sie anfangs ablehnten oder sich nicht zutrauten.

Mein Arbeitsprinzip bei der Rollenfindung mit Anfängern ist dabei, sich zunächst Rollen zu wählen, die ihnen naheliegen, um dann im Laufe der Zeit auch zu den versteckten, ungeliebten, ersehnten, eher gegentypischen Rollen in ihrem jeweiligen Spektrum zu gelangen. Ziel ist es hier, die Spieler zum Erspielen möglichst vieler, auch widersprüchlicher Rollen in ihrem jeweiligen Spektrum zu führen. Gelingt dies nach einiger Zeit, so scheint es, als ob mit der Erweiterung des erspielten Rollenrepertoires auch eine innere Befreiung, eine größere Lockerung und Flexibilität des einzelnen einherginge.

Durch diese größere Offenheit im Verhalten der Spieler zueinander sowie sich selber gegenüber ergibt sich logischerweise neben der Erweiterung ihres wirklichen Rollenrepertoires auch eine dynamische Erweiterung des anfänglichen Rollenspektrums ihrer Kunstfiguren. So läßt sich dieses Spektrum nicht als ein geschlossener Kreis, sondern als eine Spirale mit aufsteigender Bewegungsrichtung verstehen. In dieser Konzeption begegnen sich **Therapie** und **Theaterpädagogik**.

Die mit diesem Aufsatz zur Diskussion gestellten Themen lassen sich wie folgt zusammenfassen:

1. Ist es richtig, davon auszugehen, daß sich das Spektrum an Rollen "einer wirklichen Person" weitgehend über seine Körpersprache wahrnehmen läßt?

2. Gibt es dieses Rollenspektrum überhaupt?

3. Sind professionell ausgebildete Schauspieler in der Lage, überzeugend Rollen zu spielen, die außerhalb ihres Spektrums liegen?

4. Wo ist die Nahtstelle zwischen Therapie und Theaterpädagogik? Wo überschneiden sie sich?

5. Kann es diese klare Abgrenzung überhaupt geben?

Thesen und Antithesen

zum Modell Typ - Antityp

Heinz Schlage

Personnages-Type

Der Begriff Personnages-Type wurde am Pariser Théâtre du Soleil von Ariane Mnouchkine und ihren Schauspielern während der zweijährigen Entwicklung des Spektakels "L'age d'or" geprägt. Es gab für diese Produktion keinen Autor, vielmehr war jeder Schauspieler selbst Autor, der eine eigene Figur und mit dieser Figur Situationen und Szenen aus der gesellschaftlichen Wirklichkeit in Frankreich um 1970 entwickelte und gestaltete. Man wollte nicht etwas *über* diese Wirklichkeit sagen, sondern die Truppe wollte durch Improvisationen und Spielszenen und durch Gespräche mit Betroffenen die Erfahrungen von Arbeitern und algerischen Gastarbeitern nacherlebbar und darstellend erklärbar machen. Am 4. März 1975 brachte man die bis dahin entstandenen Ergebnisse als "ersten Versuch" heraus, der sofort als das bedeutendste Theaterereignis des Jahres und als ein weiterer wegweisender Schritt dieser Truppe zur Veränderung heutiger Theaterarbeit gewertet wurde.

Tatsächlich sind von dieser Arbeit wesentliche Impulse ausgegangen, nicht nur der neue Begriff sondern mit ihm die Umwälzung der Fragen nach der Annäherungsmöglichkeit theatralischer Arbeit an die Realität heute. Grundlage der kollektiven Arbeitsweise dieser Truppe war schon bei den beiden vorangegangenen Produktionen der Annäherung an die französische Revolution, "1789" und "1793", die Improvisation gewesen, und damit der Bruch mit der traditionellen Inszenierungsweise am Theater. "Wir blieben der Improvisation treu, weil wir keine andere Möglichkeit sahen, der 'Realität' beizukommen", erzählt Ariane Mnouchkine. Die Arbeit mit Halbmaske, mit der man schon angefangen hatte, wurde beibehalten, die Typen der Commedia dell'arte wurden hinzugenommen, Clownstechniken und Techniken des Chinesischen Theaters. Denn man wollte die Wirklichkeit nicht nur naturalistisch abbilden müssen, sondern eine spielerische Distanz gewinnen, die es erlaubte, die Wirklichkeit darstellend erklärbar zu machen.

"... diese Darstellungsweisen werden als Funktion bestimmter kultureller Handlungen der Menschen gesehen, die eine Gesellschaft bestimmen, sie sind eben keine naturgegebenen geheimen Fähigkeiten, die von anderen nicht durchschaubar sind; sie sind vielmehr Ausdruck eines ganz konkreten gesellschaftlichen Prozesses zur Bewältigung der Realität in einer bestimmten gesellschaftlichen Situation."[1)]

In diesem Bewußtsein gingen die Schauspieler daran, jeder für sich eine theatralische Kunstfigur, einen Clown, einen Typ in Anlehnung an die Typen der Commedia dell'arte zu entwickeln, der oder die es ihnen ermöglichte, "von dieser unserer beengten und komplexen Welt eine klare und bereichernde Vorstellung zu geben", nicht in naturalistischer Bebilderung stecken zu bleiben, die nichts erhellt, sondern sie fähig zu machen, "unter gleichzeitigem Gebrauch ihres Körpers und ihrer Stimme die Komödie unserer Zeit zu schreiben, ohne Ende und täglich neu zu beginnen."[2)]

Und Ariane Mnouchkine erläutert weiter: "Improvisation besagt hiernach, daß es nicht *den* Kapitalisten, *den* Araber, *den* Bullen gibt. Es ist vielmehr die Aufgabe, aufzuspüren im Ausprobieren, wie ein Mensch unter ganz bestimmten Bedingungen und mit einem ganz bestimmten Erlebnis als Bulle agiert und das dann auch zu akzeptieren (hier wird erst so etwas wie Wahrheit evident: nicht die Meinung über einen Bullen ist relevant, sonder der Vorgang des Handlungsvollzuges in der Situation macht ihn erst sichtbar, was durch die Improvisation einsehbar und in der Darstellung erklärbar gemacht werden muß: wie stellt der Bulle sich im Handlungsvollzug seines Alltags wirlich dar). Bei einem solchen Vorgang merkt man dann, daß in eine derartige Figuren-Type (personnages-type) eine ganze Menge anderer Figuren

Eingang finden, z. B. ein Gefängniswärter, ein kleiner Vorarbeiter. Bei uns heißt nun so eine Figuren-Type "Max", der gestern Vorarbeiter und Gefängniswärter war. Bullen an sich gibt es nicht, Kapitalisten an sich: das bringt nichts und lehrt dich eigentlich nichts weiter als: Bullen sind böse, der Kapitalist unterdrückt usw. Aber warum und wie? Das zeigt man uns z.B. im modernen militanten Theater nicht. Die Sachen werden dort gesagt, aber nicht gespielt."[3)]

So entstand, vor allem in der Beschäftigung mit den Typen der Commedia dell'arte, für die entwickelten Figurenträger der Begriff der Personnages-Type. Auch in der Commedia waren z.B. der Pantalone, der Dottore, der Capitano zeitgenössische Grundtypen, die man im schnellen Wechsel der Tagesaktualitäten als verschiedene Personen, aber mit ähnlicher Grundhaltung, in Sketchen auf dem Markt oder an der Straßenecke auftreten lassen konnte, um treffende Abbilder von den alltäglichen Mißständen, nicht zuletzt unter der spanischen Besatzung, geben zu können.

So wie die Commedia-Typen entstanden sind aus einer Mischung auffallender Verhaltensmerkmale von Zeitgenossen (Capitano z.B. von Besatzungsoffizieren, Dottore von Verwaltungs- und Gerichtsbürokraten) und deren Nachahmung, Fixierung und Entwicklung durch einen geschickten Gaukler, der dem so entstandenen Typ das Besondere seiner eigenen Erscheinung gab - die Narren trugen außerdem noch Kennzeichen ihrer Ursprungsheimat - so haben die Schauspieler des Théâtre du Soleil z.B. die Klischeevorstellung vom Kapitalisten und den Pantalone- Typ der Commedia hin und her gewendet, "zu Tode geritten, neu bestimmt und umgewandelt", bis ein Mitglied der Truppe eine neue Figur/personnage des Kapitalisten verkörperte (Figur als Funktion von Handlungen und Situationen, aus denen sie sich langsam entwickelt). So ist diese neue Figur "nicht mehr die Meinung über einen Kapitalisten, sondern eine Erfahrung auf Grund unserer eigenen Recherchen."[4)]

Diese Personnages-Type erwies sich auch als brauchbar, nicht nur einen Industriellen darzustellen, sondern sie funktionierte auch richtig als Politiker, Anwalt, Ideologe, also für unterschiedliche Personen mit ähnlicher typischer Grundhaltung im Verhalten und in dessen sichtbarem körperlichen und stimmlichen Ausdruck. Andere Personnages-Typen entstanden durch die Arbeit mit ausgesuchten Masken oder durch die Verwendung von Clownstechniken und Clownsnasen. Einige Typen entstanden mehrfach, der Harlequin z.B., unterschieden sich aber durch die Individualität des Spielers, der die Type entwickelt hatte, und wie er sie spielte.

Widersprüche

"Es ist eine große Vereinfachung, wenn man die Taten auf den Charakter und den Charakter auf die Taten abpaßt; die Widersprüche, welche Taten und Charaktere wirklicher Menschen aufweisen, lassen sich so nicht aufzeigen." B. Brecht[5)]

Es gibt Improvisationen, in denen die Spielenden, so aktionistisch oder auf leise, fast somnambule Weise reagierend, sich nicht zu entwickeln scheinen. Die Reaktionen verlaufen fast vorhersehbar. Oft sicher unbewußt, aus Ängstlichkeit oder einem verinnerlichten Normenbewußtsein, vermeiden die Spielenden überraschende Wendungen oder gar Brüche. Manchmal geraten sie tiefer und tiefer in eine Stimmung, aus der sie später, scheinbar bereichert, etwas verwirrt in die Wirklichkeit zurückkehren. Da ist selbst jeder Grundwiderspruch von realer und Phantasiewirklichkeit aus dem Bewußtsein verdrängt oder geschwunden, den jedes spielende Kind lebt, wenn es schnell wechselnd zwischen seiner Spielwirklichkeit und der Alltagswirklichkeit, den mütterlichen Ruf, zum Essen zu kommen, mit einem "ja, gleich!" beantwortet.

Und es gibt Improvisationen voller Überraschungen, in denen in fortschreitenden Handlungen die wechselseitigen Reaktionen ausprobiert und die Entstehung unvorhersehener Situationen als konkret akzeptiert werden. Stagnation des Handlungsprozesses ist dann weder ein Ausstieg aus der Spielsituation noch ein Einstieg in eine statische Zuständigkeit. Langeweile und Überdruß werden als konkrete und begründete Folgen wahrgenommen, deren Unerträglichkeit nur durch den Entschluß zu einem veränderten Handeln beendet werden kann. Widersprüche im Handeln und in den Entscheidungen können als Folge gerade jener vorhergegangenen Handlung, gerade dieses Menschen in diesen und nicht in anderen Verhältnissen wahrgenommen und akzeptiert werden. Das Übergehen der Gefühle in andere Gefühle entgegengesetzter Art ist Einfühlung und Kritik in einem. Brecht beschreibt diese Eigenart schauspielerischen Handelns: "Der Schauspieler beobachtet den Mitmenschen mit all seinen Muskeln und Nerven in einem Akt der Nachahmung, welcher zugleich ein Denkprozeß ist. Denn bei bloßer Nachahmung käme höchstens das Beobachtete heraus, was nicht genug ist, da das Original, was es aussagt, mit zu leiser Stimme aussagt."[6)]

Brecht fordert den Schauspieler dazu auf, sich mit dem bloßen Beobachten nicht zufrieden zu geben, sondern darüber zu staunen, daß es gerade so und nicht anders geschieht, und diese Fähigkeit zu staunen zu erlernen. Eben die immer vermiedene Frage zu stellen, warum Faust das Gretchen nicht geheiratet hat, und zu fragen, was dann anders verlaufen wäre, wenn Faust soziale Verantwortung nicht erst am Schluß des zweiten Teils der Tragödie übernommen hätte. Er fordert auf, den Widerspruch in der Figur zu suchen, ob der Geizige nicht auch weichherzig ist oder zumindest versucht, großherzig zu sein; auszuprobieren, nicht zur den Zorn zu spielen, sondern auch den Versuch, ihn zu beherrschen; nicht nur die Fahrigkeit der Betrunkenen zu zeigen, sondern ihre Versuche, nüchtern zu erscheinen. Aber all diese Aufforderungen zielen nicht auf eine gefällige Bereicherung der Abbildung wirklicher Menschen, sondern sie schließen eine utopische Hoffnung ein: "Da ist viel im Menschen, sagen wir, da kann viel aus ihm gemacht werden. Wie er ist, muß nicht bleiben; nicht nur, wie er ist, darf betrachtet werden, sondern auch, wie er sein könnte..."[7)]

Der Grundwiderspruch von fataler Realität und utopischer Phantasietätigkeit kann deprimierend sein. Aber wir wissen, daß die Dialektik dieses Widerspruches erst die volle Wirklichkeit ausmacht. In dieser Spannung kann auch der Grund für eine tiefe, starke Hoffnung liegen, unsere so zerstückelten und zerstörten Lebensumstände noch ändern zu können. So weit weg war Brecht mit seiner fröhlichen Aufforderung nicht von dem enormen Hoffnungspotential, das sich heute unter den Menschen in der Sowjetunion ausbreitet, und das vor allem von den Künstlern und Wissenschaftlern, also den konzeptionellen, schöpferischen Kräften in der Bevölkerung genährt wird.

Rollenübernahme und Rollenspiel

"Die Rollenübernahme spiegelt den Prozeß wider, mit dem ein Individuum allmählich in vorgeschriebene soziale Bahnen hineinwächst. Das bestätigt die Notwendigkeit des Rollenspiels zur Entfaltung des Selbst. Rollenspiele leiten sich nicht aus dem Selbst des Individuums her, jedoch die Selbstverwirklichung wird vom Rollenspiel getragen."[8)]

Der soziologische Begriff der Rolle ist dem Theater entlehnt: Auf einem aufgerollten Papier waren die Texte der jeweiligen Personen der Handlung aufgeschrieben, so daß der Schauspieler bei den Proben die gebrauchte Textstelle durch Weiterrollen bequem zur Hand haben konnte. Und so wie dort bezeichnet auch der soziologische Begriff ein genau beschriebenes, fest umrissenes, determiniertes Verhalten, das oft so unveränderbar erscheint, wie das von einem längst verstorbenen Autor für die von ihm geschriebene Bühnenfigur.

Unter Theatermachern wird mehr und mehr der Rollenbegriff für die Personen eines Theaterstückes vermieden, weil er in seiner soziologischen Verengung nicht erfaßt, was an Lebenserfahrung in den aufgeschriebenen szenischen Situationen aufbewahrt ist, und weil dem Schauspieler mit seinem Wunsch, die aufgeschriebene Rolle zum Leben zu erwecken und ihr zu ihrer eigenen Erfahrung bei der Darstellung auch seine eigenen Erfahrungen hinzuzufügen, eine Einengung der Bühnenfigur auf unser heutiges soziales Rollenrepertoire nicht genügen kann.

Im pädagogischen und therapeutischen Rollenspiel müssen dagegen die "Rollen" vor Spielbeginn verteilt werden, weil Rollenspiel die spielerische Adaption eines Ausschnittes der gesellschaftlich entwickelten Wirklichkeit ist. Daß dieses nicht die volle Wirklichkeit sein kann, daß zum Menschsein auch der Wunsch und die Fähigkeit zur Freiheit gehören, sich und sein Leben anders zu entwerfen und zu gestalten als in der eingeschränkten

Wahlfreiheit zwischen vorgegebenen sozialen Rollen, das hat den aus Wien stammenden Soziologen und Therapeuten Jacob L. Moreno dazu gebracht, die Begriffsreihe "role taking" - "role playing" um einen entscheidenden Begriff zu erweitern: "role creating".

Es ist sicher nicht zufällig, daß Moreno am Beginn seiner therapeutischen Arbeit auf ein künstlerisch-theatralisches Mittel zurückgriff (eines, das die spontanen, schöpferischen Kräfte freisetzt): Mit Kindern in Wiener Parks machte er Stegreifspiele und gründete ein Stegreiftheater für Erwachsene, bevor er in die USA emigrierte, wo er als Begründer der Gruppentherapie, des Psychodramas und der Soziometrie bekannt wurde.

"Moreno verbindet mit dem Begriff des "Rollenspiels", das dem Individuum eine gewisse Freiheit gewährt," berichtet sein Schüler Hilarion Petzold[9)], "den Begriff der "Rollenkreation", durch die der Person ein hohes Maß an Freiheit vermittelt wird. Er sieht Rollen und Rollenbeziehungen als die bedeutsamsten Entwicklungen innerhalb jeder spezifischen Kultur an. Er begründet seine Auffassung von der Spontaneität, indem er darauf hinweist, daß die fortschreitende technische Entwicklung eine erfolgreiche Einstellung auf die Pluralität des Umfeldes erfordert, was wiederum einen flexiblen, spontanen Aufbau der Persönlichkeit notwendig macht. Das Individuum strebt seinerseits danach, sehr viel mehr Rollen zu verkörpern, als sie das Leben bietet, andererseits aber auch den "Pflichtrollen" des Lebens zu entkommen."

Der schöpferischen Phantasietätigkeit des Menschen wird von Moreno der Rang zuerkannt, der ihr als die Fähigkeit des Menschen zukommt, seine Lebensumstände zu reflektieren und nicht nur die vorhandenen Lebensmöglichkeiten - wenn auch weitestgehend - zu repetieren, sondern eigene, andere Vorstellungen für sein menschenwürdiges Leben zu entwerfen.

"Den Baum lieben, bevor er analysiert wird." J.L. Moreno

Typ und Antityp

Die Entwicklung des Antityp in einer theatralischen Figur verdanke ich dem Pantomimen und Clown Jean Soubeyran, dem dieses logisch nicht faßbare Phänomen aus seiner eigenen Arbeit bekannt war. - In der Entwicklung und im Spiel mit großen Ausdrucksmasken waren wir der Konkretisierung unserer Phantasiefiguren schon recht nahe gekommen, Biografien waren entwickelt, das gestische Material aus Verhaltensweisen und Haltungen in situativen Erprobungen genauer und bekannter geworden. Eher zufällig probierte der Spieler einer aggressiven und bedrohlich- unheimlichen Maskenfigur statt ausladender einige die Haltung verkleinernde Bewegungen aus.

Die Beobachter wurden aufmerksam und forderten ihn auf, in dieser Richtung weiter zu probieren: es entstanden ein verschmitzter, listiger, fast lustiger Ausdruck der gesamten Maske, den der Spieler selbst wahrnahm und genußvoll weiterentwickelte, im Rücksprung zum ursprünglichen Typ und wieder in den neuen Ausdruck wechselnd, der ihm und den Beobachtern wie ein zweites Ich der ursprünglichen Figur erschien und wirkte. Da es sich um eine Phantasiefigur mit reichem mythologischen Hintergrund handelte, war eine psychologische oder soziologische Erklärung nicht möglich. Trotzdem gehörten der Typ und sein Antityp nicht nur für den Spieler zusammen. Auch in szenischen Situationen mit Partner wurden sie im Wechsel als Einheit empfunden, wenn sie im Wechsel sich zum gegenseitigen Vorteil oder auch Schaden ergänzten.

In der Entwicklung von Personnages-Typen erwies sich die freie Erprobung von Körperhaltungen und Gesten, die ganz offenbar nicht zu der entwickelten Personnage zu gehören schienen, ebenfalls als nützlich, um einen möglichen Antityp hervorzulokken, durch den Hintergrund hervortraten und Widersprüche in der Figur deutlicher wurden. Nicht jede Figur scheint übrigens einen Antityp zu enthalten - oder gibt ihn nicht preis. Jedenfalls läßt er sich durch Analyse nicht lösen, zu leicht verstrickt man sich in der Logik von schwarz-weiß und gut-böse. Durch Körpersprache, durch das Erproben von Gesten und Haltungen wird ein möglicher Antityp sichtbar und auch begreifbar.

Ganz offenbar hat dieser Antityp etwas zu tun mit Kräften in einer Person, die sich in den eigenen bedingten sozialen und psychologischen Verhaltensnormen nicht artikulieren können. Mir scheint, daß das zweite Ich der Shen-te in Brechts **Gutem Menschen von Sezuan,** der Shui-ta, so ein Antityp ist, der sich aus Wesen und Verhalten der Shen-te logisch und psychologisch nicht ableiten läßt.

Um den Körpergestus des Antityp vom Grundtyp deutlich abzusetzen, benutzt auch Brecht eine eher zufällige körperliche Veränderung, nämlich Shen-tes Schwangerschaft, indem er Shui-ta seinen Bauch herrisch ausstellen läßt, während Shen-te eher bemüht ist, die Anzeichen ihrer Schwangerschaft zu verbergen.

Die bewußte Analyse von Widersprüchen in einer Figur oder in einer Situation ist etwas anderes als die Entdeckung des Antityp. Daß es nicht immer die Tapferen sind, die mutig handeln, daß der Held auch ein Unterdrücker sein kann, daß Treue auch Besitzanspruch beigemischt und Sanftheit auch Vergewaltigung sein kann, das alles läßt sich für einen guten Beobachter herausfinden.

Verborgene Kräfte im Menschen aufzeigen zu können, ist schwieriger. Es ist bekannt, daß solche Kräfte im Tanz zur Entfaltung kommen. Körpersprache ist von rationaler Begrifflichkeit und semantischer Besetzung noch nicht so eingeengt, wie unsere digitale Umgangssprache. Deshalb haben wir auch bei Personnages-Typen immer wieder mit Gesten und Gestus ausprobiert, die volle Wirklichkeit einer Figur zu treffen.

Aber die theatralischen Möglichkeiten, der Realität beizukommen, sind reicher. Das Théâtre du Soleil benutzte Kunstfiguren, um "die Komödie unserer Zeit zu schreiben". Die Arbeit und das Spielen mit selbst gebauten Ausdrucksmasken vermittelt am klarsten die Möglichkeiten der Befreiung von der einengenden Wirklichkeit und der lustvollen Realisierung einer Gegenwirklichkeit.

Unter der Maske bleibt der Spieler sowohl er selbst als wirkender Mensch unter Mitmenschen in unserer Gesellschaft, als auch kann er seine Phantasiewelt, sei es der Obsessionen oder der Utopien, in der spielerischen Wirklichkeit voll ausleben. Die erlebte Freiheit in dieser Doppelung, die das Wesen der theatralischen Kunst ist, verschärft das Bewußtsein von den Widersprüchen in unserem alltäglichen Leben.

Im Antityp erschließen sich zusätzlich anarchische Kräfte, die die bestehenden Verhältnisse radikal in Frage stellen - und die der Bodensatz aller Narren und Clowns seit jeher waren, wenn sie nicht zu oberflächlichen Spaßmachern verkommen waren.

Der französische Aufklärer Denis Diderot fand in seiner kleinen Schrift **Paradox über den Schauspieler** ein sinnvolles Bild für die Doppelung der Wirklichkeit durch das Theater und ihre anarchische Wirkung in der gesellschaftlichen Wirklichkeit:

"... ein Kind, das sich von Kopf bis Fuß in einer häßlichen Greisenmaske verbirgt, es lacht unter dieser Maske, während seine kleinen Freunde vor Entsetzen davonlaufen."

Zitate

soweit nicht angegeben, aus:
"Travail théàtral" No 18/19, jan/juin 1975, Zit. 1 und 3.
"texte zur theaterarbeit" Dramatisches Zentrum Wien, o. Jg. - das théâtre du soleil - beispiel kollektiver theaterarbeit, ein probenbericht von Paul Jenewein, Zit. 2 und 4.
Berthold Brecht - Schriften zum Theater 1 + 2, GW 15 + 16, Zit. 5, 6 und 7.
"Angewandtes Psychodrama in Therapie, Pädagogik, Theater und Wirtschaft" als Festgabe für J.L. Moreno zum fünfzigjährigen Jubiläum der Gründung des Stegreiftheaters in Wien - Hrs. Hilarion Petzold, 1972, Paderborn, Zit. 8 und 9.

Bildende Kunst

Wie sinnvoll ist der Sinn von Kreativität?

Hubert Kirchgäßner
Bildender Künstler, ehemaliger Studienleiter und Dozent für Bildende Kunst an der Akademie Remscheid

Wie sinnvoll ist der Sinn von Kreativität?

Hubert Kirchgäßner

Indem ich das schreibe, habe ich kürzlich meine Arbeit als Dozent für den Bereich der bildenden Kunst an der Akademie Remscheid aufgegeben. Ich blicke auf 27 Jahre Mitarbeit zurück. Es läge nahe, eine historische Darstellung über die Entwicklung des Faches unter dem Aspekt der Kreativität zu geben. Lieber noch möchte ich über meine unterschiedlichen Überzeugungen und Entscheidungen als Lehrer reflektieren, aber ich hätte Sorge, daß das vereinbarte Thema Kreativität dabei sehr zu kurz kommen würde. Also will ich versuchen, im Anschluß an meine weiter oben gemachten allgemeineren Überlegungen jene Stellen in der pädagogischen Arbeit sichtbar zu machen, wo mit dem kreativen Moment des "Übersprungs" gerechnet werden kann.

Jeder, der eine solche Arbeit beginnt, steht nicht am Anfang, sondern in einer Tradition, steht also in einer nicht-kreativen Position, bezogen auf jene, denen er folgt und die ihrerseits vielleicht ganz kreativ gewesen sind.

Meine Lehrmeister waren die Bauhauslehrer, die dort die verschiedenen Versionen des Vorkurses entwickelt hatten, also Itten, Klee, Kandinsky, Moholy-Nagy und Albers. Von ihnen übernahm ich vornehmlich ein Negatives: nicht zu versuchen, jemanden Kunst zu lehren. Gelernt und gelehrt werden sollte das Sehen und das Verstehen des Gesehenen, das Greifen und Anfassen und das Begreifen und Erfassen des Greifbaren und Anfaßbaren. Ich hatte mit diesen meinen Vorbildern zusammen so eine Idee, daß es eine soziale Übereinkunft über die Gestalt der Welt und ihrer Erscheinungen geben könne, die auf einer einfachen und nach allen Seiten offenen, gestaltbaren Grammatik und Syntax beruhen und die in Lehr-Lernprozessen vermittelbar wären.

Diese Idee besticht mich noch immer, wenngleich ich lernen mußte, unter einer Enttäuschung, die mich mit einer bleibenden Wut erfüllt, daß die meisten Menschen mit einer Deformation daherkommen, die vom Lernen herrührt, von einem Lernen freilich, das nicht Neugier produziert, sondern Ekel und/oder Selbstaufgabe. Ich meine das Lernen in der Schule.

Wir haben an der Akademie oft mit den Studierenden in unseren Kursen sogenannte "Lebenslinien", Diagramme der subjektiven Lebenserfahrungen, zeichnen lassen und dabei fast immer das gleiche Bild bekommen: ein tiefer Absturz ins Negative mit dem Beginn der Schulzeit und meist erst allmählich und nach langen Leidensjahren der kindlichen Seelen ein allmähliches Zurückgewinnen von Zutrauen zu sich selbst - wenn überhaupt. Die Entmutigungen aber sind geblieben. Und die kontra-kommunikativen "telekommunikativen" Medien sind zum Ersatz für eine reale Welt geworden, der man entwöhnt worden ist mit direkter oder subtiler Gewalt.

Also war da auf der einen Seite die Vision einer ästhetischen Bildung und auf der anderen die Versagenserlebnisse, die zu oft schon im Ansatz den Versuch, etwas Eigenes zu gestalten, mit festen Überzeugungen verweigerten: Das kann ich nicht, ich kann nicht zeichnen, ich war da immer schlecht.

Wenn man endlich die Lehrer für die Lernerfolge ihrer Schüler verantwortlich machen würde, dann könnte man schnell merken, daß das Zeichnen genauso erlernbar ist wie das Schreiben oder Rechnen. Was mit dem unklaren Begriff Begabung belegt wird, ist zum größten Teil ein Zusammenwirken von Sehen (Beobachtung und Betrachtung) und Verleiblichung (Selbstausdruck und Körperschwung). Beide sind durch Üben formbar, bildbar.

Ich muß gestehen, daß mir die Verleiblichung als wichtiger Bestandteil bidlnerischen Gestaltens erst später deutlich geworden ist, obwohl es in den didaktischen Schriften Klees und Ittens genügend Hinweise darauf gab. Das Wort von Valéry: "Der Maler bringt seinen Leib mit", bekam für mich erst allmählich einen Sinn. Deshalb fing ich zunächst mit einer Gestaltungslehre an, die sich auf das systematische Verstehen der bildnerischen Ausdrucksmittel bezog. Anfänglich ging ich von der sachlichen Seite aus, also von der Beobachtung dessen, was Linie, Fläche, Hell-Dunkel, Farbe, räumliches Entfalten "objektiv" tun. Über solche Beobachtungen sollte die Grammatik für jede Art Bildgestaltung verfügbar werden. Ich habe über eine solche "Lehre" ein Hinfinden zu eigener Form erhofft. Hier wäre der kreative "Übersprung" über das nur Gewußte in die freie Verfügung und damit die eigene Gestaltung fällig gewesen.

Aber es geschah natürlich nichts dergleichen. (Heute fällt es mir leicht, "natürlich" hier hinzuschreiben. Damals brauchte ich ziemlich lange, vielleicht 5 Jahre, um den unzureichenden Ansatz zu erkennen). Das sogenannte Kreative, was jetzt zum Vorschein kommen sollte, waren die kunstgewerblichen Klischees der Bastelindustrie: Reiher aus Teakholz, emaillierte Anhänger und Knöpfe, Segelboote im Abendrot.

Mittlerweile weiß ich, warum die "Kreativkurse" der Erwachsenenbildung so öde sind.

Allmählich gelang es mir, über verschiedene methodische Ansätze die Kursusteilnehmer vor die Entscheidung zu führen, ob sie bereit waren, sich auf die Verleiblichung einzulassen, d.h. sich als Gestalt einzubringen. "Gestalt" ist da zunächst ein Vorbewußtes, ist etwas, was im Vollzug und in der Bewegung herauskommt und so auch vor sich kommt. Und die Gestalt ist sowohl Individualgestalt als auch Sozialgestalt. Also sind Erfahrungen zu machen, die sich auf das Selbst, wie auch solche, die sich auf das Mit-Anderen beziehen.

Gestalt ist das Apriorische, das unsere Wahrnehmung und ästhetischen Urteile immer schon prägt, sie ist das aktive Moment in jedem scheinbar nur hingenommenen Eindruck der Welt. Alle einfachen Urteile wie hoch und niedrig, dick und dünn, nah und fern, oben und unten, schnell und langsam etc. sind ursprüngliche Vergleiche mit unserer leiblichen Kondition. Das galt es ins Bewußtsein zu heben.

Aber der Leib wirkt als gestaltende Gestalt nicht erst in dem Augenblick, wo wir ein Bewußtsein von ihm haben, sondern er wirkt aus der Unmittelbarkeit heraus als Vor-Gang, dem auch das

Bewußtsein zu folgen hat. Und da die leiblichen Konditionen erwachsener Menschen ungefähr die gleichen sind, schafft er eine soziale Norm, die in die Gestalt der Dinge übergeht und diese für alle prägt. Das spüren die, die von der Norm abweichen, am schnellsten, etwa Linkshänder oder Körperbehinderte.

Die Frage war nur, wie läßt sich das Körpergefühl, die Präsenz des Leibes als Urgestalt des Gestaltens aktivieren. Ich habe es über die uns vertrautesten Gesten versucht, über Schreibbewegungen, Tanzbewegungen der Hände beim Hören von Musik, beidhändiges Zeichnen mit geschlossenen Augen. Das brachte einen Fluß und eine Flüssigkeit hervor, die geeignet waren, die anerzogenen Hemmungen zu vergessen. Diese Hemmungen sind ja Blockaden, die aus dem Bewußtsein kommen. Also müssen sie unterlaufen werden. Die Kursteilnehmer sollten merken, daß sie bereits auf der anderen Seite des Flusses waren, daß sie keine Angst haben müssen, hinüberzukommen.

Hier also das Ereignis eines Übersprungs: das Überspringen einer Blockade.

Die Frage aller Fragen im pädagogischen Raum ist die nach der bleibenden Wirkung. Sollte Kreativität als Begriff überhaupt einen positiven Sinn haben, dann nur, wenn sie sich mit einer erwünschten Veränderung in Verbindung bringen läßt. In diesem Falle also hieß das: Wie wahrscheinlich ist es, daß diese Erfahrung eine Veränderung bewirkt; was wird von da aus tatsächlich gelernt?

Ich muß gestehen, daß mir diese Frage über die ganze Zeit mehr oder weniger offen blieb. Kurse sind eben auch dann noch Veranstaltungen von Kurzzeitpädagogik, wenn sie sich über mehrere Wochen erstrecken. Je kürzer die Zeit, je zerhackter in weit auseinander liegende Phasen sie war, desto offener blieb mir die Frage nach dem, was tatsächlich gelernt wurde.

Zugleich aber entwickelte ich ein Mißtrauen gegen die inflationäre Verwendung des Wortes Kreativität. In einer bestimmten Zeit war es nicht selten, daß einzelne Teilnehmer von Kursen bei bestimmten Übungen ausbrachen, indem sie z.B. die ganze Farbpalette auf ihr Bild klatschten, sie nach rechts und nach links drehten, um dann zu erklären, daß sie mit ihrem Bild fertig wären. Es war aber klar, daß sie nicht in der Lage oder bereit waren, den Gestaltungsprozeß, diesen eigentümlichen Vorgang der Selbstbefragung und Selbsterforschung, als Spannung durchzuhalten, daß sie Kreativität mit Willkür und Zufall gleichsetzen wollten. Es war auch klar, daß da keine Brücke zur Verständigung mit anderen offen blieb.

Der hochgradig subjektive Charakter der gegenwärtigen Künste und ihre verschlüsselten, verfremdeten Ergebnisse legen es nahe, daß Amateure den Gestus nachahmen, ohne sich den Mühen des Weges auszusetzen. Oder aber auch dies: daß sie ihren Lehrer im Verdacht haben, aus irgendeiner Boshaftigkeit heraus den Trick zu verheimlichen, mit dem man ganz schnell zum Ergebnis gelangen könnte. Beides hängt damit zusammen, daß zum langfristigen, kontinuierlichen Lernen und dem langsamen Sich-Verändern dabei zu wenig Zeit da ist. Daraus auch entstanden immer wieder die mißverständlichen Beziehungen zur Kreativität.

Ich erinnere mich eines Kongresses der internationalen Kunsterziehervereinigung INSEA in Paris, 1964, wo auf einmal alle nur noch über die Erziehung zur Kreativität sprachen. Etwa um die gleiche Zeit entdeckte ich, daß es für eine Gruppe sehr stimulierend wirkt, wenn zwar alle Mitglieder einzeln etwas zeichnen oder malen beim Hören derselben Musik. Es entsteht sehr klar ein Gefühl, etwas miteinander zu tun, auch wenn ein jeder nur auf seine eigene Arbeit konzentriert ist.

Später habe ich diese Beobachtung zu einem ganzen System von Gruppenübungen ausgebaut, wobei sich einzelne oder alle bei der Arbeit aufeinander bezogen. Und dieses Sich-Aufeinander-Beziehen war sowohl eine Stütze als auch eine Anregung. Jedes der Gruppenmitglieder konnte ein größeres Format füllen, ohne ratlos oder überfordert zu werden, und jedes wurde auch zu Formen angeregt durch das, was durch andere schon ins Bild gekommen war und für die dann Lösungen im Sinne der Gesamtgestalt gefunden werden mußten.

So entstand die Vorstellung, daß die Gruppe eine spezifische Kreativität entwickeln kann. Das Spezifische nun lag in der anderen als der herkömmlichen bildkünstlerischen Erfahrung: Es ging nicht um die individuell beste Leistung, sondern um einen befriedigenden Prozeß, der reich an Erfahrungen war und aus dem, wie von selbst und beinahe absichtslos, ein befriedigendes Ergebnis hervorging. Es erschien ein Dreieck, das den Erfahrungsprozeß verdeutlichen konnte und das aus der Themenzentrierten Interaktionsmethode bekannt war:

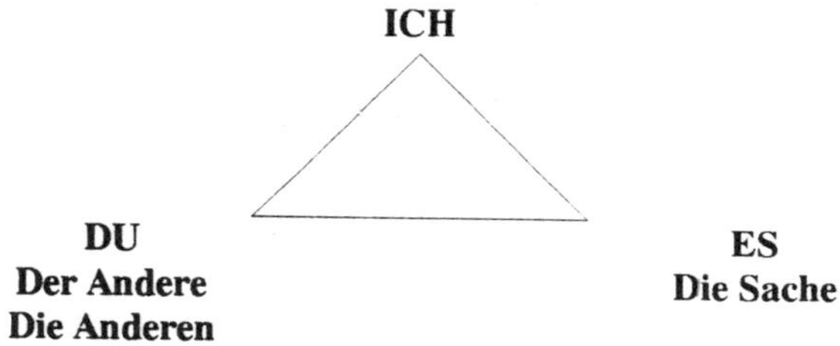

Da kein Kunstanspruch, wohl aber der Wille zu einem befriedigenden Ergebnis gemeinsamer Tätigkeit bestand, ließ sich der Prozeß nach den drei Erfahrungsebenen der Ich- oder Selbsterfahrung, der Erfahrung mit anderen und der Erfahrung mit der Sache reflektieren, wobei durch die besonderen Umstände, daß es sich bei den Kursteilnehmern selbst wieder um weitergebende Pädagogen handelte, noch eine weitere Reflexionsebene notwendig wurde, nämlich die der Umsetzbarkeit in die jeweils eigene Praxis.

Hatte also am Anfang eine Vorstellung bestanden, die das Lernen in einzelne voneinander getrennte Schritte zerlegte, so war an deren Stelle später eine ständige Variante desselben Erfahrungsprozesses getreten. Hatte am Anfang die Sachvermittlung die größere Rolle gespielt, so trat an ihre Stelle später die Selbsterfahrung und durch sie hindurch die Erschließung der Ausdrucksmöglichkeiten im Material.

Ich kann nicht mit Sicherheit sagen, ob die eine oder andere Reihenfolge besser ist. Mir gelang mit der Zeit besser der unvoreingenommene Zugang über einfache, angstfreie, spielerische Übungen, die von einer leichten Ritualisierung aus dem alltäglich Beiläufigen herausgehoben waren. Diese Ritualisierung habe ich eingeführt, indem ich eine Spielregel vorgab: das Schweigen. Ich hatte zunächst bemerkt, daß eine Gruppe, die konzentriert an bildnerischen Gestaltungen arbeitet, von sich aus die verbale Kommunikation einstellt. Später habe ich den Zustand bewußt eingeführt, um die Konzentration auf den Prozeß zu begünstigen.

Es sollte aber auch durch das Schweigen jener Teil menschlicher Kommunikation unterbunden werden, der sich als der wissende und bewußteste versteht, indem er nicht in der Sache, sondern über sie handelt. Ich habe verstanden, daß die beste Bedingung, an eine Aufgabe heranzugehen, die des Unwissens ist, die Ignorantia, aus der heraus sich die Fragen und Probleme ergeben. Eine Frage kann sinnvollerweise erst beantwortet werden, wenn sie gestellt ist. Auf diese Ignorantia nun kann eine Doxa folgen, eine Lehrmeinung oder mehrere. In diesem Zusammenhang sind das Exkurse über Rhythmus, Spiel, Harmonie oder Goldener Schnitt gewesen oder auch Übungen zum Farbenkreis, zur Perspektive oder zu Kopf- und Körperproportionen.

Im gesamten Lehr-Lernprozeß ist das der problematischste Punkt, weil er in die Entfremdung eines äußerlich Vorgegebenen führt. Wissen wird vermittelt, Regeln werden exerziert, Fertigkeiten werden trainiert. Deshalb ist es wichtig, daß die Lernenden von sich aus die Fragen stellen und den Wunsch nach Anleitung zeigen. Und dann kommt vielleicht irgendwann der Punkt, wo das Üben in ein selbstverständlich und mühelos Gelingendes übergeht oder umschlägt. Das ist der Punkt der docta ignorantia. Das ist die klassische Beschreibung des dialektischen Lernprozesses, wie ihn Hegel dargestellt hat. Mir ist immer wieder aufgefallen, daß er nicht nur im intellektuellen Bereich derart verläuft, sondern auch als ein Lernen der Hände beschrieben werden kann. Auch da ist der Ahnungslose meist dem gelungenen Ergebnis näher als derjenige, der bereits angefangen hat, sich mit bestimmten Schwierigkeiten gezielt auseinanderzusetzen.

Als junger Mensch hatte ich die Gelegenheit, in Paris dem Bildhauer Constantin Brancusi zu begegnen. Von ihm ist mir ein Satz wichtig geworden, erst für mich selber, später auch für meine pädagogische Einstellung:

"Es ist nicht schwer, etwas zu machen, aber es ist schwer, in der Verfassung zu sein, es gut machen zu können."

Im Laufe der Jahre habe ich immer mehr Wert auf diesen Punkt gelegt, auf die Frage, wie jemand oder eine Gruppe an eine Tätigkeit herangeht. Das Schweigen und damit die Einengung auf die non-verbalen Kommunikationsmöglichkeiten waren eine solche Regel, die Haltung zu beeinflussen.

Aus der Beobachtung bestimmter zenbuddhistischer Zeremonien war mir auch deutlich geworden, wie wichtig es ist, alle zu einem Prozeß gehörenden Einzeltätigkeiten, also auch alle Vorbereitungen, mit großer Bewußtheit zu vollziehen. Daraus entstand ein zweites Ritual, das der Langsamkeit.

Sie sollte ein in den westlichen Zivilisationen sehr verbreitetes Übel überwinden helfen, das darin besteht, die Teile eines komplexen Tätigkeitsprozesses in ganz unterschiedlich bewertete Akte zu gliedern, wobei die unwichtigeren, meist die der Zubereitung des Materials, möglichst schnell abgeleistet werden, um so ohne unnötigen Zeitverlust zur Hauptsache zu kommen. In diesem Fall wäre die Hauptsache dann die eigentliche formale Gestaltung. Aber die schlampige und verhetzte Verfassung während der Vorbereitung schlägt durch alle weiteren Phasen der Arbeit durch und verhindert meistens die Konzentration auf den Prozeß überhaupt und im ganzen.

Es ist sicher deutlich geworden, daß mit dem Prozeß nicht der des Kunstwerkes gemeint ist, auch wenn er nicht direkt ausgeschlossen ist. Gemeint ist in jedem Fall jene doppelte Bewegung von Entäußerung und Erinnerung, von Zur-Welt-hin und Zu-sich-hin, die wir Tätigkeit nennen. Während dieser Bewegung werden verschiedene Grenzen überschritten, solche der Fähigkeiten, der Horizonte des Bewußtseins, der Anschauungen und der Ziele. Sie können sicher alle als kreative Momente im Zusammenhang des Prozesses beschrieben werden.

Ob der Begriff der Kreativität für die Erklärung des Prozesses und seiner kritischen Schwellen etwas zu leisten vermag, weiß ich nicht. Zumindest besteht die Gefahr, daß ein schlecht definierter Begriff einen Sachverhalt eher zudeckt als erklärt. Es steht aber außer Zweifel, daß in jedem wirklichen Lernprozeß, also bei jeder tatsächlichen Veränderung, die ein Mensch von innen heraus und durch verarbeitete Erfahrung an sich erlebt, Schwellen überschritten werden und daß dieser Übersprung von außen zwar vorbereitet werden kann, aber letztlich spontan und unberechenbar verläuft. Der Lehrende kann nur an der Vorbereitung solcher Momente mitwirken, er ist weder Ursache noch gar Ziel eines solchen Übersprungs, sondern, ganz bescheiden, ein Mittler.

Ich habe in den letzten Jahren in der Akademie das Fach Bildnerisches Gestalten mehr an seinen Extrempunkten vertreten:

einerseits in experimentellen Videowerkstätten und andererseits in Werktechniken, die die Menschheit seit Anfang ihres Zivilisationsprozesses begleitet haben. Diesen elementaren Werkkurs will ich kurz beschreiben in der Hoffnung, das abstrakt Geschilderte etwas konkreter werden lassen zu können.

Der Kurs war auf 10 Phasen angelegt, von denen die erste, die letzte und mindestens 4 weitere besucht werden mußten, um das Zertifikat über die Teilnahme zu bekommen. Die erste Phase hatte zum Thema "Einübung in die Langsamkeit". Während einer Woche, in der die Gruppe von 18 Teilnehmern verschiedene gemeinsame Übungen machte, wurde ganz systematisch das langsame, alle Schritte der Aktivität mit gleicher Aufmerksamkeit zu behandelnde Tun trainiert.

Das begann mit einer Zeichnung von vier Personen auf einem Blatt, schweigend und mit einem Stift, ging dann über zu Übungen in verschiedenen Gruppengrößen, mit Stift, Farbe, Ton, "geführtes" Zeichnen und Zeichnen nach Musik bis zu einer Wandbildkomposition aus den eigenen Körperumrissen von immerhin ca. 10 m Breite und 2 m Höhe. Auch ein Dyochord wurde von jedem einzelnen gebaut und die eigene Lebenskurve als Partitur gebraucht, um eine Folge aus einem hellen, hohen und einem dunklen, tiefen Ton zu bilden. Das war die Einstimmung, die Festlegung der Haltung für die künftigen Phasen, die dann eher materialbezogen waren.

Tatsächlich gelang es fast allen Teilnehmern, sich positiv auf dieses Lernklima einzustellen, eine ruhige, konzentrierte, konkurrenzfreie Atmosphäre zu schaffen und sich auf die jeweiligen Thematiken einzulassen.

Die Thematiken hatten eigentlich alle den gleichen Sinn, wenn sie auch vom Material verschieden waren. Die Zielsetzung war immer, die Hände mit den Bedingungen der Materialgestaltung in Einklang zu bringen, gleich ob es sich dabei um das Modellieren von Tongefäßen oder um das Spinnen und Filzen von Wolle handelte, um das Schöpfen von Papier oder um das Bauen mit Lehm, um das Behauen von Steinen, das Schnitzen von Holz oder um das Herstellen von Farben und Malmitteln. Immer war das eigentliche Thema die Übereinstimmung von Mensch und Ding, die Aufmerksamkeit auf die Botschaft der Dinge und die Entwicklung der Vernunft der Hände. Das Wort Harmonie kommt von der griechischen Wurzel ἅρμα (Harma), was das Gespann meint und was ein Bild ist für das Zusammenwirken der verschiedenen Kräfte der Zugtiere und des Lenkers mit dem Fahrverhalten des Wagens.

Es gibt eine äußerste Zweckmäßigkeit, auf der die Handwerke beruhen (die jetzt in Vergessenheit gerät und durch Power ersetzt wird) und die das Urbild der Harmonie ist. Also nicht müheloser Gleichklang, sondern zweckmäßige Übereinkunft zwischen dem Material und dem Arbeiter. Das erzeugt ein Wissen um die Bedeutung der Dinge, das notwendig ist, um nicht in einem sinnlosen Haufen von Material zu leben. Vielleicht enthält am besten die Stelle über die drei Ehrfurchten in Goethes "Wilhelm Meister", was hier gemeint ist.

Mir ging es darum, daß nichts nur Methode bleibt, sondern alles auch das Gemeinte selbst sei. Also der Stein in seiner Härte, der Hammer, der den Arm ermüdet, die mühsame, langsame Entstehung der gewollten Form, das alles ist eine ganze Erfahrung, die zunächst für sich selber steht. Ob sie dann auch noch in ein allgemeineres Bewußtsein hineinwirkt, ist nicht zu bestimmen. Wichtig war die Erfahrung, was ein Stein ist, was ich bin gegenüber einem Stein, wie sich beide zu einer Form zusammenfinden können.

Hier kommt vielleicht eine ganz sinnliche Andacht zur Welt zustande, die eher das Gegenteil von Kreativität ist, die etwas mit Horchen, Hinhören, Gehorsam-Sein gemein hat, also nicht aus einer Situation herausspringt in eine andere. Die intendierte

Haltung ist die von Standhalten und Widerstand leisten gegen die flotten Anpassungen an das gerade Opportune. Wenn heute Kreativität propagiert wird, quasi als Training für High-Tech-Spezialisten, so wie das ganz unverblümt Lothar Späth in Baden-Württemberg mit erheblichen Mitteln zu fördern bereit ist, dann verdient das zumindest bedächtiges Ausloten des Gemeinten. Denn die Grenzen verlaufen immer mitten durch die historische Situation. Nie ist etwas nur gut oder nur schlecht. Es braucht die Entscheidung.

Das ist die Stelle, wo ich bekennen muß, welche "Ziele" ich mir eigentlich als Lehrer gesetzt habe.

Welches Menschenbild lag meinen Entscheidungen zugrunde?

Zunächst war ich von Anfang an überzeugt, daß jeder Mensch, der dazu bereit ist, auch in der Lage sein würde, seine eigene künstlerische Ausdrucksfähigkeit zu entwickeln. Diese Überzeugung hat sich mir erhalten über die ganze Zeit. Was ich nicht weiß, heute sowenig wie am Anfang meiner Arbeit, ist, wie es kommt, daß manche, wenige Menschen diese Bereitschaft nicht aufbringen wollen. Über erziehungsbedingte Blockaden bin ich mir im klaren. Aber es gibt auch eine Einstellung, die nicht unbedingt mit der Erziehung zusammenhängen muß, eine Entscheidung gegen alles Unnütze, nicht als Mittel zu Zwecken Einsetzbare, eine Entscheidung gegen das Zwecklose.

Ich habe an den Schwierigkeiten, die ich mit den Kursteilnehmern hatte, die nur die Rezepte für die nächsten Jugend- oder Therapiestunden haben wollten, bemerkt, daß ich einen Menschen im Sinn hatte und habe, der sich auf Bedeutungen einzulassen bereit ist, dem die Fähigkeit, das Material, das Ergebnis etwas bedeutet, und zwar zunächst als das, was es an sich ist und nicht als das, was es in Bezug auf etwas anderes ist.

Der Mensch, der Bedeutungen zu verbinden vermag mit seiner Tätigkeit, so habe ich bemerkt, ist auch der, der bereit ist, die Wahrnehmungen als Erfahrungen durch sich hindurchzulassen, d.h. sie nicht nur für andere an sich vorbeizuleiten, sondern sie an sich selber zuzulassen.

Was sich stetig wandelte, war und ist die Weise der Begegnung, die ich mit den Lernenden anstrebte. Anfänglich war es die Haltung des Meisters, der dem Lehrling zeigt, was wichtig ist und worauf es ankommt. Dann, in der Zeit der größten Verunsicherung, als die kulturelle Bildung ihre Existenzberechtigung politisch nachzuweisen hatte, um 1970, habe ich versucht, mit den Teilnehmern zusammen jeweils eine intellektuelle Positionsbestimmung zu finden.

Das war die Zeit, in der mir andere Inhalte als die bildnerischen wichtiger wurden: Theorien ästhetischer Erziehung, Möglichkeiten einer Umwelterziehung, Animation von kulturell Unterprivilegierten, Sensibilisierung für den gesamten ästhetischen Wahrnehmungsbereich, also nicht nur Kunst, sondern Natur, Alltag, Geschichte, Milieu.

Es war sehr schwer, diese Themen zu "operationalisieren", wie man das damals nannte; ihr reflektorischer Anteil war erdrückend und ließ alle gestalterischen Tätigkeiten zu bloßen Stümpereien verkommen.

Am Ende habe ich dann eine Einstellung gefunden, die ich verkürzt anti-didaktisch nennen möchte. Ich habe eine Spielsituation vorgeschlagen und mit allen Beteiligten entwickelt, in der ich nur noch auf Anfrage Lehrer, sonst aber Teilnehmer war, oft improvisierend bis zur Grenze des Vertretbaren (immerhin galt es eine Institution zu vertreten), authentisch und zur Authentizität ermutigend, bis an die Grenzen der Indiskretion. Mir war die eigentlich unmögliche Lage des Pädagogen immer deutlicher geworden.

Und so wurde mir auch die eigentliche Stelle der Kreativität bewußt, die für mich eine Bedeutung hatte, die Stelle, wo Menschsein bedeutet, sich selber zu erschaffen, wo Gestalten einerseits die eigene Gestalthaftigkeit auf das zu gestaltende Material projiziert und andererseits das Gestaltete auf den Gestaltenden hindeutet. Nicht in irgendwelchen Spielen, die im Moment so etwas wie Spaß machen und die ein paar zufällige Einfälle provozieren, konnte der Sinn des kreativen Verhaltens sein.

Und niemand anderes **als ein jeder selbst** konnte der Lehrer sein zu dem erfüllteren, wesentlicherer, spannungsvolleren Selbst, das es hervorzubringen galt. Deshalb habe ich auch in der letzten

Zeit immer mehr Aufmerksamkeit den Umständen, dem Milieu, dem Lernklima gewidmet, und deshalb wurden mir so einfache Regeln wichtig wie das Schweigen oder die Langsamkeit.

In dem Essay von Sartre über Baudelaire ist mir eine Stelle sehr wichtig:

"Vielleicht ist man für sich selber nicht in der Art, in der eine Sache ist. Vielleicht ist man überhaupt nicht: immer in Frage gestellt, von Frist zu Frist lebend, muß man sich vielleicht unaufhörlich selbst erschaffen" (Rowohlt, Hamburg 1953, S. 34).

Das "Vielleicht" ist wichtig und der Sinn des Erschaffens, der Kreativität im Hervorbringen des Selbst, "immer in Frage gestellt, von Frist zu Frist lebend".

Der Lehrer bringt sich mit seiner Biographie in den Unterricht ein. Meine Biographie ist früh verunsichert worden durch eine Jugendzeit in der Nazidiktatur, in der ich in einer oppositionellen Familie aufwuchs. Achtzehn Jahre geworden, schwer verwundet, in einem französischen Gefangenenlager, begriff ich, was ich ein paar Jahre später in Jakob Burckhardts "Weltgeschichtlichen Betrachtungen" wiederfand: "Alle Macht ist böse". In die Sphäre der Macht schloß sich mir auch alles ein, was mit dem bloßen Machen zusammenhängt.

Meine Erfahrungen als Künstler bestätigen mir das täglich.

Das Machen hat sich zu binden an das Zulassen, Sein-Lassen, Ge-Horchen (hören), um der Sphäre der bösen Macht zu entgehen. Also konnte mir auch Kreativität nie für sich als ein bloßes Machen stehen; sie hatte sich mit zwei Korrektiven zu verbinden, mit der Sensibilität und mit der Kritik. Kreativ waren ja auch die Aufmärsche gewesen, mit denen die Nazipotentaten ästhetisch das Politische verdrängten, und kritiklos war ein ganzes Volk auf den Zauber hereingefallen. Kreativ sind auch heute die neuen Waffen, die Verkaufs- und die Ausbeutungsstrategien und die Technologien, von denen niemand weiß, ob sie für etwas gut sind. Und wenn es unseren Kindern oder Enkeln nicht mehr möglich ist, auf dieser Erde zu leben, dann war es unsere verdammte Kreativität, die herausgefunden hat, wie man alles auf einmal verbrauchen und verschwenden kann, Luft, Wasser, Erde ... Die einzige Hoffnung besteht wohl darin, daß es uns gelingt, uns so in den Prozeß der Zivilisation zu fügen, daß wir uns als aufmerksame, hinhorchende, ehrfürchtige (ich wage das altmodische Wort), empathische Wesen zu erschaffen. Mir scheint es der einzig sinnvolle Sinn von Kreativität zu sein.

Medien

Computer in der kulturellen Bildung

Dieter Glaap
Dozent für audiovisuelle Medien und Medienpädagogik an der Akademie Remscheid

Der Computer in der Jugendarbeit

Gerd Paulmann
Pädagogischer Mitarbeiter im Jugendhof Vlotho

Computer und Kreativität - Ein Widerspruch?

Thomas Steigerwald
Fachberater für Medienpädagogik
des Institutes Jugend Film Fernsehen

Kreativität im Public-Relations-Zeitalter

Eva-Maria Oehrens
Dr. phil., Journalistin und Dozentin für Medienpädagogik und Öffentlichkeitsarbeit an der Akademie Remscheid

Die Veränderungen der Informations- und Kommunikationstechnik in der Bundesrepublik Deutschland

Dieter Rolf Eichhorn
Professor für Medienpädagogik und Mediengestaltung an der Fachhochschule für Druck, Stuttgart

Gutes tun und darüber reden!

Gerhard Lück
Referent für Öffentlichkeitsarbeit des Caritasverbandes der Erzdiözese Freiburg

Computer in der kulturellen Bildung

Kreativität und High-Tech

Dieter Glaap

"Computer" und "Kreativität": zwei Begriffe, die oft in keinen, vielfach in einen hier nicht gemeinten Zusammenhang gebracht werden. Kreativität als Methode der Produktivitätssteigerung, also der möglichst ökonomischen Lösung bestimmter Probleme, ist die gängige Verwendung dieses Begriffes in Verbindung mit "Computer". Genau das kann und soll nicht ein Definitionsansatz sein, mit dem kulturelle Bildung arbeitet. Was "kreativer Umgang mit Computern" hier bedeuten kann, wie dieser Zugang sich von Vorstellungen unterscheiden muß, die sich am professionellen und kommerziellen Umgang orientieren und welche Chancen und Schwierigkeiten damit verbunden sind, soll auf den folgenden Seiten dargestellt werden.

Computer in pädagogischen Arbeitsfeldern

Längst vorbei ist die Zeit, in der eine klare Verortung von Computern auf bestimmte gesellschaftliche Bereiche möglich war. Aus den Rechenzentren der Hochschulen und der großen Industrieunternehmen hat der Rechner einen Weg gefunden in die Büros auch der kleinsten gewerblichen und nichtgewerblichen Institutionen, auf den Schreibtisch der mit unterschiedlichsten Aufgaben betrauten Angestellten, in die Studios von Film- und Videoproduktionen und der Fernsehanstalten, in die Wohn- und Kinderzimmer vieler Familien. Die Tendenz der Verbreitung von Computern hat nicht nur den quantitativen Aspekt, der sich in Stückzahlen verkaufter Rechner ablesen läßt, sondern auch den qualitativen, der durch immer neue Anwendungsmöglichkeiten in immer mehr Bereichen unseres Lebens repräsentiert wird.

In diesem Zusammenhang ist die inzwischen breit entfachte Diskussion um Sinn und Unsinn des Einbeziehens von Computern in pädagogische Arbeitsfelder durchaus anachronistisch. Das soll nicht heißen, daß Rechner nun mit allen Mitteln und völlig unkritisch auch in jedes nur mögliche Feld der Jugendarbeit hineingetragen werden sollen. Vielmehr sollte deutlich werden, daß heute in der pädagogischen Diskussion noch großenteils die falschen Fragen gestellt werden: Nicht "Sollen Rechner in die Jugendarbeit einbezogen werden?" ist eine angemessene Fragestellung, sondern "Welche Einsatzmöglichkeiten von Computern korrespondieren mit welchen pädagogischen Zielvorstellungen und sind mit welchen Methoden sinnvoll in die Jugendarbeit zu integrieren?"

Wer mit der Diskussion dieser Frage heute beginnt, hat vermutlich schon bemerkt, daß er nichts anderes macht, als einer grundlegenden gesellschaftlichen Entwicklung hinterherzulaufen. Dies gilt sowohl für die vielen vor Ort tätigen Pädagogen, die - mit mehr oder weniger explizit formulierten Konzepten - begonnen haben, Rechner in ihr Praxisfeld einzubeziehen.

Langsam weicht bei ihnen die jahrelang dominierende Skepsis einer noch vorsichtigen und meist recht unbeholfenen Neugier gegenüber dem neuen Medium "Computer". Dies gilt gleichermaßen für die mit der mittel- und langfristigen Planung von jugendpolitischen Maßnahmen betrauten Verwaltungen und politischen Instanzen. Immer häufiger gibt es von dort Verlautbarungen, die den Computer als das zukunftsweisende Medium auch der außerschulischen Jugendarbeit erscheinen lassen.

Darüberhinaus ist der Trend zu beobachten, daß sich Computer - zumindest in größeren Institutionen - verhältnismäßig leicht durchsetzen lassen. Pädagogen, die ihre Argumentation nicht gerade auf den Einsatz von Computerspielen aufbauen, haben gute Chancen, Mittel für den Aufbau eines Computerarbeitsgebietes zu erhalten. Daß dann häufig Geräte angeschafft werden, die gut geeignet sind, in Büros anfallende Verwaltungsarbeiten zu erleichtern, liegt nahe und ist traurige Praxis: Für die praktische Jugendarbeit sind solche Rechner nur mit Einschränkungen zu gebrauchen. Doch der grundlegende Trend wird auch dadurch bestätigt: Innerhalb des Spektrums der technischen Medien erscheint vielen mit der Vergabe von Haushaltsmitteln betrauten Stellen der Einsatz von Computern als sinnvoll, endlich einmal keine "Spielerei".

Das alles geschieht vor dem Hintergrund eines Defizites an konzeptionellen Überlegungen. Und die meisten Mitarbeiter sind für einen praktischen Umgang mit Computern nicht ausreichend ausgebildet.

Konventionelle Arbeitsformen mit Computern

Der gängige professionelle Umgang mit Computern ist stark zielgerichtet. Er ist gekennzeichnet durch eine Arbeitsweise, die wenig gemeinsam hat mit kreativem Handeln; vielmehr ist der Computer ein Handwerkzeug, mit dem mehr oder weniger souverän umgegangen wird, das aber wenig Spielraum für eigene schöpferische Aktivitäten läßt. Ein Programm wird meist für ein ganz spezielles Anwendungsgebiet geschrieben, der Umgang mit ihm erfordert zunächst eine intensive Vorbereitung in Form der Aneignung des oft sehr umfangreichen Regelwerkes und später die Einübung der Handhabung dieser Regeln, d.h. Routinisierung des Umgangs mit den spezifischen Möglichkeiten.

Z. B. Textverarbeitung: Es ist zwar sehr hilfreich, wenn Texte nicht immer neu geschrieben werden müssen, sobald Korrekturen nötig werden; es ist praktisch und arbeitssparend, wenn immer wiederkehrende Textteile abgespeichert werden können, um sie bei Bedarf in unterschiedliche Texte einzulesen; es ist sicherlich eine große Hilfe für Institutionen, wenn Texte mit Adreßdateien kombiniert und zu Serienbriefen zusammengefaßt werden können. Mit Kreativität hat dies nichts zu tun.

Es ist vielmehr die handwerkliche Anwendung einer fortgeschrittenen Technologie. Dies hat sich auch nicht durch die sog. grafischen Benutzeroberflächen geändert. Während früher Karten gelocht werden mußten, damit dem Rechner überhaupt eine Information vom Benutzer zugeführt werden konnte, ist ein heute noch gebräuchliches Eingabemedium die Tastatur. Komfortabler sind die grafischen Benutzeroberflächen, bei denen Symbole auf dem Bildschirm, die die im Augenblick möglichen Eingaben repräsentieren, nur noch durch einen Knopfdruck angewählt werden. Dies stellt zweifellos einen enormen Vorteil gegenüber zeilenorientierten Eingabemöglichkeiten dar. Der Vorteil beschränkt sich aber auf den Zugang zum Regelwerk der entsprechenden Software, d.h. jeder kann schneller und dem menschlichen Denken gemäßer mit einer Software umgehen. Kreativer wird dabei zunächst nichts und niemand.

In diesem Zusammenhang soll ein immer wieder gehörtes Argument erwähnt werden: Die Arbeitsweise von Computern ist digital, jede verwendete Software benutzt und fordert vom Anwender eine an Algorithmen orientierte Herangehensweise, d.h. Verarbeitung von Daten in sehr kleinen Arbeitsschritten unter Einhaltung der vom Programm auferlegten Reihenfolge. Für den analog denkenden Menschen habe dies zur Folge, daß häufige Beschäftigung mit Computern seinem Denken eben diese Grundstrukturen aufzwingt und mit der Zeit eine Veränderung des dem Menschen eigenen Verhaltensrepertoires bewirkt.

Dies ist einerseits richtig, andererseits werden mit dieser These in der Regel Befürchtungen verbunden, die ich so einfach nicht übernehmen kann. Arbeiten am Computer führt danach - vereinfacht formuliert - zu technokratischen Persönlichkeiten im günstigsten Fall, zu einer sich von den menschlichen Kommunikationsformen endgültig losgelösten Kultur, zu immer stärker menschenverachtenden Gesellschaftsformen für den Fall, daß der Computer auf seinem Weg in immer mehr Bereiche des Alltags nicht sofort gestoppt werde: Endzeitstimmung digital.

Persönlichkeitsveränderungen bei denjenigen, die beruflich ständig mit Computern zu tun haben, sind sicherlich zu erwarten. Ich bezweifle allerdings, daß Veränderungen mit den oben geschilderten Konsequenzen für Computeranwender entstehen werden; vielmehr besteht eine Gefahr für diejenigen, die sich häufig "maschinennah" mit Computern beschäftigen, also Informatiker, Programmierer usw. Gesellschaftlich relevante Veränderungen erwarte ich weniger aufgrund des Umgangs mit Computern, als vielmehr durch die direkte Veränderung von bestehenden Strukturen aufgrund der Möglichkeiten, die Computer mit sich bringen. Unabhängig von dieser grundsätzlichen Einschätzung bleibt unbestritten, daß der Umgang mit Computern eine Arbeitsweise fordert und fördert, die zunächst kreativen Prozessen eher entgegensteht.

Kreative Arbeitsformen mit Computern

Trotzdem bezeichnen eine Reihe von Jugend- und Medienzentren und einige Bildungsstätten ihre Arbeit als "kreatives Umgehen mit Computern"; die Akademie Remscheid führt seit 1987 Fortbildungen durch, die sich "Kreative Gruppenarbeit mit Computern" nennen. Sind all diese Institutionen auf einen bloßen Werbegag der Hard- und Softwarehersteller hereingefallen, die, wie erwähnt, sehr großzügig mit Begriffen wie "Kreativität" umgehen? Nein, denn es gibt Zugangs- und Arbeitsweisen im Bereich "Computer", die eine solche Bezeichnung durchaus rechtfertigen.

Über eine Anwendergruppe von Computern, über Jugendliche, ist hier nämlich noch nicht gesprochen worden, und diese hat einen "eigenartigen", professionell/kommerziellen Nutzern geradezu chaotisch anmutenden Umgang mit dem neuen Medium "Computer" kultiviert. Dieser Umgang ist vor allem dadurch gekennzeichnet, daß nicht in erster Linie ein bestehendes Regelwerk eingehalten wird, um einer Software alle durch die Programmierteams vorgedachten Möglichkeiten zu entlocken. Der Zugang von Jugendlichen ist sehr viel stärker durch Experimentieren gekennzeichnet.

Dies hat sicherlich seinen Ursprung darin, daß Jugendliche, seit Homecomputer finanzierbar für sie oder ihre Eltern sind, immer noch nicht das Geld für die dazugehörige Software zur Verfügung haben. Sei es, daß sich aus dieser Not ganze Crackergemeinden gebildet haben, die so fast spielerisch einen Zugang zum "Innenleben" von Rechnern und Programmen erworben haben; sei es daß es für Jugendliche fast selbstverständlich geworden ist, eine Software zu gebrauchen, ohne durch die Anleitung einen Hinweis auf das ihr zugrunde liegende Regelwerk zu bekommen. In beiden Fällen hat dies zu einer Wahrnehmung und Handhabung von Rechnern und Programmen geführt, die durchaus subkulturelle Züge zeigt und die von Nichtmitgliedern dieser Subkultur kaum noch nachvollzogen werden kann. Sie zeigt aber durchaus auch kreative Züge, d.h. sie ist eher experimentell ausgerichtet, fordert und fördert kognitive Prozesse divergierender Art, ist weniger rezeptiv.

Nicht ein Medium ist kreativ - und schon gar nicht der Computer -, vielmehr ist es der Mensch mit seinem spezifischen Verhaltensrepertoire. Das Medium läßt lediglich einen unterschiedlich großen Spielraum für die Entfaltung von kreativem Verhalten.

Nun gibt es eine Reihe von Programmtypen, die ebenfalls hier bisher nicht erwähnt wurden, die aber durchaus die Voraussetzungen bieten, aus Computern Geräte zu machen, mit denen kreativ umgegangen werden kann. Dies sind einerseits die Programmiersprachen, mit denen ein souveräner Anwender alles realisieren kann, was auf Rechnern überhaupt machbar ist. Eigenes Programmieren soll an dieser Stelle aber nicht weiter behandelt werden, weil sich gezeigt hat, daß es für die meisten Bereiche der außerschulischen Jugendarbeit ein wenig brauchbarer Ansatz ist. Es sei hier nur erwähnt, daß die pädagogischen Institutionen, die sich hiermit befassen, also Schule und Einrichtungen der beruflichen Bildung, stärker die kreativitätsfordernde und -fördernde Eigenart des Programmtyps "Programmiersprache" nutzen sollten, anstatt auf eine reine Vermittlung der Syntax zu setzen.

Wichtiger ist in diesem Zusammenhang die vielfach sog. "Kreativsoftware", meistens Programme, die sich auf grafische Anwendung, aber auch auf Sound und Musik und deren Verbindung beziehen. Dies läßt Skeptiker sicher aufhorchen, könnte das doch so verstanden werden, als hätten wir es hier mit dem Versuch zu tun, Kreativität zu programmieren, was zweifelsohne einen Widerspruch in sich bedeuten würde. Was hier tatsächlich programmiert wurde, ist vielmehr eine Computeranwendung, die von ihren Möglichkeiten her ausgesprochen vielseitig ist, die nicht auf die Lösung einer konkret zu beschreibenden Aufgabe hin orientiert ist, die eher aktives Herangehen fordert als einfaches Einhalten der Regeln. Damit ist dieser Softwaretyp selbstverständlich nicht kreativ, aber er erfüllt zumindest wichtige Voraussetzungen dafür, daß diejenigen, die damit umgehen, kreativ tätig werden können. Dies gilt zwar - eingeschränkt - auch für eine Computeranwendung wie Textverarbeitung, der zu kreativem Verhalten auffordernde Charakter ist aber z.B. bei einem Malprogramm ungleich größer.

Repräsentiert werden die Möglichkeiten in etwa durch die Struktur des Aufbaukurses "Kreative Gruppenarbeit mit Computern" der Akademie Remscheid:

- Als Voraussetzung für jede grafische Anwendung von Computern wird mit einem sogenannten Malprogramm gearbeitet. Damit kann einerseits die Verwendung von Pinseln, Stiften und Farben mit Maus und Bildschirm nachvollzogen, also Bilder, je nach Vorkenntnissen und Erfahrungen, selber erstellt werden; andererseits bieten solche Programme grafische Gestaltungsmöglichkeiten, die mit konventionellem Handwerkzeug nur mühsam zu erarbeiten sind: Farbverläufe, nachträgliche Veränderung einzelner Bildelemente, "Ausschneiden" und beliebiges Weiterverwenden von Bildteilen, vielfältige Symmetriemodi und Perspektivdarstellungen u.v.m.
- Als ein besonders interessantes Merkmal eines gutdurchdachten grafischen Computersystems stellt sich die Möglichkeit dar, außerhalb des Rechners erzeugte Bilder in die Arbeit mit dem Malprogramm einbeziehen zu können. Mithilfe eines sog. Videodigitizers und einer Videokamera können Bildvorlagen, reale Situationen/Personen oder bereits bestehende Videoaufzeichnungen als Standbild in den Rechner eingelesen werden, um dann im Malprogramm mit dessen spezifischen Möglichkeiten weiterverarbeitet zu werden.
- In einem weiteren Schritt wird mit sog. Animationsprogrammen auch bewegte Computergrafik erzeugt. Es gibt inzwischen eine Vielzahl von Animationssoftwaretypen im low-cost-Bereich, vom Trickfilmprogramm, bei dem die Einzelbildschaltung einer Filmkamera simuliert wird bis hin zu aufwendigen objektorientierten 3-D-Programmen. Mit mehr oder

weniger großem Arbeits- und Rechneraufwand können so unterschiedlichste Formen von computergenerierten oder -unterstützten Animationsfilmen hergestellt werden.

- Um diese nachträglich zu vertonen, stehen ebenfalls eine Reihe von verschiedenen Programmen zur Verfügung. Mit Noteneditorprogrammen lassen sich Musikstücke wie in ein Notenblatt schreiben und mit unterschiedlichen vorgefertigten oder selbst erstellten Instrumenten abspielen. Synthesizerprogramme erlauben es, den Rechner als Soundsynthesizer zu benutzen, um selber Geräusche und Instrumente zu generieren. Ähnlich wie im Bildbereich, gibt es Sounddigitizer, mit deren Hilfe alle analogen Tonquellen, ein- schließlich der menschlichen Stimme, in den Rechner gelesen werden können, um sie dann z.B. als selbsterzeugte Instrumente in einem Musikprogramm zu verwenden.
- Mit der geeigneten Hardwarekonfiguration können alle diese gestalterischen Möglichkeiten von Computergrafik und -sound schließlich mit Video verbunden werden, nicht nur, um die Ergebnisse aufzuzeichnen oder zum Bestandteil von Videoproduktionen zu machen; vielmehr können mit Hilfe eines sog. Gen-Lock-Interfaces in bestimmtem Umfang Video- und Computerbilder miteinander gemischt und zu einer mit anderen Techniken nicht zu erreichenden bildgestalterischen Einheit verbunden werden.

Es wäre unredlich zu leugnen, daß diese Herangehensweise an den Computer als bild- und tongestalterisches Medium immer wieder auf Grenzen stößt.

Sei es, daß nicht genug Speicher im Rechner vorhanden ist, um die eigenen Ideen zu verwirklichen, sei es die für aufwendige Arbeiten zu geringe Geschwindigkeit, die zu nervtötenden Wartezeiten führt oder sei es, daß die für den Amateurbereich produzierte Software einfach nicht gut genug durchdacht und sorgfältig genug hergestellt wurde:

Unter den heutigen Bedingungen verbringt der "kreative Anwender" immer noch einen Gutteil seiner Zeit damit, bestehende Unzulänglichkeiten des Systems zu überlisten.

Es soll auch nicht der Eindruck erweckt werden, als sei die hier beschriebene Vorgehensweise, die zu einer integrativen Nutzung von Video und Computern führt, der einzige oder beste Zugang zu den Programmtypen, die Kreativität im bild- und tongestalterischen Bereich ermöglichen. So ist eine Vielzahl von weiteren Anwendungen dieser Software denkbar, z.B. als Informationsmedium (Handzettel, Zeitung, Computerdiashow), als völlig eigenständiges künstlerisches Medium (Bildschirmgrafik, Papierausdruck oder in Verbindung mit konventionellen künstlerischen Techniken, z.B. Siebdruck), als Bestandteil von Installationen u.v.m.

Pädagogische Probleme

Es sind hauptsächlich drei Bereiche, mit denen sich die pädagogische Diskussion beschäftigen muß, wenn es um Fragen der kreativen Nutzung von Computern in pädagogischen Arbeitsfeldern geht:

- Welche mit anderen Mitteln nicht zu erreichenden pädagogischen Ziele bzw. künstlerischen Ausdrucksformen ermöglicht die Einbeziehung von Computern in die praktische Arbeit?
- Welche Konsequenzen hat dies für den pädagogischen Alltag, auch in Hinblick auf die durchaus berechtigte Diskussion um Nutzen und Gefahr von Computern überhaupt?
- Welche Methoden für die Arbeit mit Computern in der kulturellen Jugendbildung müssen entwickelt werden, da ganz offensichtlich professionelle und schulische Hergehensweisen nicht nur nicht geeignet sind, sondern einem kreativen Umgang weitgehend widersprechen?

Welche künstlerischen Möglichkeiten der Einsatz von Computern unter Verwendung entsprechender Software und Peripherie mit sich bringt, sollte bei der vorausgegangenen Beschreibung zumindest soweit deutlich geworden sein, daß er als potentiell sinnvolles neues Medium in der künstlerischen Praxis und in der kulturellen Bildung erkannt wird. Bildende Künstler sind längst dabei, auszuprobieren, inwieweit sich daraus neue Impulse für ihre Arbeit ableiten lassen. Für viele pädagogische Bereiche kann dies zumindest den Effekt haben, daß mit Computern auch Jugendliche angesprochen werden, die sich einer intensiven pädagogischen Gruppenarbeit mit konventionellen Mitteln eher entziehen würden, die erst recht in einer auf kreatives Gestalten angelegten Arbeit nicht vorkommen würden.

Bisherige Erfahrungen zeigen, daß Jugendliche bei der Arbeit mit Computern - auch oder gerade wenn sie spielerisch/gestalterisch angelegt ist - eine nicht gewohnte Konzentrationsfähigkeit und eine ihnen immer wieder abgesprochene hohe Motivation an den Tag legen. Darüberhinaus ist der Computer - entgegen anderslautenden Vorurteilen - ein kommunikationsförderndes Medium, da er es ständig nötig macht, sich mit anderen auszutauschen.

Durch den Einsatz von Computern in der außerschulischen Jugendarbeit können diese Strukturen für die eigene, in der Regel ja gruppenorientierte Arbeit, genutzt werden; andererseits besteht gerade hier die Möglichkeit, die vielfach beklagte Eindimensionalität der mit Computern verbundenen Kommunikation, nämlich ihre weitgehende Beschränkung auf computerimmanente Inhalte, aufzubrechen. Dies gilt selbst für eine Gruppe, die ihr Selbstverständnis ausschließlich über das allen Mitgliedern gemeinsame Interesse an Computern definiert, wenn es z.B. gelingt, daß sie mit einer anderen Gruppe der Einrichtung, z.B. der Hauszeitungsredaktion, zusammenarbeitet.

Dem steht gegenüber, daß ein beträchtlicher Teil der Pädagogen Computern nach wie vor eher skeptisch begegnen. Dies hat mit dem zweifelhaften Ruf zu tun, den Computer unter kritischen Zeitgenossen zu Recht besitzen. Allerdings macht sich eine immer realistischere Einschätzung breit: Computer werden nicht mehr einfach als Machwerk des Bösen angesehen, sondern ihre Vielgestaltigkeit wird erkannt.

Ich erwarte, daß früher oder später nicht mehr der Begriff "Computer" diskutiert wird, sondern nur noch eine Anwendung bzw. ein Softwaretyp. Nur so kann man einer Maschine, die, bei entsprechender Programmierung, ein SDI-Projekt steuern, eine Schreibmaschine ersetzen oder bei der Herstellung eines Trickfilms helfen kann, gerecht werden.

"Computer" als Sammelbegriff ist m. E. nur in einer Phase erster Orientierung gerechtfertigt und angemessen; um so vorsichtiger sollten wir mit neuen Begriffen wie "Computerpädagogik" sein, da sie eher zu weiterer Konfusion als zu einer Klärung beitragen können.

Eine z. Zt. vielerorts zu beobachtende Folge dieser Konfusion ist die nicht sehr glücklichen Trennung zwischen Pädagogen, die Computer als eine aktiv zu begegnende Herausforderung betrachten und denen, die eine möglichst große Distanz dazu wahren und diese kultivieren.

Während z. T. die immer gleichen, längst überholten Fragen diskutiert werden, z. T. die Herausforderung der neuen Technologie und der gesellschaftlich relevanten Kategorie "Computer" einfach ignoriert wird, beschäftigen sich eine Reihe praktisch tätiger Pädagogen bereits mit den sich aus dem Einsatz von Computern ergebenden didaktischen und methodischen Problemen.

Deren Spektrum reicht von der Frage nach der geeigneten Arbeitsform (offen oder gezielter Kurs) über gruppenpädagogische Schwierigkeiten (z.B. aufgrund sehr unterschiedlichen Vorwissens unter den Jugendlichen) bis zu der Frage, inwieweit jugendtypische Zugangsweisen zum Computer (einerseits über Spiele, andererseits der beschriebene, eher unsystematische Umgang) einbezogen werden können und sollen. Dies alles wird überlagert durch ein auf absehbare Zeit nicht zu änderndes Kompetenzproblem: Viele Jugendliche in Computergruppen wissen mehr über Rechner als die betreuenden Pädagogen.

Soviel ist absehbar: Alte Konzepte aus der Arbeit mit "alten" Medien sind nur beschränkt übertragbar; das in so vielen Aspekten vom Bekannten völlig unterschiedliche Medium "Computer" erfordert einen neuen Fundus an Erfahrungen - das heißt auch Risikobereitschaft in der praktischen Arbeit -, um eine tragfähige didaktische und methodische Basis überhaupt schaffen zu können.

Der Computer in der Jugendarbeit

Gerd Paulmann

Seit 1985 entzünden sich die Emotionen in der Jugendarbeit am Computer. Seine Existenz war wohl bekannt, bisher fühlte man sich aber sicher vor ihm. Seine Einsatzfelder in Industrie, Handel, Hochschule, gewerblichen und nichtgewerblichen Bereichen versprachen Distanz.

Fernab von musisch-kulturellen Angeboten hat sich nun eine Computersubkultur entwickelt, u.a. ausgelöst durch die intensive Computerisierung unserer Gesellschaft, eine ständig fallende Preistendenz der Geräte und leicht zugängliche Software.

Diese "Szene" kümmert sich nicht darum, ob ihre Beschäftigung pädagogisch sinnvoll ist; sie bleibt Außenstehenden verschlossen und trifft sich, von Ausnahmen abgesehen, nicht in Jugendeinrichtungen.

Es kann nicht Aufgabe der Jugendarbeit sein, unter dem vermeintlichen Erfolgsdruck, "aktuell" oder "in" zu sein, dies verlorene Terrain wieder zurückzugewinnen. Es fehlt dafür die technische und pädagogische Infrastruktur, den dynamischen Prozeß der Computertechnologie aufzugreifen.

Dies soll aber kein Freibrief sein, sich auf Dauer den Auswirkungen dieses Unterhaltungsmediums zu verschließen. Dies würde letztlich bedeuten, das geänderte Spiel- und Freizeitverhalten Jugendlicher nicht wahrnehmen zu wollen und dadurch adäquate Inhalte auch nicht anbieten zu können.

Im Mittelpunkt sollte der "Unterhaltungs- und Freizeitcomputer" stehen mit all seinen Problemen als populäre Spielmaschine. Bis jetzt sind geeignete Ansätze leider mehr dem Zufall und der Experimentierfreude wagemutiger Mitarbeiter überlassen.

Der Computer läßt sich in keine bisher bekannte Struktur pressen

Abhängig von der Hard- bzw. Software und den jeweiligen Zielgruppen verwandelt er sich immer wieder in ein anderes Medium und fordert ein neues Vorgehen: z.B. die Grafikmaschine für Animation und Druckgestaltung, die Musikmaschine für Pop- und Rockbands und die Kommunikationsmaschine für die Mailboxarbeit.

Der Schwerpunktwahl folgt die Systementscheidung, und nicht umgekehrt. Jedes System hat seine spezifischen Stärken und dafür abgestimmte Programme. Bei Video ergab sich eine eindeutige Ausrichtung auf VHS. Bei den Computern fehlt bisher eine klare Produktlinie. Die Systeme sind noch störanfällig, notwendige Ergänzungs- bzw. Ersatzteile erst nach längeren Lieferfristen zugänglich.

Die Programme versprechen mehr, als sie beim Nutzer mit seiner vorhandenen Ausstattung einlösen können. Entweder mangelt es am ausreichenden Arbeitsspeicher, die Programmversion ist fehlerhaft, nur auf amerikanische Fernsehnorm getrimmt, oder Zusatzkomponenten sind bei der Anwendung unabdingbar.

Den "Softwaredschungel" zu durchforsten, kostet Geduld, Ausdauer und Erfahrung. Die Anpreisung, was das Programm leistet, mit dem zu vergleichen, was man selbst daraus entwickelt hat, ist mit Frust und Ärger verbunden. In der Praxis bedeutet das, daß man einzig als Diskjockey in der Lage ist, die verschiedenen Programme zu einem "Anwendercocktail" zu mixen, um Programmschwächen auszugleichen.

Der Datentransfer unter den Programmen ist dabei nur mit geschickten Konvertierungs- und Manipulationstricks möglich. Ein Superprogramm, das diese vielen unterschiedlichen Arbeitsabläufe zusammenfaßt, gibt es noch nicht. Trotz guter Methodik verlangen die Programme ständiges Um- bzw. Eindenken. Sie suggerieren eine Fülle von Möglichkeiten, die mit den Fähigkeiten und Kenntnissen von Anfängern nicht ausgeschöpft werden können. Weder die "Maus" noch die "Window-Technik" sind Auslöser von phantastischen Einfällen. Wer nicht weiß, wie z.B. eine Bewegungssequenz konzipiert wird, dem hilft der Computer auch nicht mit dem raffiniertesten Programm, - da bleibt nur der Genuß von fertigen Computerbildern auf "Public-Domain-Disketten".

Nur überschaubare, zeitlich begrenzte Projekte führen zum Erfolg und damit zur länger andauernden Mitwirkung von Kindern und Jugendlichen. Sehr groß ist die immanente Ablenkung durch die vielen attraktiven Computerspiele. Vielen genügt schon, die Programme zu besitzen oder sie lediglich oberflächlich zu kennen. Verlockend ist für viele, die gewünschten Programme unter der Hand kostenlos zu erwerben. Die Jagd nach ihnen ist zum Selbstzweck geworden - das Sammeln wird wichtiger als das Anwenden.

Wenn überhaupt die Arbeit mit Computern sinnvoll sein und zudem Vergnügen bereiten soll, muß sie inhaltlich ansprechende Ziele ermöglichen, eine Brücke zur Öffentlichkeit bieten, den Computereinsatz reflektieren helfen (nicht nur von Gymnasiasten mit Informatikkenntnissen zu bewältigen), spannend und unterhaltsam sein.

Die Bildwelten des Computers sind faszinierend

Professionelle Programmierer zeigen, was sie mit den auf dem Markt befindlichen Anwenderprogrammen zu leisten im Stande sind. Nur mit Geduld, und nicht von spielerischer Hand, mit umfangreichen Kenntnissen und nicht im Ex- und Hopp-Stil (Einschalten -Tasten- oder Maus- Klick) kann man dem Rechner ähnliche Ergebnisse entlocken. Diese Erfahrung ist nicht computerspezifisch. Ein gut eingerichtetes Fotolabor oder ein Videostudio garantieren durch ihre Ausstattung noch keinen Erfolg. Bei den "klassischen Medien" sind aber Aufwand und Ergebnis vertraut, man paßt seine Erwartungen dementsprechend an.

Die Möglichkeiten des Computers sind dagegen kaum abzuschätzen, der Entstehensprozeß wird eher dem Gerät zugeordnet und nicht dem Menschen. Die Perfektionserwartungen steigern die Ansprüche, die rastlose Jagd nach immer leistungsfähigeren Maschinen ist die Folge, in der Hoffnung, damit - und nicht mit eigenem Einsatz - endlich auch "Computerkunstwerke" produzieren zu können. Ist z.B. der Ablauf des Siebdrucks geläufig und durch Übung verfestigt, so ist es leicht, Siebdrucke wiederholt zu erstellen. Das Grundlegende bleibt haften: die Überschaubarkeit des Druckvorgangs, die Technik und ihr Einwirken auf die Druckvorlage. Es bleibt Zeit für die inhaltliche und formale Gestaltung. Der Tätigkeit am Computer fehlt diese vertraute Struktur. Neuartige Bedienungsabläufe, immer wieder sich ändernde Programmabläufe und Programmvernetzungen verlangen zeitaufwendige abstrakte Vorplanung und Bereitstellung aufwendiger, wartungsintensiver Technik. Die "Logistik" reduziert die Zeit für die Gestaltung eigener Ideen oder verlängert notgedrungen den gesamten Entstehensprozeß.

Beeinflußt vom Fernsehen ist eine ästhetische Aufnahmebereitschaft für computertypische Formen und Farben vorhanden und wird z.B. bei den selbsterstellten Videos der Jugendlichen sichtbar. Mit sehr viel Phantasie produzieren Jugendliche mit Homecomputern Videovor- und abspann, Zwischenkommentare, Szenenübergänge. Anstelle eines Titelgenerators (z.B. in der Videokamera) nutzen sie den Computer zur Text- bzw. Bildeinblendung. Das Videoband eignet sich als Transportmittel für zwei- bzw. dreidimensionale bewegte Grafik, als formale Folie für Trickfilm und Computeranimation.

Eine Kombination von beiden Verwendungsarten ist die Videocomputerverbindung mit Anteilen der Videofilmgestaltung und der Computeranimation über eine Schnittstelle, das Genlock-Interface. Es ist sicher Illusion anzunehmen, mit diesen Techniken viele Jugendliche anzusprechen; der Anteil an Medienarbeit Interessierten wird gleich bleiben. Der Maschinenanteil mit seinem einschränkenden Regelsystem muß zuerst deutlich in den Hintergrund treten, der Gestaltungsspielraum für eine "freiere" Anwendung wesentlich größer werden. Diesen dann trotz allem computertypischen "Freiraum" richtig zu nutzen, dazu gehören wiederum spezifische Gestaltungskenntnisse. Der Computer an sich löst keine kreativen Prozesse aus, er behindert sie eher.

Voraussetzung einer sinnvollen Computerarbeit ist die Balance zwischen finanziell erschwinglicher Grundausstattung, überzeugender Rechnerleistung und anwenderfreundlicher Software. Erst dann lassen sich einige der Träume verwirklichen, die die Computer- und Softwareproduzenten dem Nutzer suggerieren. Ein Pinsel zum Malen verspricht unerschöpfliche Vielfalt und Einfachheit zugleich. Ein Computermalprogramm ist zugleich komplex und im Vergleich zum Pinsel unendlich eingeschränkt, der Zugang von vielfältigen Anweisungen abhängig. Mit dem Pinsel streicht man spontan über die Malfläche, mit der Maus steuert man entfernt auf einem Bildschirm grafische Prozesse. Die Programmoptionen wecken Sehnsüchte nach "akrobatischen" Lösungen, ohne sie verstehen oder bewältigen zu können.

Dem Fernsehen nachzueifern, wird trotz Werbeeinflüsterungen Utopie bleiben. Es heißt, Methoden zu entwickeln, die die eigen- ständigen Darstellungsformen des Computers unterstützen, und von Kindern und Jugendlichen in einem vernünftigen Handlungsrahmen realisiert werden können.

Das Ergebnis muß überzeugend sein

Wenn ein selbstgemalter Videotitel wirkungsvoller ist als eine animierte Computerschrift, dann lohnt sich der Einsatz des Gerätes nicht. Es darf nicht zum Selbstzweck bei der Arbeit werden.

Bei Video gibt es unterschiedliche Tätigkeiten, die zum Gelingen des gemeinsamen Projektes beitragen. Der Computer ist dagegen auf den einzelnen abgestimmt, und dieser hat wenig Lust, freiwillig die anderen zu beteiligen. Erst über den Weg z.B. der gemeinsamen "Drehbuchgestaltung", der Vertonung des "Computer-Streifens" und der zeichnerischen Darstellung können unterschiedliche handwerkliche und gestalterische Aspekte zu einer Gruppenaufgabe zusammengefaßt, ästhetische Phänome des Computers dabei in ihrer Wirkung begriffen und verarbeitet werden. Erst die Integration anderer Medien gewährleistet diese gleichberechtigte Beteiligung mehrerer. "Nur-Computerlösungen" fördern dagegen die speziellen "Superfähigkeiten" von wenigen, standardisieren die Eingangsvoraussetzungen und den Lernrhythmus.

Um dieser Computerarbeit zum Erfolg zu verhelfen, müssen einige Vorbedingungen erfüllt werden: "Unterhaltungs-" und

"Verwaltungscomputer" sollten nicht miteinander verbunden werden. Mit einem IBM-kompatiblen Personalcomputer kann mit einiger finanzieller Mühe Farbe, Bewegung und Musik auf den Bildschirm gezaubert werden - wieviel einfacher geht dies mit den Commodore- bzw. Atari-Computern. Für sie gibt es preiswerte Software, für MS-DOS-Programme gilt dies nicht. Diese Hardware ist schon im Besitz der Jugendlichen.

Es fehlen Zentren, die "aufnahmefreundlich" sind für diese Medienbeschäftigung. Geeignete Programme müssen in einer Standardliste aufgeführt sein, spezielle Tips und Tricks dazu interessierten Mitarbeitern in Seminaren angeboten werden. Es kann keine kontinuierliche Computerarbeit geben. Wenn sie Erfolg haben soll, muß sie projektbezogen angelegt sein, hier sind deutliche Parallelen zur Videoarbeit.

Ohne Qualifizierung der Mitarbeiter werden erste Ansätze verkümmern

Das heißt nicht, daß jeder pädagogische Mitarbeiter sich Hard- und Softwarekenntnisse aneignen sollte. Wichtig ist eher, einen konzeptionellen Rahmen erkennen zu können, in dem Jugendliche Jugendliche unterweisen.

Mit Spontaneität und Improvisation allein läuft beim Computern nichts, erst mit fundierter Handwerklichkeit kann die Faszination der Kinder und Jugendlichen an Computerspielen in Bahnen der Computernutzung gelenkt werden; ob man dafür das "Gütesiegel" der Kreativität benötigt, wird Pädagogen noch lange beschäftigen.

Computer und Kreativität - Ein Widerspruch?

Thomas Steigerwald

Zum Begriff Kreativität

Die Selbstverständlichkeit, mit der ein Begriff wie Kreativität in der Computerpädagogik verwendet wird, erweckt im ersten Moment den Eindruck, als ob damit eindeutige, für jeden nachvollziehbare Inhalte verbunden wären. Aber ist dies tatsächlich so? Wenn man/frau Veröffentlichungen zum Thema Computer liest, können einem schon gewisse Zweifel kommen. Da werden einerseits die fast unbegrenzten kreativen Möglichkeiten im Umgang mit dem Computer begeistert gefeiert, wird von Möglichkeiten kreativer, apparativer Computerkunst gesprochen, ist aber andererseits von einer Ablehnung des Computers als Instrument zur Schaffung kreativer Schöpfungen die Rede.

Da werden von den einen von Kindern programmierte Logo-Zeichnungen als eine kreative Leistung geschätzt, der Umgang mit Programmiersprachen im allgemeinen als Möglichkeit des kreativen Umgangs mit dem Computer bezeichnet, während die nächsten im Programmieren nicht mehr als eine Lektion "im proceduralen Denken" sehen können und... und... und... Einigkeit über die Verwendung eines Begriffes demonstriert dies alles nicht.

Der Begriff Kreativität wurde 1950 von Joy Paul Guilford als "creativity" geprägt. Kreativität wurde zu einem Schlagwort, das zur Weiterentwicklung einer Kriegsmaschinerie dienen sollte, die sich nach Meinung der amerikanischen Militärs im Koreakrieg als nur wenig tauglich erwiesen hatte. Auch wenn die Entwicklung des Begriffs Kreativität in ähnlicher Weise mit der Entwicklung von Kriegsgerät zusammenhängt wie die Entwicklungsgeschichte des Computers selbst, soll uns dies nicht hindern, ihn etwas näher zu betrachten. In der Ökonomie wird Kreativität als etwas Absichtsvolles gesehen, das auf die Lösung eines bestimmten Problems abzielt. Kreativität ist in diesem Zusammenhang meist mit einem Zwang zu einem Ergebnis, nämlich etwas verkaufen zu müssen, verknüpft.

Man/frau verläßt sich nicht auf die Stunde der Eingebung, sondern geht von der pragmatischen Überzeugung aus, daß nahezu alles erlernbar ist. Demzufolge wurde eben dieser "kreative Akt" erforscht, sein Ablauf systematisiert und in einen in Phasen aufgeteilten Lernprozeß umgesetzt[1)].

Es wurden Kreativitätstrainingsprogramme mit dem Ziel entwickelt, durch begrenzte Problemstellungen, Zeitdruck, Informationsbeschränkung und Kontrolle möglichst effektiv zu verwertbaren Ergebnissen zu kommen[2)]. Solche Zielsetzungen sind für die Jugendarbeit nicht erstrebenswert. Kreativität in der Jugendarbeit hat sicher Lustbetontheit und damit Freiwilligkeit zur Grundvoraussetzung, erfordert damit unter anderem die Beachtung der Interessen und Bedürfnisse der Jugendlichen und muß sich natürlich auch die Frage gefallen lassen, inwieweit sie mit den Zielen von Jugendarbeit korrespondiert.

Ob an die Jugendarbeit überhaupt der Anspruch gestellt werden sollte, etwas Schöpferisches - und damit unter dem Blickwinkel der Kulturarbeit etwas grundsätzlich Neues - zu schaffen, mag dahingestellt bleiben. Ich möchte mich im folgenden unter Berücksichtigung eigener Erfahrungen auf die Frage beschränken, inwieweit mit dem Computer kreative Prozesse initiiert bzw. zumindest unterstützt werden können.

Der Einsatz des Computers in der Jugendarbeit

Nachdem die anfängliche prinzipielle Ablehnung der Pädagogen/innen gegenüber dem Computer (die in vielen Fällen nicht konkret begründbar war) langsam abklingt, ist in letzter Zeit unter technikbegeisterten Sozialpädagogen ein Trend feststellbar, den Computer nach dem Motto "neu, schick und attraktiv" für die Jugendeinrichtung zu ordern[3]. Leider wird dabei oft die Frage nach dem Sinn dieser Anschaffung ausgespart. Als alleiniges Argument wird meist das Interesse der Jugendlichen ins Feld geführt und daß man/frau ja schließlich die Aufgabe habe, diese Bedürfnisse zu befriedigen.

Daneben gibt es noch eine dritte Gruppe von Pädagogen/innen, die einen technokratie-kritischen Ansatz verfolgen. Diese treffen sich dann auf einer der vielen Tagungen zum Thema Computerkultur oder Computer in der Jugendarbeit und stellen sich gegenseitig die Frage, wie denn nun die eigenen Ansprüche, die Interessen der Jugendlichen und der Computer unter einen Hut zu bringen sind. Fragen, die im Rahmen dieser Tagungen und Seminare für die Pädagogen/innen meist nur sehr unzureichend beantwortet werden, zumal die Vorstellungen, was einen sinnvollen Einsatz des Computers ausmacht, auch bei ihnen recht unterschiedlich sind und entsprechende verallgemeinerbare Konzepte nicht vorliegen.

Von daher kann auch die Frage nach den Möglichkeiten des kreativen Umgangs mit dem Computer nicht mehr als der Versuch einer Einschätzung sein, die auf bisher gemachten Erfahrungen beruht. Hierbei möchte ich mich auf die Bereiche der Anwendersoftware und des Programmierens beschränken.

Das Programmieren von Computern in der Jugendarbeit

Das Programmieren von Computern als Teil der Computerarbeit ist in der Jugendarbeit umstritten. Zum einen wird von seiten der Pädagogen - sicher nicht zu Unrecht - immer wieder darauf verwiesen, daß die Jugendarbeit nicht für Defizite der Sozialisationsinstanz Schule herhalten kann und von daher keine kompensatorischen Aufgaben übernehmen sollte.

Zum anderen stellen aber Pädagogen/innen immer wieder fest, daß von den Jugendlichen Interesse am Erlernen einer Programmiersprache geäußert wird. Hinzu kommt, daß unabhängig davon, inwieweit dies unter den Begriff "kreativ" fällt, das Beherrschen von Grundzügen einer Programmiersprache die Möglichkeiten eines reflexiven Umgangs mit der Computertechnologie erweitert. Dies hat sich zumindest in konkreten praktischen Projekten immer wieder gezeigt[4)]. Ich bin von daher der Meinung, daß das Erlernen der Grundlagen einer Programmiersprache bei entsprechendem Interesse der Jugendlichen, zumindest in einer Übergangszeit, nicht prinzipiell abgelehnt werden sollte.

Doch jetzt zu den kreativen Möglichkeiten des Programmierens: Papert, der Erfinder der Programmiersprache Logo, geht davon aus, daß Logo Kinder dazu auffordere, den Computer selbst zu programmieren: Da die Sprache voll interaktiv ist (alle Eingaben werden sofort in grafischer Form auf dem Bildschirm ausgegeben), hätten bereits Kinder die Möglichkeit, ihre Programme zu überwachen und sofort zu korrigieren (debuggen). Dies seien Schritte zum "entdeckenden Lernen". Der Computer sei ein "Gegenstand, mit dem man denken" könne. "Das Kind lehrt die Maschine"[5)].

Es ist zwar richtig, daß das Kind das Programm unter der Anleitung von Pädagogen/innen selbst schreibt, aber es muß sich im Rahmen der Sprache und der Logik des Computers bewegen. Um bei der Computersprache Logo zu bleiben, die von Papert als eine Allzwecksprache gesehen wird, die nicht nur für Kinder geschaffen wurde: Es ist unter Umständen selbst für Vorschulkinder möglich, mit Hilfe von Logo Kreise, Linien oder Kästen auf den Bildschirm zu zaubern, aber es ist nicht möglich, "einen Hobbit in den Kasten zu tun oder dem Kasten Flügel wachsen zu lassen und ihn nach Mittelerde fliegen zu lassen"[6)].

Ein Beispiel aus den Unterrichtsplänen für das Fach Kunst, die Daniel Watt auf der Grundlage von Logo entwickelt hat[7)]:

Die Schüler/innen bekommen die Aufgabe, eine von ihnen mit dem Bleistift entworfene Skizze soweit zu vereinfachen, daß sie in geometrische Formen aufgelöst werden kann. Diese geometrischen Formen werden mittels der Programmiersprache Logo in eine für den Computer lesbare Form umgesetzt. Das Ergebnis könnte folgendes sein:

```
TO TRUCK
BIGBOX
        SUBPROGRAMM: RBPBAT 4 (FORWARD 60 REPEAT 90)
        END
MOVBOVER
        SUBPROGRAMM: RIGHT 90 FORWARD 60 LEFT 90
        END
SMALLBOX
        SUBPROGRAMM: REPEAT 4 (FORWARD 30 RIGHT 90)
        END
MOVEBACK
        SUBPROGRAMM: LEFT 90 FORWARD 60 RIGHT 90
        END
WHEELS SUBPROGRAMM: RIGHT 90
        RCIRCLE 5
        FORWARD 90
        RCIRCLE 5
        BACK 90
        LEFT 90
        END
```

Es stellt sich die Frage: Ist es eine kreative Leistung im Kunstunterricht, aus der Zeichnung eines Lastkraftwagens ein Programm zu entwickeln, das diese Darstellung in vereinfachter Form auf dem Computerbildschirm sichtbar macht? Ein zweites Beispiel: Daniel Watt benutzt Logo (jede andere Programmiersprache wäre genauso denkbar) auch dazu, mit Kindern Poesie zu erstellen.

Die Kinder bekommen die Aufgabe, thematisch geordnete Listen zu entwickeln, die mit Hilfe eines kurzen Programms und eines Zufallsgenerators vom Computer zu einem dichterischen Opus verarbeitet werden. Ist es wirklich kein Unterschied, wie Daniel Watt meint, ob der Computer Wörter aus einer langen Liste von verschiedenen Wortarten auswählt und diese nach einem festgelegten Muster miteinander verknüpft, oder ob der Mensch versucht, sich in einer poetischen Form auszudrücken, selbst wenn der Unterschied auf den ersten Blick von einem unbeteiligten Dritten nicht zu sehen ist?

Wenn man/frau sich diese beiden Beispiele vergegenwärtigt, so wird eines klar: Der Computer setzt im Rahmen seiner Möglichkeiten das um, was ihm eingegeben wird, dabei sind meist Reduktionen notwendig (siehe das Beispiel mit dem Lastwagen). Der/die Programmierer/innen müssen die Logik des Computers, der Programmiersprache einhalten. Dies fördert, wie Papert sagt, das "procedurale Denken", das nach seiner Ansicht für die Weiterentwicklung unserer Gesellschaft unumgänglich ist.

Im Vordergrund steht nicht der künstlerische Wert des Produktes, sondern die Beherrschung der Syntax der Programmiersprache. Die Kenntnisse erwerben sich Jugendliche meist nach dem Prinzip des "trial and error". Bleibt die Frage nach den Schlußfolgerungen, die hieraus zu ziehen sind. Doch hierzu später.

Anwendersoftware in der Jugendarbeit

Die sogenannte Anwendersoftware (die oftmals gar nicht so anwenderfreundlich ist) wird mit kreativen Möglichkeiten des Computers in Verbindung gebracht. Ich möchte hier Textverarbeitungs-, Dateiverwaltungs-, Desktoppublishing- und ähnliche Programme bewußt aussparen, da sie vor allem Hilfestellungen bei der Lösung von konkreten Aufgaben anbieten. Hierbei stehen normalerweise keine kreativen Prozesse im Vordergrund, sondern es geht vielmehr um Aufgaben der Organisation und Öffentlichkeitsarbeit, bei denen der Computer vor allem als Werkzeug zur möglichst perfekten Umsetzung dient.

Dies scheint zumindest nach der Ansicht vieler Pädagogen/innen bei Programmen aus dem Bereich der Grafik, der Animation und des Sounds anders zu sein. Hier werden im Bereich der Jugendarbeit die meisten Versuche gemacht, sind auf Tagungen inzwischen erste Ergebnisse zu sehen. Das Spektrum reicht von Computerdiashows, in denen Jugendliche meist mit Hilfe eines Digitalisierers mehr oder weniger künstlerische Bilder erstellen, über Titel, Vor- oder Abspänne von Videofilmen mit Hilfe eines Genlocks, bis zu Videofilmen, in denen Teile über den Computer gestaltet wurden (meist unter Zuhilfenahme eines Digitalisierers und von Animationsprogrammen, manchmal auch in Verbindung mit "gesampelten" Sounds).

Auch hier ein Beispiel:

Auf einem Pfingstcamp wurde neben verschiedenen anderen Workshops eine Computerwerkstatt angeboten. Im Laufe der vier Tage sollte eine Diashow entstehen, die zum einen das Lagerleben vorstellen, in der aber auch Platz für eigene Experimente mit einem bekannten Grafikprogramm sein sollte. Fast die Hälfte der über hundert Jugendlichen beteiligten sich an der Computerwerkstatt.

Sie erhielten eine Einführung in das Grafikprogramm, ihnen wurde der Umgang mit dem Digitalisierer und, soweit dies notwendig war, der Umgang mit Videokamera und Videorecorder erklärt. Viele gingen dann auch begeistert los und digitalisierten anschließend ihre Videoaufnahmen für die Weiterverarbeitung im Computer. Die Bearbeitung bestand meist aus Größenveränderungen, dem Heraussuchen von Bildausschnitten, Verzerrungen und Colorierungen. Die Bildfragmente wurden zu Collagen zusammengestellt und mit kurzen Texten versehen. Das Ganze wurde zu einer Diashow verknüpft und mit großem Erfolg am Abschlußabend präsentiert.

Abgesehen davon, daß die Komplexität des Grafikprogramms von vornherein relativ viel Zeit in Anspruch nahm, war doch eine Sache unverkennbar: Für die Jugendlichen standen bei der Beschäftigung mit dem Computer fast ausschließlich die Möglichkeiten, die das Gerät oder in diesem Fall besser die Software bot, im Vordergrund. Dabei trat die Aussage der Bilder (obwohl es sich um Jugendliche aus einem Verband mit klaren politischen Ansprüchen handelte) ebenso wie deren Gestaltung in den Hintergrund.

Es war weitaus interessanter, neue Features des Programms zu entdecken, als sich mit der konkreten Ausgestaltung der eigenen Collage zu beschäftigen. Nun mag man/frau mir entgegenhalten, daß dies ganz natürlich sei, dem Forscherdrang von Kindern und Jugendlichen entspräche und daß sie erst einmal ein Programm kennenlernen möchten. Dies ist sicher richtig, aber ich habe auch bei Jugendlichen, die schon längere Zeiten über einen eigenen Computer verfügen, vergleichbare Eindrücke gesammelt. Ähnliches war beispielsweise bei der Programmierung eines Spiels mit Hilfe von "gamemaker" im Rahmen einer Computerwerkstatt, sowie bei der Erstellung einer Lagerzeitung auf einem Computercamp feststellbar.

Es scheint, als ob bei computerbegeisterten Jugendlichen das Spielen mit den Möglichkeiten des Computers einen großen Teil des Interesses ausmacht. Das soll und kann natürlich nicht heißen, daß Computer kreative Prozesse verhindern.

Bernd Lugert, ein Nürnberger Grafiker und Maler, sieht in ihm ein "Gerät mit ungeheuerem Gestaltungspotential". Er versucht, die mit dem Computer erstellten künstlerischen Ergebnisse mit Hilfe der Fotografie allgemein zugänglich zu machen. Seine inzwischen auch in Computerzeitschriften veröffentlichten Bilder zeigen, daß es mit dem Computer möglich ist, Bilder zu entwerfen, die mehr sind als vom Computer berechnete und in Muster umgesetzte mathematische Theoreme (siehe die berühmten Apfelmännchen).

Aber sind die Vorspänne, die - um bei den Jugendlichen zu bleiben - von ihnen als Erkennungszeichen vor gecrackte Spiele gehängt werden und meist aus "konstruierten" grafischen Symbolen oder abgezeichneten bzw. digitalisierten Sciencefictionfiguren bestehen, Ergebnis einer Arbeit, die als kreativer Prozeß bezeichnet werden kann?

Kreativität, Computer und Jugendarbeit

Damit stellt sich natürlich die Frage nach den kreativen Möglichkeiten des Computereinsatzes in der Jugendarbeit. Eine Frage, die ich - soviel im voraus - nicht abschließend beantworten möchte. Ich glaube, hier gibt es im Moment mehr Fragen als Antworten. Einige von ihnen möchte ich hier noch aufwerfen, auch wenn sie eine gewisse Skepsis, die ich mir im Bezug auf die Verknüpfung von Kreativität und Computer zu eigen gemacht habe, beinhalten.

Die meisten mir bekannten grafischen Bearbeitungen von Jugendlichen sind keine Zeichnungen, die der eigenen Phantasie entstammen. Vielmehr wurden meist technische Hilfsmittel (wie Digitalisierer) verwendet, um ein vorhandenes Bild oder eine vorhandene Zeichnung für den Computer lesbar zu machen. Eigene Umsetzungen mit einem Malprogramm bestehen zu einem großen Teil aus abgezeichneten Vorlagen, oder "konstruierten Bildern"; hierfür bieten Malprogramme eine Palette von "Werkzeugen" (Kreis, Rechteck, Spiegelachsen, Farbverläufe etc.) an. Andererseits beweist beispielsweise der Maler und Grafiker Lugert, daß auch mit heute bei Jugendlichen weitverbreiteten Computern künstlerisch Wertvolles geschaffen werden kann.

Versuche, mit Kindern und Jugendlichen Grafik- und Soundprogramme anzuwenden, haben zu Ergebnissen geführt, die zumindest diejenigen erstaunen, die bisher keine Erfahrungen mit dieser Art Software machen konnten. Aber ist es bereits ein kreativer Prozeß, Geräusche zu "sampeln", um sie dann über die Tastatur eines Computers oder Synthesizers in verschiedenen Tonhöhen wiederzugeben?

Ist es kreativ, Bilder mit einem Digitalisierer aufzunehmen, um sie dann nach einer Weiterverarbeitung im Computer in eine Diashow einzubinden? Ist der Spaß, den Jugendliche am Umgang mit dem technischen Gerät haben, bereits ein Wert, den die Jugendarbeit fördern sollte? Ermöglicht diese Herangehensweise die Entwicklung eines ästhetischen Empfindens? Ich bin kein Kunstpädagoge und möchte die Ergebnisse von daher nicht beurteilen, aber eine gewisse Skepsis erscheint angebracht.

Daß mit dem Computer künstlerisches Arbeiten möglich ist, soll hier, wie gesagt, nicht bestritten werden. Aber ist das, was für Grafiker und Musiker ein Hilfsmittel ist, um eine Idee umzusetzen auch in derselben Art für die Jugendarbeit tauglich? Ist Software, die in vielen Fällen Systemabstürze produziert, die zum Teil so komplex ist, daß die Jugendlichen über das Erproben der verschiedensten Möglichkeiten gar nicht zum Entwickeln eigener Ideen kommen, für die Jugendarbeit geeignet? Sind Einschränkungen im Bereich der Grafik (bei hohen Bildschirmauflösungen sind zum Teil nur noch 8 Farben verfügbar) und der Animationsprogramme soweit vernachlässigbar, daß es trotzdem unter dem

Gesichtspunkt der Förderung von Kreativität sinnvoll erscheint, den Computer als Werkzeug zu nutzen?

Papert meint, daß das "procedurale Denken" für die Entwicklung unserer Gesellschaft unbedingt notwendig ist. Ist es tatsächlich so wichtig, daß wir es auch im Rahmen der Jugendarbeit fördern sollten? Unterstützt die darin implizierte Logik Kreativität, und wenn ja, was für eine Form der Kreativität? Ist es vielleicht eine Art, die sich aus Anwendungsformen der Wirtschaft zur Steigerung der Produktivität ableitet? Ist unsere Form des Umgangs mit dem Computer eine Förderung dieser Denkweise und wenn ja, ist es unsere Aufgabe, dies zu unterstützen?

Fragen gibt es genug. Aber unabhängig davon darf der Einsatz des Computers in der Jugendarbeit nicht allein von Fragen nach der Kreativitätsförderung bestimmt sein, zumal es aufgrund der Geschwindigkeit, mit der Hard- und Software heute weiterentwikkelt werden, gut möglich ist, daß wir uns in diesem Zusammenhang in ein bis zwei Jahren ganz andere Fragen stellen müssen. Aus diesem Grund möchte ich die Computerarbeit mit Jugendlichen abschließend noch einmal kurz im Zusammenhang mit allgemeinen Zielsetzungen der Jugendarbeit beleuchten.

Der Computer im Rahmen allgemeiner Zielsetzungen der Jugendarbeit

Computer werden mehr und mehr in Jugendfreizeiteinrichtungen eingeführt. Eine Einschätzung über die Sinnhaftigkeit dieser Maßnahmen kann aber nicht allein unter dem Gesichtspunkt der Kreativität abgehandelt werden. Schorb bietet eine Möglichkeit der Beurteilung an, die er in fünf Punkten zusammenfaßt[8]:

- Die Erweiterung der Handlungsfähigkeit Jugendlicher;
- das Erfahren und Erlernen bewußter Kommunikation;
- die Befähigung, die eigenen Interessen (selbstkritisch) zu erkennen und kreativ umzusetzen;
- der Erwerb von Verhaltenssicherheit in unterschiedlichen sozialen Situationen;

- und die Fähigkeit, eigenes Erleben und eigene Problemsichten in Bilder und Worte umzusetzen.

Unter diesen Gesichtspunkten müssen zur Beurteilung von Computerprojekten sicher einige Fragen mehr gestellt werden, als in diesem Artikel aufgeworfen wurden. Dementsprechend möchte ich auch keine der verschiedenen Formen der Computeranwendung in diesem Zusammenhang be- oder verurteilen. Tatsache ist allerdings, daß es zur Erfüllung dieser Anforderungen unter anderem auch qualifizierter Pädagogen/innen und entsprechender Hard- und Software bedarf, - Punkte, die normalerweise im Bereich der Jugendarbeit auf Grund der damit verbundenen Kosten kaum erfüllbar sind.

Literaturangaben

1) Heygster/Maseberg (Hrsg.): Kreativität und Verantwortung: H.-J. Lange Was heißt Kreativität.

2) Wörterbuch kritische Erziehung: Kreativität.

3) Schorb/Theunert (Hrsg.): Ran an den Computer?, Schorb: Die Synonyme Jugend und Computer.

4) Schorb/Theunert (Hrsg.): Ran an den Computer?, Steigerwald: Computer in der Jugendarbeit?

5) Papert: mindstorms.

6) Rosak: Der Verlust des Denkens, S. 116.

7) Daniel Watt: learning with LOGO.

8) Schorb/Theunert (Hrsg.): Ran an den Computer?, Schorb: Die Synonyme Jugend und Computer.

Kreativität im Public-Relations-Zeitalter

Öffentlichkeit - ein Medienereignis oder Kommunikationsaufgabe?

Eva-Maria Oehrens

Öffentlichkeit gilt ursprünglich als eine der wichtigsten Formen sozialer und politischer Interaktion zwischen Menschen. Heute wird Öffentlichkeit fast ausschließlich als eine Angelegenheit öffentlich verbreiteter Medien betrachtet, die sich durch passendes Know-How und professionelle Medienkompetenz steuern und handhaben läßt. Profil und Profit, Ansehen und Aussehen, Handeln und Wandeln einzelner Menschen und ganzer Gesellschaften werden in ihrem Wesen weitgehend bestimmt durch ihren Transport und ihre Wahrnehmung über Medien

"Man sieht mehr und interagiert weniger", stellt Richard Sennett lakonisch fest. In seiner weltweit beachteten kulturhistorischen Beweisführung, daß "die Ersetzung der öffentlichen Straßen und Plätze als Mittelpunkt der Gesellschaft durch das Wohnzimmer in den Vorstadtsiedlungen" erfolgt sei[1)], merkt Sennett zu den Medien, speziell zum Fernsehen, an: "Die Apparate gehören zum Waffenarsenal im Kampf zwischen sozialer Interaktion und individueller Wahrnehmung."

Den kulturellen Zusammenhang, in dem lebendige soziale Öffentlichkeit zum Medienereignis degenerieren konnte, sieht Sennett historisch in einem über Jahrhunderte andauernden Prozeß: "Der Impuls zum Rückzug aus dem öffentlichen Leben hatte sich allerdings schon längst vor dem Aufkommen dieser Apparate ausgebildet; an ihnen selbst ist nicht Teuflisches, wie es der Gemeinplatz vom Monstrum Technik so gern darstellt; sie sind erfunden worden, um Bedürfnisse der Menschen zu erfüllen, eben jene kulturellen Impulse, die auf den Rückzug aus der sozialen Interaktion und eine Hinwendung zu individuellem Erleben und persönlicher Erfahrung hinauslaufen"[2].

Vom Weltall ins Wohnzimmer: Sichtbarkeit und Isolation

Es mag die Hypothese gewagt klingen, aber es scheint durchaus plausibel, daß die militärische, wirtschaftliche und politische Forcierung der Medienentwicklung, wie wir sie gegenwärtig erleben, einen weiteren Schritt auf dem Wege zur Entsozialisierung des Individuums bedeutet. Vom Weltall bis ins Wohnzimmer bleibt die Teilhabe an der öffentlichen Diskusssion ein individueller, auf subjektive Wahrnehmung reduzierter Prozeß.

"Die Massenmedien", so R. Sennett, "steigern das Wissen der Menschen von dem, was in der Gesellschaft vor sich geht, erheblich, zugleich jedoch schränken sie die Fähigkeit, dieses Wissen in politisches Handeln umzusetzen, erheblich ein"[3]. Folgerichtig haben sich die Anstrengungen von Einzelpersonen und gesellschaftlichen Gruppen, an diesem Paradoxon von Sichtbarkeit und Isolation in aktiver, also "sichtbarer" Position teilzuhaben, geradezu explosionsartig ausgebreitet. Der Verlust realer öffentlicher Erfahrungsräume führt zu einem Ansturm auf die Medien: Sie bieten aufgrund ihrer dyadischen Struktur eine Gewähr für physisch ungefährliche Äußerung, und sie leisten aufgrund ihrer medienspezifischen Produktions- und Wirkungszusammenhänge einer eigentümlichen, intellektuell bequemen Verschwommenheit der Begriffe, der geistigen Einebnung von Konflikten und - was am wichtigsten ist - einer nahezu perfekten Personalisierung politischer Strukturen Vorschub. Diese Wirkungsweisen der Medien sind auch das eigentlich Politische an und in den Medien: Sie ermöglichen Macht und Ansehen von Menschen, von gesellschaftlichen Gruppen und Parteien durch die professionelle Gestaltung und Inszenierung von Bildern und Programmen.

Auf eine Formel gebracht: Der realen Besetzung von Häusern, Dörfern und Landstrichen ist die mediale Besetzung von Wörtern, Bildern und Begriffen gefolgt - als Ausdruck gesellschaftlicher

Auseinandersetzung und als sichtbares Zeichen einer Entwicklung, die ich pointiert als Entwicklung von der Produktionsgesellschaft über die Informationsgesellschaft zur Public-Relations-Gesellschaft bezeichnen möchte.

Veröffentlichte Meinungen: Alles drängt in die Medien

Gestützt wird diese Hypothese durch Ergebnisse einer erst kürzlich veröffentlichten Untersuchung zur Einflußnahme auf Mediensysteme in der Bundesrepublik Deutschland. Barbara Baerns, Publizistik-Professorin an der Ruhr-Universität Bochum, hat herausgefunden, daß knapp zwei Drittel sämtlicher in Presse, Funk und Fernsehen publizierter Beiträge ihren Ursprung in der gezielten Öffentlichkeitsarbeit von Pressestellen, Presseabteilungen und PR-Agenturen haben[4)].

B. Baerns faßt zusammen: "In den Einzelleistungen der Medien, seien es Primär- oder Sekundärmedien, Druck- oder Funkmedien, öffentlich-rechtlich oder privatwirtschaftlich organisierte Einrichtungen, zeigen sich konstant hohe Anteile von Beiträgen, die auf Öffentlichkeitsarbeit basieren. Öffentlichkeitsarbeit dominierte nicht nur journalistische Recherche, sondern alle Quellentypen ... In der Tagespresse stellten Pressemitteilungen und Pressekonferenzen insgesamt 64 %, in Fernsehsendungen 63 %, in Hörfunksendungen 61 % der themenleitenden Primärquellen. Nachrichtenagenturen lagen mit 59 % geringfügig niedriger ... Die Prägung durch Öffentlichkeitsarbeit ließ sich bei der Analyse aller Quellen nicht ausschließen"[5)].

Auf die berechtigte Frage nach der produktiven, journalistischen Eigenleistung der Medien, die auch die Frage nach dem Berufsbild des Journalisten beinhaltet, stellt B. Baerns fest: "Medienleistung war überwiegend in Form schneller Verarbeitung durch Schreiben oder Produzieren, durch Auswählen und Redigieren nachweisbar. Diese Befunde führen zu der Annahme, daß solche Tätigkeiten die Kapazitäten absorbieren, so daß Journalismus als autonomes Informationsbeschaffungssystem neben Selbstdarstellung durch Öffentlichkeitsarbeit zurücktritt. Der Eindruck von Informationsvielfalt entsteht auf dieser Grundlage fast nur durch Selektion und/oder Interpretation des vorgegebenen Angebots sowie durch medientechnisch und -dramaturgisch ungleiche Umsetzung"[6].

Während die professionellen Beobachter des Medienmarktes bereits über eine Umverteilung der Kosten nachsinnen, weil die Medien offensichtlich für Beiträge bezahlt werden, die sie von Trägern der Öffentlichkeitsarbeit als Informationen kostenlos geliefert bekommen, möchte ich mich gern der Frage zuwenden, was unter diesen Umständen - Entleerung realen öffentlichen Lebens auf der einen Seite, Übermacht intentionaler, von Gruppeninteressen gesteuerter Öffentlichkeitsarbeit in und mit den Medien auf der anderen Seite - unter der vielzitierten Kreativität der Medien-Macher zu verstehen sein kann.

Die kreative Branche: Das Design bestimmt das Bewußtsein

Die Werbung und die ihr folgende Public-Relations-Beratung haben für sich den Begriff der Kreativ-Branche geprägt. Doch über die Werbung und den Medienmarkt hinaus ist individuelle und funktionelle Kreativität längst zu einem Non-Plus-Ultra im gesamten Geschäftsleben geworden. Das Management in Industrie und Administration hat sich damit aus den angewandten Disziplinen von Pädagogik und Psychologie die entscheidenden Impulse geholt.

Der Begriff entspricht der säkularen Struktur des internationalen und hyperkulturellen Medien-, Mode- und Trendmarktes. Wo Yves Saint Laurent als Modeschöpfer agiert und seine Creationen im weltweiten Produktions- und Medienverbund präsentiert, wo Chef- Designer Luigi Colani den anatomisch korrekten Toilettensitz als kreative Problemlösung feiert und wo gestreßte Manager ihren Kreativ-Urlaub beim Töpfern im Club verbringen, da scheint die paradiesische Zeit nicht fern, in der jedermann (und jede Frau, selbstverständlich) sich als kleiner Schöpfer, als Genie des Gestaltens, als Herrscher über Zeit, Raum und Materie fühlen darf.

"Das Design bestimmt das Bewußtsein", lautet die entsprechende Sentenz aus der Jugend-Szene. Und der profitable Beratungsmarkt hat hierfür bereits die neue Disziplin des "Life-Styling" entwickelt, - ein Spezialangebot für überdurchschnittlich dotierte Personen in Führungspositionen, die nicht mehr bereit sind, für ihren beruflichen Erfolg persönliche und private Einbußen an Lebensqualität hinzunehmen. Existentielle Grundfragen werden heute medien-öffentlich zu Fragen des Stils, der individuellen und der optischen Einpassung in akzeptierte Strukturen, kurz: zum persönlichen "Design" erklärt.

Begriff kaputt - Wirklichkeit kaputt?

Und eben darum geht es zumeist, wenn Kreativität, begrifflich verkommen zur Leerformel des Zeitgeistes, zum Instrument des Markterfolgs, zum ideologischen Trumpf der Mittelschicht, sich selbst reklamiert: um den Anschein der Überlegenheit, um Gefühle des Außerordentlichen, um das Versprechen ungewohnter und ungewöhnlicher Erlebnisse. Nicht die erlebbare und erlebte Wirklichkeit, das öffentlich faßbare und nachvollziehbare Ereignis ist hier gemeint, nicht um Waschpulver, Katzenfutter und Kraftfahrzeuge, um Schokoladenriegel, Müsli und Latzhosen geht es in diesem neuen Paradies, sondern um eindeutige soziale Zuordnungen, oligarchische Lebensentwürfe und knochenharte Geschäfte.

Ist der Begriff kaputt, müssen wir mit einem weiteren Segment zerstörter Wirklichkeit rechnen.

Besetzte Begriffe: Kreativität als Versprechen

Der Begriff der Kreativität ist über die Werbung und die Medien in der Geschäftswelt mehr als umfassend besetzt. Er steht für

- weiträumiges Denken
- unkonventionelles Arbeiten
- innovatives Schaffen

- phantasievolles Gestalten
- geschicktes Kombinieren
- flexibles Reagieren
- strategisches Handeln
- sensibles Wahrnehmen
- überzeugendes Leiten
- ungewöhnliches Auftreten

kurz: für erstaunliches, individuelles, sozial und politisch gerade eben noch zu verkraftendes Überschreiten von Grenzen. In diesem Sinne ist Kreativität faszinierend, nach vorn drängend, erotisch und staatspolitisch attraktiv.

Daneben assoziiert Kreativität Verhaltensstrukturen wie
- Sprunghaftigkeit
- Nicht-Verantwortlichkeit
- Diskontinuität
- Nicht-Reflexivität
- Unkontrollierbarkeit
- Spontaneität
- Libertinage.

Das sind wiederum Eigenschaften und Verhaltensmuster, die sich nicht jedermann (und schon gar nicht jede Frau) ungestraft erlauben darf, es sei denn, in der Rolle des Künstlers. Das sind Eigenschaften, die im pragmatischen Alltagsleben nicht ungehemmt ausgelebt werden können und die deshalb eines gesellschaftlichen Korsetts, einer klaren Rollen- und Funktionszuweisung bedürfen.

Die solchermaßen funktionalisierte und vermarktete Kreativität in Werbung, Medien und Industrie ist so faszinierend, weil sie erfolgreich ist. Selbst ein "Flop" erregt Beachtung. Dafür sorgt der mediale Regelkreis. In unserer medial durchdrungenen Symbolwelt der Wörter, Bilder und Begriffe ist ein realer Gegenstand für die Wahrnehmung oft kaum noch entscheidend.

Richard Sennett führt den materiellen und ideellen Erfolg der eitlen Branche mit den zugrundeliegenden Veränderungen im individuellen und sozialen Bewußtsein ebenfalls auf die Zerstörung realen öffentlichen Lebens und auf den allgegenwärtigen Narzißmus einer komplex mediatisierten und durch Public Relations strukturierten Öffentlichkeit zurück: "Allgemein gesehen, wird die Herausbildung narzißtischer Interessen und narzißtischer Störungen von den gesellschaftlichen Institutionen in zweierlei Hinsicht gefördert ... Das heißt, das Urteil über eine Person orientiert sich immer stärker an dem, was sie verspricht, was sie tun könnte, statt an dem, was sie tut oder getan hat"[7].

Entsprechend besetzt ist der Begriff der Kreativität im Bildungswesen. Auch hier gilt Kreativität als ein Versprechen, nicht aber als reale Leistung. "Der Schüler X ist im Unterricht unkonzentriert und führt seine Aufgaben mit mangelndem Ernst aus. Dennoch nähert er sich den mathematischen Problemen auf eine kreative Weise." So könnte ein Schulzeugnis heute formuliert sein. Es verspricht Hoffnung in schwierigen Situationen, Verständnis bei Lernstörungen, Respekt für unkonventionelle Lösungsversuche, die Aussicht auf individuelle Entwicklung wünschenswerter Eigenschaften, kurz: einen möglichen Ausweg ohne Erfolgsgarantie.

Herrschaft der Kreativen

Und indem ganze Gesellschaften zunehmend bereit sind, sich mit Versprechen (z.B. von Frieden), Gefühlen (z.B. von Sicherheit) und Anschein (z.B. von Lebendigkeit) zufriedenzugeben, erblüht die neue Herrschaft der Kreativen, die nunmehr das eigentliche öffentliche Leben schaffen und gestalten.

Noch einmal pointiert formuliert: Wenn junge Leute heute ernsthaft bekunden, die derzeit aktuelle Kino-Werbung für eine bekannte Eiscreme-Sorte gebe "echt ihr Lebensgefühl" wieder und sei deshalb anderen Erscheinungen in Kunst und Kultur vorzuziehen (Text-Beispiel aus einer Befragung von 16- bis 25-jährigen Jugendlichen zu ihrem Kultur- und Medienkonsum im Jahre 1987), dann belegt diese Aussage die von Sennett behauptete Verkehrung der Wirklichkeitsebenen auf eine deutliche Weise. Hier hat sich die Besetzung von Bildern zu einer Herrschaft der Kreativen über Phantasie und Geschmack großer Teile der Bevölkerung entwickeln können.

Gegen den Strich gebürstet: Chancen für die Kreativität?

Gibt es Chancen für die Kreativität? Gibt es überhaupt noch einen Ausweg aus der Gesellschaft zweiter Hand? Wenn es so ist, daß Public Relations unseren Informationshaushalt bestimmen, und wenn wir dieses nicht ändern können oder wollen, können wir dann zumindest qualitativ Einfluß nehmen auf die Gestaltung medien-öffentlicher Diskussion und auf die Wiederbelebung real- öffentlichen Raumes?

Dieses zu versuchen und dabei die funktionalisierte Kreativität gewissermaßen gegen den Strich zu bürsten, ist Ziel jeglicher "Non-Profit-PR", der professionellen Öffentlichkeitsarbeit sozialer, pädagogischer und kultureller Interessengruppen. Die Kennzeichnung "Non-Profit" ist dabei durchaus als PR-Instrument zu verstehen, denn hier geht es nicht nur um die Mitgestaltung des öffentlichen Gesprächs und um die Setzung demokratischer Akzente in der öffentlichen Meinungsbildung, sondern ebenso um Geld und politische Anerkennung für gemeinnützige Aufgaben.

Kommunikative Kreativität - ein authentisches Konzept?

Vom Makel der Gewinnsucht vorgeblich befreit, will sich kommunikative Kreativität gemeinnützig tätiger Medien- und PR-Fachleute den elementaren Bedürfnissen nach Information und Kommunikation, nach sozialer Geborgenheit und politisch gesicherter Zukunft, nach Bildung, Kultur und Unterhaltung, nach unmittelbarer Öffentlichkeit und personaler Wertschätzung für einzelne Menschen und für soziale Gruppen zuwenden.

Aller negativen Dialektik zum Trotz steckt hier der Teufel im Detail: Gewiß gibt es Beispiele dafür, daß auch diese Zuwendung mit der inhaltsleeren Besetzung von Zeichen und Begriffen, mit medial verwerteter Kreativität endet, daß es bei dem Versprechen realer Leistung bleibt, daß die Öffentlichkeit für soziale, pädagogische und kulturelle Belange ins Zweidimensionale zum Anschauen und Abheften schrumpft. Aber es gibt auch positive Beispiele für kommunikative Kreativität, die in genauer Kenntnis von Mechnismus und Wirkungszusammenhängen der Medien zu einer Wiederbelebung personaler Kommunikation, zu realer Öffentlichkeit und zu einer wirksamen Öffnung des Dialogs und der Diskussion in der Gesellschaft beiträgt.

Solche Beispiele finden wir überall dort, wo Interessengruppen sich auf den elementaren Kern ihrer Botschaften und Leistungen besinnen, wo sie ihr Vertrauen in den Sinn offensiv ausdrükken und wo sie ihre Kreativität gewissermaßen durch die Medien hindurch auf die Herstellung personaler Kommunikationsräume richten. Dies ist unter anderem zahlreichen Selbsthilfegruppen gelungen, wie z.B. den Grauen Panthern, den Anonymen Alkoholikern, dem Kinderschutzbund und der Aktion Greenpeace. Sie stehen - relativ willkürlich herausgegriffen - für alle gesellschaftlichen Vereinigungen, die sich ganz bewußt und mit Geschick der Herausforderung durch die Medien stellen. Ihre inhaltliche Arbeit und ihre Öffentlichkeitsarbeit sind strukturell aufeinander abgestimmt. Sie nutzen den Informationsstand und die Erwartungshaltungen, wie sie durch öffentliche Medien bildlich und begrifflich vermittelt werden können, um mit konkreten Hilfen, Leistungsangeboten, Veranstaltungen und politischen Aktionen real anzuknüpfen. Dadurch entsteht ein neues Drittes - ein Kommunikations- und Verhaltensmuster, das mit dem Kaufentscheid aufgrund wirksamer Produktwerbung nur unzureichend verglichen werden kann.

Wiederentdeckung der Wirklichkeit durch Kommunikation

Denn es ist ein qualitativer Unterschied, ob wir die Medien um ihrer selbst willen nutzen, oder ob wir Medienwirkungen zur Wiederentdeckung nicht-medialer Wirklichkeit nutzen, so wie es einen qualitativen Unterschied im Wirklichkeitsbezug gibt zwischen dem Interview mit einem Parteipolitiker im Wahlkampf und einer Sachgeschichte aus der Sendung mit der Maus: Das eine interpretiert Wirklichkeitsausschnitte und polemisiert, die andere informiert und animiert zum Entdecken und Erforschen von Wirklichkeit.

Sich der Medien im Public-Relations-Zeitalter offensiv und kreativ zu bedienen, ist nicht ungefährlich - einerseits wegen der Abnutzung von Rezeptionsbereitschaft, andererseits wegen der Neigung zu schneller Vorurteilsbildung. Medien verstärken bekanntlich nur bereits Vorhandenes, sie schaffen nichts grundsätzlich Neues.

Kreativität, verstanden als Fähigkeit, mit Phantasie und ungewöhnlichen Methoden (wobei die Mittel gern bekannt und eingeführt sein dürfen) kommunikative Beziehungen und lebendige Kommunikationsformen zu schaffen, eröffnet aber auch Chancen: Chancen für eine neue Kommunikationskultur, in der Wahrnehmen und Handeln wieder zusammengeführt werden und in der die Medien zur selbständigen und selbstbewußten Aneignung der Wirklichkeit anregen.

Plädoyer für phantasievollen Sprachgebrauch

Ein Ergebnis unserer Entwicklung zur Public-Relations-Gesellschaft ist, wie kurz erwähnt, die geradezu militante Besetzung von Bildern und Begriffen durch jeweils interessierte Gruppierungen. Und so ist es verständlich, wenn sensible Menschen, die ihre Individualität nicht vereinnahmen und vermarkten lassen wollen, weder "kreativ" noch "betroffen" genannt werden mögen. Sie mögen erfahrungsgemäß auch nicht als "dynamisch", "modern", "fortschrittlich", "alternativ", "postmodern" oder "esoterisch" bezeichnet werden.

Einer kommunikativen Kreativität im oben genannten Sinne verhelfen wir wohl am ehesten zum Erfolg, wenn wir sie anders nennen. Wenn wir an der (Wieder-)Herstellung realer Öffentlichkeit und personaler Kommunikation ernsthaft interessiert sind, und wenn wir in diesem Sinne daran interessiert sind, die öffentlichen Medien so kommunikationsstiftend wie möglich zu nutzen, dann müssen wir uns auch der Mühe unterziehen, einen differenzierten Sprachgebrauch zu kultivieren. Sprachkultur kostet Kraft und Mut - Mut zum Profil, Mut zum unbequemen Begriff, zum bewußten Aufbrechen von Klischées. Solchen Mut zu stärken, ist Gegenstand kultureller Bildung.

Ein neuer Beruf in der Kommunikationsbranche

Die Gestaltung unseres öffentlichen Lebens durch Medien ist ein äußerst komplexes Phänomen. Hier Einfluß zu nehmen, gezielt auf Veränderungen hinzuwirken, ist eine neue Aufgabe, die enorme Kenntnisse und professionelle Fähigkeiten verlangt. Ich plädiere deshalb nicht nur für einen phantasievollen Sprachgebrauch, der die abgenutzte "Kreativität" zu neuem Leben erweckt, sondern ich plädiere gleichzeitig für einen neuen Beruf: Da es einen "Kommunikationsstifter" kaum geben kann und da auch "Öffentlichkeitshersteller" wenig gefragt sein dürften, wird der neue Beruf wohl "Medienberater" heißen. Das klingt gut, wird sich aber noch mit dem Schreibmaschinen- und Computer-Verkäufer in Elektronik-Konzernen auseinandersetzen lassen müssen, die heißen auch so.

Um wirtschaftlich und publizistisch orientierten Medien-Fachleuten eine eigene Professionalität gegenüberstellen zu können, müssen die in sozialer und kommunikativer Hinsicht kreativen Medienberater sehr vielseitig ausgebildet und emotional belastbar sein. Denn sie haben die psychologisch undankbare Aufgabe, zwischen Medienwirklichkeiten und Menschenwirklichkeiten permanent trennen und wieder vermitteln zu müssen. An ihnen wird es wohl eines Tages liegen, ob sich Public Relations vom Ruch der Unseriosität befreien können und ob es wirklich so etwas wie ein authentisches Konzept offensiver und demokratischer Mediennutzung geben kann oder nicht.

So sind sie Hoffnungsträger geistigen Aufklärungs- und Emanzipationsstrebens und pragmatischer Marktkalkulation zugleich. Wem wird hier langfristig die Kreativität des einzelnen nützen?

Zwischen Anpassung und Innovation

Kreativität im Public-Relations-Zeitalter wird sich immer zwischen Anpassung an bestehende Medienstrukturen und deren gleichzeitiger Überwindung zu beweisen haben. Sie wird sich mit der Eitelkeit und dem latenten Narzißmus von einzelnen und von gesellschaftlichen Gruppen empathisch und kritisch auseinandersetzen müssen, um eine Öffnung der auf subjektive Bedürfnisse fixierten Mediengesellschaft wenigstens partiell bewirken zu können, - wenn sie das wirklich will.

Es bleibt die begriffliche Frage, ob "Kreativität" mit dieser Problem- und Aufgabenstellung nicht prinzipiell überfordert ist. Für mein Empfinden ist der Begriff der Kreativität in den vergangenen 20 Jahren schlicht zu wertfrei gehandelt worden. Heute erscheint er mir oft als eine Art kleinster gemeinsamer Nenner für alles, was sich vom Üblichen, Alltäglichen, Gewohnten abheben möchte. Medienberatung, die über die Ebene funktionaler Public Relations hinaus wirksam werden will, die reale Kommunikation und Öffentlichkeit im Sinne von personaler und politischer Interaktion herstellen will, braucht mehr als Kreativität.

Was? - Das herauszufinden und gemeinsam mit Kolleginnen und Kollegen, die vor, in und nach den Wirkungszonen der derzeit aktuellen Mediensysteme Verantwortung tragen, zum Thema von verbindlicher, kulturell und gesellschaftlich prägender Bildungs- und Kulturarbeit zu machen, ist ein wesentlicher Gegenstand unserer medienpädagogischen und medienpraktischen Arbeit in der Akademie Remscheid.

Verkaufen oder verkauft werden - Eine Alternative?

Wir wollen mit dazu beitragen, daß professionelle PR-Arbeit auch ohne Millionen-Etat funktioniert. Denn zum ständigen Leserkreis des "PR-Magazins" gehören sie mit Gewißheit nicht, jene engagierten Öffentlichkeitsarbeiter und Medien-Strategen, die PR als Profession ohne Profit betreiben und von denen bundesweit die Rede ist, seit die Akademie Remscheid eine entsprechende Weiterbildung für pädagogische und journalistische Fachkräfte in Jugendverbänden, Kultureinrichtungen und Bürgerinitiativen anbietet.

Auch wenn die Teilnehmerinnen und Teilnehmer dieser Fortbildungskurse mit den PR-Fachleuten in der Industrie etwa gleichaltrig sind - zwischen 30 und 40 Jahren - und über gleichrangige Bildungsvoraussetzungen verfügen - einen Fachhochschul- oder Universitätsabschluß -, wird man sie selten irgendwo gemeinsam antreffen. Spätestens beim monatlichen Netto-Einkommen von durchschnittlich mehr als DM 6.000,- des PR-Beraters in Industrie, Handel, Verwaltung und freien Berufen (= untere Grenze entsprechend einer Untersuchung der Fachzeitschrift "PR-Magazin") trennen sich ihre Wege. Wer als PR-Frau oder PR-Mann im "Non-Profit"-Sektor tätig ist, hat andere Probleme als die Kollegen in der gewinnorientierten Kommunikationsbranche. Geld spielt in den Arbeitsfeldern von Sozialwesen, Bildung und Kultur meist nur insofern eine Rolle, als es nicht vorhanden ist. Für Kommunikationsaufgaben ist hier selten ein ausreichender Etat zu finden.

Daß es überhaupt eine professionelle PR-Arbeit in Bildungswesen und Jugendarbeit, in Sozialeinrichtungen und Kulturinitiativen gibt, ist neu. Und das Phänomen ist auch keineswegs widerspruchsfrei darzustellen, wie eingangs geschildert wurde. Denn Pädagogen und Sozialarbeiter sind heute vielfach damit beschäftigt, die menschlichen und sozialen Auswirkungen gezielter PR und "creativer" Konsumgüter-Verkaufsförderung aufzuspüren. Eine ihrer Hauptaufgaben besteht darin, die ihnen anvertrauten Kinder und Jugendlichen gegen Manipulation und Konsumfetischismus zu immunisieren. Also, was nun? Soll der Bock zum Gärtner werden?

Neues Bewußtsein oder Etikettenschwindel?

Wer wirkungsvoll impfen will, muß den Virus nicht nur kennen, sondern auch über ihn verfügen. Das ist eine Binsenweisheit, die in der Medienpädagogik jedoch leider oft mißachtet wird. Vor zehn Jahren begann die Akademie Remscheid als erstes gemeinnütziges Institut deshalb damit, bundesweit Fortbildungskurse in professioneller Presse- und Öffentlichkeitsarbeit anzubieten. Die Nachfrage bei Erziehern, Sozialarbeitern und Pädagogen war enorm, und sie steigt weiter - von Jahr zu Jahr. Inzwischen läßt sich der Trend zum neuen Berufsbild klar ausmachen: Medienberater im oben skizzierten Sinne und Öffentlichkeitsreferenten sind gefragt - als Sprecher und Anwälte für die Belange der Jugend, sozialer Minderheiten und - vor allem - für ein demokratisches Verständnis von Bildung und Kultur in unserer Gesellschaft.

Und wie steht es mit der Manipulation? Ist die Gretchenfrage aller Medien-Fachleute überhaupt noch aktuell für jemanden, der sich vertiefend mit den Grundlagen personaler und medialer Kommunikation beschäftigt und der es systematisch lernt, das Hand- und Mundwerk des öffentlichen Kommunizierens zu beherrschen? Geht es in unserer Medien- und Informationsgesellschaft nicht primär um einen allgemeinen Wettstreit der Werte und Güter, in dem es keine Tabuzonen mehr gibt und in dem derjenige gewinnt, der am besten verstanden wird? Es ist auffällig, daß Pfarrer, Pädagogen und Politiker sich am lautstärksten über die unheilvollen Einflüsse von Werbung und Medien beklagen. Offensichtlich wissen sie aus ihren Berufen, worüber sie reden.

Es ist inzwischen schon mehr Allgemein- als Fachwissen, daß Informationen um so besser aufgenommen und "behalten" werden, je breiter der Kanal der Emotionen ist, auf dem sie menschliche Gehirne erreichen. Insofern weckt jede PR-Philosophie Unbehagen bei Menschen, die in Widersprüchen zu denken gewohnt sind, und es fällt in der Tat schwer, die Frage nach der Manipulation von "Tätern" und "Opfern" bzw. "Sendern" und "Empfängern" sachlich stimmig, aber ohne Zynismus zu beantworten.

Kreatives Potential

Pragmatisch betrachtet, ist hingegen alles ganz einfach: Die Freizeit-, Bildungs- und Kulturangebote der Städte und Gemeinden, der Kirchen und Jugendverbände, der Bildungsstätten und Beratungsstellen und vieler anderer freier Träger müssen zunehmend mit vergleichbaren kommerziellen Unternehmungen konkurrieren. Aus pädagogischer Sicht haben die Gemeinnützigen meist das Wertvollere anzubieten, aber die Verkaufsstrategen beispielsweise der Unterhaltungsindustrie sind ihnen meilenweit überlegen, was den kommunizierten Wert, die Attraktivität und damit auch die "Akzeptanz" ihrer Produkte betrifft. Was also spräche ethisch dagegen, das Wertvolle auch wirkungsvoll zu verbreiten? Pädagogen und Sozialarbeiter, die diesen Bewußtseinsschritt einmal vollzogen haben, sind vielfach nicht mehr zu bremsen. Manche Agentur wäre dankbar für das kreative Potential, das sich hier so reichlich entfaltet. Hinzu kommt, daß sich bei akademisch gebildeten und praxiserfahrenen Fortbildungsteilnehmern schnell ein kritisches Qualitätsbewußtsein in Sachen PR entfaltet. Die alltägliche Arbeit etwa in einer kleinen PR-Agentur, die sich überwiegend mit konventioneller Pressearbeit über Wasser halten muß, verliert so alsbald jeglichen Exoten-Zauber der Glimmer- und Glitzer-Branche.

Von alten Hüten und getretenem Quark

Dennoch sind es vor allem die Grundlagen der PR- und Öffentlichkeitsarbeit, die von den Seiteneinsteigern gelernt werden müssen, und weniger der Umgang mit spektakulären Aktionen. Das heißt, in erster Linie gilt es, Grundsätzliches über Menschen und Medien zu lernen und die eigene Kommunikationsfähigkeit gründlich zu trainieren.

Wie alle Kultur-Laien reagieren Pädagogen zunächst irritiert, wenn sie wahrnehmen, welche Wirkung ein alter Hut hat - vorausgesetzt, er wird pfiffig aufgesetzt. Und es ist in der Tat phantastisch, gemeinsam in einer Gruppe Gleichgesinnter zu beobachten, mit welch breitgetretenem Quark mancher PR-Profi komplette Zeitschriftenausgaben zu füllen in der Lage ist. Aber, wem anläßlich solcher Beobachtungen Zweifel am Verstande kommen, der sollte selbst versuchen, seinem persönlichen oder beruflichen Quark eine jeweils angemessene und kommunikationsgerechte Breite zu verleihen. Das ist, wie Fachleute wissen, ein schwieriges Unterfangen. Auch im Hinblick auf mediales Gestalten ist es durchaus nicht unzeitgemäß, bei Goethe zu lernen... Für wissenschaftlich ausgebildete Pädagogen und Sozialarbeiter aus der beruflichen Praxis ist es ein existentiell beunruhigendes Erlebnis, die in Journalismus und PR-Arbeit notwendige klare und einfühlsame Sprache zu erlernen. Sie, die oft gleichermaßen zu Fachbuch-Jargon, betulicher Geschwätzigkeit und umgangssprachlicher Abenteuerei neigen, empfinden dieses professionelle Bekenntnis zur mediendidaktischen Aufbereitung komplizierter Informationen, zur gezielten Anwendung und bewußten Prägung von Reiz- und Schlüsselwörtern nahezu als rituellen Akt.

Non-Profit-PR ist die lustvolle Quadratur des Kreises

Das wirtschaftliche Prinzip gilt auch für bedarfs- und bedürfnisorientierte, eben besonders für soziale und pädagogische Unternehmungen, die vom Steuerzahler finanziert oder subventioniert werden. So viel wie möglich erreichen - mit einem möglichst geringen Aufwand. Das ist im Sinne derer, die bezahlen, und derer, die verdienen. Aber dieses Prinzip ist selten pädagogisch. Es ist auch nicht medienfreundlich. Seltsamerweise treffen sich hier die Vorbehalte gegen ein schlichtes Verkaufen aus scheinbar grundverschiedenen Positionen heraus.

Wer schöpferisch tätig ist und dafür publizistische und technische Medien in Anspruch nimmt, weiß heute, daß er keineswegs ökonomisch produzieren kann. Wer pädagogisch tätig ist und zur Entfaltung kindlicher und jugendlicher Fähigkeiten beiträgt, weiß, daß er nicht ökonomisch handeln will. Welche Möglichkeiten haben sie, ihre schöpferischen, ihre pädagogischen Leistungen als ökonomisch sinnvoll auszuweisen? Mit dieser Frage setzt die lustvolle Quadratur des Kreises ein, die das neue Non-Profit-

PR-Berufsbild bestimmt. Lustvoll ist diese anstrengende Inbetriebnahme von Kopf und Bauch, weil sie mit erregenden Auseinandersetzungen zwischen Geist und Sinnen verbunden ist, weil sie mit dem Reiz verpönter Plattheiten spielt, weil sie bestehenden Medienstrukturen gegenüber subversive Kräfte entfalten darf, weil sie konstruktive Intelligenz, seriöse Sachlichkeit und ästhetisches Empfinden erfordert, weil sie klug macht und sensibel. Non-Profit-PR ist eine Quadratur des Kreises, weil immer ein Rest bleibt: ein Rest, der sich nicht vermarkten und nicht öffentlich verhandeln läßt. Dieser Rest läßt sich nicht vermarkten in einer Gesellschaft, die ansonsten alles vermarktet, und er läßt sich nicht öffentlich verhandeln in einer Zeit, in der die Medien-Öffentlichkeit ansonsten alles verhandelt. Es bleibt ein Rest von Menschlichkeit, von Kultur, von Spontaneität, von Liebe - ein Rest, den wir nur mit dem Herzen wahrnehmen und der in keiner Verkaufsstatistik und in keinem Pressespiegel wiederzugeben ist.

Erfolg für das Engagement - Abschied von der Entfremdung

Persönliches und fachliches Engagement für eine gute und wichtige Sache ersetzt immer einen großen Teil des PR-Etats. Gemeinnützige Organisationen, die oft nicht einmal einen PR-Etat haben, müssen sich notgedrungen auf diesen Effekt verlassen.

Je eindeutiger und offensiver sich jedoch ein Jugendverband, eine Bildungsstätte, eine Hilfsorganisation, ein sozialer Dienst oder ein Freizeitzentrum dafür entscheidet, an der öffentlichen Kommunikation mitzuwirken und sich damit als Einrichtung von öffentlichem Interesse zu präsentieren, um so stärker ist allgemein auch die Motivation der Mitarbeiter, eine gezielte PR-Arbeit mitzutragen.

Das Bedürfnis, diese Arbeit auf erprobte, professionelle Säulen zu stellen, entsteht - im Sinne einer Effektivitätsverstärkung - dann zwangsläufig. An diesem Punkt setzt das spezifische Fortbildungskonzept der Akademie Remscheid an: In mittel- und langfristigen Kursen können pädagogische Fachkräfte aus allen Arbeitsfeldern der Jugendarbeit, der Jugendbildung und der Kulturarbeit eine medienpraktische Zusatzqualifikation auf professioneller Basis erwerben.

Sie können sich unbeschadet ihres pädagogischen, politischen, sozialen oder kulturellen Engagements - und das allein ist entscheidend - einen Tätigkeitsbereich aneignen, der üblicherweise von einer unengagierten und äußerst entfremdeten Geschäftswelt wahrgenommen wird.

In der Akademie Remscheid erleben es die angehenden "Non-Profit-PR-Fachleute" unmittelbar, wie sie durch medien- und kommunikationswissenschaftliche Grundlagenkenntnisse, durch medienpraktische Erkundungen, durch praxisnahe und gruppenbezogene Trainingsformen, durch Ausdrucks- und Gestaltungsübungen, durch Erlernen der redaktionellen Arbeit, durch Formulierung und Visualisierung lernen, kommunikative Kreativität zu entfalten. Sie lernen, ihre pädagogische, soziale oder künstlerische Tätigkeit unter ungewohnten Aspekten zu betrachten und darzustellen. Das ist der wichtigste Schritt zur Lösung der Kommunikationsaufgabe "Öffentlichkeit".

Resümee

Kreativität im Public-Relations-Zeitalter ist - im gängigen Verständnis - etwas sehr Angepaßtes; sie entwickelt Lösungen in einem vorstrukturierten, macht- und konsumorientierten Problemfeld, das immer weniger von elementaren Bedürfnissen und differenzierten kulturellen Ausprägungen menschlicher Gesellschaften bestimmt wird.

Kreativität im Public-Relations-Zeitalter muß - in einem neuen Verständnis von Mitmenschlichkeit, von weltweiter Kommunikation in Frieden, im Frieden unter den Menschen und mit der Natur, etwas sehr Revolutionäres sein: Sie muß die neuen technischen Möglichkeiten nutzen, ohne kulturelle Werte zu verdrängen. Sie muß engagiert sein, ohne die notwendige Distanz in Selbstwahrnehmung und Kommunikationsfähigkeit zu verlieren. Sie muß vorhandene Handlungs- und Verständigungsstrukturen akzeptieren und zugleich neue entwerfen. Sie muß die menschlichen Neigungen zur Bequemlichkeit, zum Eigennutz und zur

Selbstinszenierung kennen und zugleich überwinden; in keinem Fall darf sie sich jedoch auf eine Beratung zum neuen Design einfrieren lassen.

In der Akademie Remscheid kommen Künstler, Pädagogen, Sozialarbeiter zusammen - alles Optimisten, die es gelernt haben, Realisten zu sein. In den Fortbildungskursen zur Medien- und Öffentlichkeitsarbeit erleben und erlernen sie eine der interessantesten und aufregendsten Formen, Erfahrungen mit sich selbst, mit anderen Menschen und Medien zu machen: Public Relations für die persönliche Überzeugung, für den erlernten und bewußt gewählten Beruf.

Literaturangaben

1) Richard Sennett: Verfall und Ende des öffentlichen Lebens. Die Tyrannei der Intimität. (Aus dem Amerikanischen.) Deutsche Ausgabe, Frankfurt 1983

2) Sennett, a.a.O. S. 319

3) Sennett, a.a.O. S. 319

4) Barbara Baerns: Öffentlichkeitsarbeit oder Journalismus? Zum Einfluß im Mediensystem, Köln 1985

5) Baerns, a.a.O. S. 87

6) Baerns, a.a.O. S. 89

7) Sennett, a.a.O. S. 367

Die Veränderungen der Informations- und Kommunikationstechnik in der Bundesrepublik Deutschland

Dieter R. Eichhorn

Die Entwicklung der Mikroprozessortechnik und ihre Auswirkung auf die Informations- und Kommunikationstechnik

Wir leben in einer Epoche der menschlichen Entwicklung, deren technischer Fortschritt umfassender und rasanter stattfindet als je eine Entwicklung zuvor. Diese Entwicklung wird weniger denn je von den Beteiligten kritisch begleitet, da hierzu der erforderliche Überblick und das notwendige Wissen fehlt und gleichzeitig ein hohes Maß an Fortschrittsglaube festzustellen ist. Der Mikrochip und seine Fähigkeiten, der eigentliche Verursacher dieser letzten Phase der industriellen Revolution, liegt außerhalb der Verständnisebene der meisten Menschen. Zum erstenmal innerhalb der industriellen Entwicklung dient ein Instrument dem Menschen nicht mehr nur als Ersatz seiner muskulären Arbeitskraft und der Verbesserung seiner Arbeitssituation. Der Mikrochip ermöglicht die Verbesserung der manuellen wie auch geistigen Arbeitsleistung in Dimensionen hinein, die dem Menschen bisher nicht zugänglich waren. Die Schwachstelle Mensch kann

Stück für Stück ersetzt werden. Der Mensch wird mit seiner Arbeitskraft und seiner bisherigen Vorstellung von Arbeit weitgehend überflüssig. Ein Großteil bisheriger Arbeit kann von sogenannten Intelligenten Rechnersystemen übernommen werden. Hierzu gibt es bereits unzählige Beispiele aus Industrie und Militärtechnik, die dies belegen, wobei deutlich wird, daß der Mensch die von Rechnern übernommenen Leistungen nicht und noch nicht einmal annähernd übernehmen kann.

Japanische Wissenschaftler und Techniker arbeiten seit einigen Jahren an dem Computerprojekt Fünfte Generation. Das Ziel dieses Systems ist es, die verschiedenen technischen Disziplinen im Umfeld des heutigen Computers zu einem integrierten Ganzen zusammenzufassen. Computerunterstütztes Design (CAD), computerunterstütztes Management (CAM), künstliche Intelligenz, Verarbeitung sensorischer Daten, Bildverarbeitung und Robotik sind Teile des zukünftigen Computers, der eher wie ein menschliches Gehirn gebaut sein und arbeiten wird.

"...Das Projekt soll die Raumfähre der Welt des Wissens werden..."
"...Dieses Projekt wird das Pearl Harbour der Computerindustrie..."

Informationen als Produktionsfaktor gewinnen neben Kapital, Arbeit und Boden immer mehr an Bedeutung. Eine moderne, sich schnell weiterentwickelnde Kommunikationstechnik ermöglicht die Beschaffung und Distribution von Informationen im großen Stil. Aus Produktions-Unternehmen werden immer stärker Dienstleistungs-Unternehmen, Produktion von Waren ist das Ergebnis von Informationsverarbeitung und Datenaustausch.

Die Deutsche Humanistische Union hat 1984 sehr deutlich öffentlich darauf hingewiesen, daß sich durch diese technische Veränderung in der Bundesrepublik Deutschland die gesamte Sozialstruktur von Grund auf verändern wird, ohne jedoch diese Veränderung beschreiben zu können.

Gleichgültig, wie diese Veränderung aussehen wird, zeigt sich jedoch, daß gerade auf die Pädagogen, aber auch auf die Ausbilder und Trainer in Industrie und Wirtschaft die Aufgabe zukommt, sich mit den Problemen der Umstrukturierung unserer Gesellschaft intensiv zu befassen. Denn einerseits haben wir es in dieser Stufe der technischen Revolution mit direkten Auswirkungen auf das Privatleben zu tun (Privates Fernsehen, Demokratisierung der Informationsverarbeitung), andererseits wirkt sich diese Entwicklung jedoch auch auf alle beruflichen und unternehmerischen Bereiche aus (Bürokommunikation, Datenfernübertragung u.a.).

Die moderne Kommunikationstechnik ermöglicht sogar eine neue Verbindung oder Ergänzung von Beruf und Privatleben. Durch den Mikrochip und seine Einsatzmöglichkeiten werden zahlreiche Berufe wegfallen oder sich grundlegend verändern. Neue Berufe müssen geschaffen werden, die bisher völlig unbekannt waren. Dies ist hauptsächlich bedingt durch den grundsätzlichen Wandel im Bereich der Informationsverarbeitung.

So sind im Bereich des Satz- und Druckgewerbes Berufe wie Schriftsetzer und Metteur weggefallen, es werden inzwischen jedoch völlig neue Berufe wie Kommunikationsmanager und Informationsbroker gefordert.

Der Einsatz von numerisch gesteuerten Maschinen (Robotern), von Großrechnern, Graphic-Computern und anderen rechnergesteuerten Anlagen in allen Bereichen von Wirtschaft, Industrie, Handel und Gewerbe verändert ebenfalls die Situation zahlreicher Berufe einschneidend. Zeichner, Konstrukteure und Grafiker werden in den nächsten Jahren ihr Berufsbild neu definieren müssen, die Zahl der Mitarbeiter wird bereits heute drastisch gekürzt.

Der Einsatz moderner Medien im Bereich der massenmedialen, av-medialen und computerunterstützten Kommunikation (EDV, PC, BTX) verändert neben dem beruflichen auch den privaten und sozial- kommunikativen Bereich des Menschen tiefgreifend.

Die inzwischen mögliche Verknüpfung von EDV-Systemen mit bisher streng getrennten Mediensystemen ergibt völlig neue Anwendungsmöglichkeiten, die sowohl beruflich wie auch privat genutzt werden können oder Beruf und Privatheit in eine direkte Verbindung bringen.

Die Veränderung der Struktur der Massenkommunikation wird zu der noch nicht definierbaren Veränderung der Sozialstruktur führen, wobei sich eine neue Medienkultur entwickeln kann, vielleicht sogar muß. Insbesondere wird dies Menschen betreffen, die in ihrem sozialen Umfeld nicht mehr zurechtkommen, weil ihre persönliche Situation dies verhindert und den Zugang zu anderen Menschen erschwert:

- Arbeitslose, Invalide und Behinderte,
- alte Menschen,
- einsame Menschen,
- sozial desintegrierte Menschen,
- Menschen ohne Aufgabe und Zukunft.

Deshalb erfordert diese Entwicklung dringend Überlegungen zu einer Medienethik, zu einer umfassenden Kommunikationspolitik und zu einer Kommunikationspädagogik.

Die Veränderung der kommunikationstechnischen Strukturen bedingt eine Veränderung der Sozialstruktur

Die hier knapp angedeuteten technischen und sozialen Veränderungen werden Industrie, Wirtschaft, Handel, Gewerbe und auch die öffentliche Hand dazu zwingen, darüber nachzudenken, wie sie ihre interne und externe betriebliche Kommunikation der Situation und den Bedürfnissen anpassen kann.

Insbesondere Aus-, Fort- und Weiterbildung als Teil von Kommunikationssystemen dürfte damit in eine neue Anforderungs- und Qualitätsepoche wechseln, da grundsätzliche Veränderung der Qualität und des Verständnisses von Arbeit auch ein grundsätzlich neues Verständnis von Bildung verlangt.

Die sozialen Strukturen in einem Unternehmen, das Verhältnis zwischen Unternehmensleitung und Belegschaft verändern deren Qualität und Dimension. Die direkte Kommunikation muß neu entwickelt und wieder intensiviert werden, da Bürokommunikation in ihrer technischen Form auf ein Beziehungsgeflecht verzichtet, d.h. verzichten muß und damit auf die grundlegenden menschlichen Bedürfnisse sozialer Interaktion.

Dies wird zu schwerwiegenden Verschiebungen in den innerbetrieblichen Strukturen führen und damit auch zu Veränderungen im Verständnis von Führung, Leitung, Zuordnung, Nachordnung, Überstellung und Unterstellung. Fehlende oder mangelhafte Beziehungsebenen werden neue Konflikte entstehen lassen, die noch nicht in ihren Folgen definiert werden können.

Die rasante technische Entwicklung und die damit verbundenen, in allen Lebensphasen sichtbaren Auswirkungen erzeugen Angst. Hierbei geht es nicht nur um die Angst vor Arbeitslosigkeit oder um Rollenkonflikte innerhalb eines Sozialgefüges. Es sind deutlich archaische Ängste, die insbesondere bei Jugendlichen und älteren Menschen zu Frustrationen, Desinteresse und damit allgemein zu Lebensangst führen.

No future, Null Bock und ähnliche profanisierte Aussagen der Angst waren um 1980 Ausdruck dafür, daß Menschen von der sich ihnen darstellenden Komplexität der technischen und sozialen Systeme überfordert sind.

Leben ist für viele Menschen nicht mehr handhabbar, sie spüren intuitiv, daß sie gelebt werden, d.h. daß sie außengesteuert leben. Selbst kleine Probleme führen zu Streßsituationen, da das erlernte winzige Detailwissen keine Grundlage mehr ist, um Problemlösungsstrategien entwickeln zu können. Dies wird besonders deutlich im Zusammenleben junger Menschen, in ihrem Verständnis für Ehe und Treue, in der Suche nach Inseln (Ökobewegung), im Umgang mit materiellen Lebensbereichen. Dies wirkt sich seit Mitte der 70er Jahre spürbar auf das Berufsleben aus.

Die von Karl Marx definierte Entfremdung vom geschaffenen Produkt nimmt zu. In den Arbeitsprozeß selbst kann der einzelne nur noch bedingt eingreifen. Der Mensch ist an der Produktion von Waren immer weniger beteiligt. Produktionen steuern sich immer stärker selbst. Dafür werden immer mehr Menschen in den Prozeß der Verarbeitung von Informationen über Produktion und Distribution der Produkte einbezogen, ohne das Produkt je in der Produktionsphase kennenzulernen. Informationen über Produkt,

Produktion und Distribution sind jedoch Details abstrakter Art, die eine vertiefende Entfremdung zur Arbeit mit sich bringt, wenn diese Art der Arbeit nicht neu definiert und qualifiziert wird.

Die Veränderung der kommunikationstechnischen Struktur bedingt eine Veränderung der Bildungsstruktur

Unternehmen werden sich daher wieder stärker als Sozialsystem verstehen müssen, innerhalb dessen die Aufgaben der Mitarbeiter sinnvoll für den einzelnen und das Ganze zu definieren sind.

Sinnhaftigkeit des Arbeitsprozesses ist zu involvieren, um Entfremdung zumindest ein Stück aufheben zu können. Unternehmenskultur ist ein Begriff dafür, daß Unternehmen sich wieder darauf besinnen, im Leben des Mitarbeiters eine maßgebende und positiv-humane, steuernde Rolle zu haben, die Verantwortung für diesen Menschen und seine Familie verlangt.

Betriebliche Bildung wird eine neue, unternehmensspezifisch/sozialintegrative Aufgabe übernehmen müssen. Dabei wird es sich um Kommunikation im weitesten Verständnis handeln. Medien werden insbesondere auf diesem Gebiet eine wichtige Aufgabe wahrzunehmen haben. Schulische und außerschulische Bildung wird sich mit interdisziplinären Fragen privater, sozialer und beruflicher Kommunikation beschäftigen müssen, wird auf Vermittlung von umfangreichem Detailwissen mehr und mehr verzichten und sich auf das Erlernen von Denkmodellen, Lernstrategien und Problemlösungstechniken ausrichten müssen. Der Umgang mit Informations- und Kommunikationstechniken im privaten wie beruflichen Alltag erfordert andere Denkmuster und Denkmodelle. Es werden Fähigkeiten erwartet, die von den bisher gelehrten und erlernten abweichen.

Aus den Anforderungen der sich verändernden Märkte im Bereich der Industrie und Wirtschaft zeichnet sich bereits eine Strukturveränderung im betrieblichen Bildungswesen ab. Gleichzeitig wird jedoch auch eine sich immer stärker öffnende Schere zwischen schulischer und betrieblicher Bildung erkennbar. So versteht sich betriebliche Bildung oft als Reparaturbetrieb des nicht auf berufliche Realität eingehenden schulischen Bildungssystems. Dahinter versteckt sich jedoch auch ein Bildungsanspruch, der allein dem Zweck der beruflichen Nutzung dient.

Bildung wird nicht mehr als umfassendes, sondern als nutzenorientiertes Wissen verstanden, das dem gleichen harten Kosten-Nutzen-Verständnis unterliegt wie die Produktion und Distribution eines Produktes. Die notwendige interdisziplinäre Diskussion ist hierzu noch nicht geführt worden. Eher ist bemerkbar, daß sich Schulen ähnlich wie Universitäten und besonders Fachhochschulen als Zulieferer für Berufsfelder verstehen und kurzsichtig weitere Fächer mit gesplittetem Wissen entwickeln (z.B. Informatik in der Hauptschule o.ä.), ohne hierbei Hilfen für die Verknüpfung der verschiedenen Wissensgebiete und deren praktische Umsetzung in Beruf und Leben zu geben.

Soziale und mediale Kommunikationsformen sind im Prinzip Wissens- und Erfahrungsverknüpfungen komplexer Art. Sie werden in ihrer Komplexheit nicht gelehrt und so auch nicht analytisch erfahren. Sie sprechen den Menschen in seiner Ganzheit und in seiner dualen realen Situation an. Die Fragestellungen, die sich aus den kommunikativen Situationen ergeben, können jedoch nicht bewältigt werden. Probleme des Alltäglichen werden nicht analytisch-kognitiv verarbeitet, sondern emotional und ungesteuert.

Da jede Art von Kommunikation durch das jeweilig genutzte Kommunikationssystem bedingt wird, ergeben sich bereits hieraus

- für jeden Bürger als Teilhaber eines politischen Systems,
- für jeden Mitarbeiter in einem Unternehmen als Teil eines unternehmerischen Organisationssystems,
- für Mann und Frau als Partner in einem Beziehungssystem,
- für Kinder als Teilnehmer in einem Erziehungssystem

immer mehr unbewußte und unbeantwortbare Fragen und damit unbewältigte Probleme. Deutlich werden für einen gewissen Zeitraum - meines Erachtens bis etwa 1995 - mehrere Handlungssysteme nebeneinanderstehen. Ein traditionell manuell-personales

System neben einem sich ausweitenden technisch-medialen System.

Die Kenntnisse, Erfahrungen und Fertigkeiten, die im manuell-personalen System ausreichen, gewährleisten nicht die Fähigkeiten, im technisch-medialen System agieren zu können. Die erforderlichen Handlungskompetenzen sind von einer völlig anderen Qualität und sind mit den Kompetenzen klassischer Berufe nicht mehr vergleichbar.

Privates und berufliches Handeln wird andere Denkstrukturen und ein völlig neues Verständnis erfordern, da Arbeit neu zu definieren ist. Die unternehmerische Aufbau- und Ablauforganisation wird sich den neuen technischen Bedingungen schnell anpassen müssen, da die veränderten Techniken völlig neue Führungs- und Planungssysteme verlangen.

Es wurde bereits darauf hingewiesen, daß erstmals nicht nur Arbeitskraft durch Technik ersetzt und Arbeitssituationen durch Technik verbessert werden. Es ist die geistige Kompetenz des Menschen, die ergänzt und immer stärker sogar ersetzt werden kann.

Umfassende Anforderungen der Technik an Menschen und an Institutionen

Die zukünftigen Anforderungen an den Menschen als Schwachstelle in perfekten technischen Systemen werden daher anders sein. Logik, schnelle Verknüpfungsfähigkeit, komplexes Denken und hohe Assoziationsfähigkeit werden die reine Abspeicherung von Wissen ersetzen, da dieses allgemein zugänglich und von technischen Trägern abrufbar ist.

Allgemeinwissen - was immer dies sei - wird als Zuordnungs- und Abruffähigkeit, als Fähigkeit logischer Gliederung, als Auto-Didaktik erforderlich sein. Wissen erhält damit eine neue Dimension. Es wird einerseits individualisiert und personalisiert, andererseits jedoch demokratisiert, das heißt, einer großen Masse auf einfache Weise zugänglich gemacht werden können (Personal-Computer, Bildschirmtext). Aber, und dies muß bedacht sein, dadurch bedarf Wissen nicht mehr der sozialen und geistigen Komponente.

Sozialverhalten wird weniger gefragt sein als Medialverhalten. Die Fähigkeit im sicheren Umgang mit moderner Technik wird der Bewertungsmaßstab für den Menschen sein, dessen soziale Handlungskompetenz zurücktreten muß zugunsten einer medialen Handlungskompetenz.

Vielleicht werden wir diese Veränderung von der produktionsorientierten zur informationsverarbeitenden Tätigkeit fast geräuschlos erleben. Die ökonomischen Bedingungen zu dieser Veränderung werden zu restriktiven Maßnahmen gegenüber den Arbeitnehmern, die sich mehr oder weniger wiederspruchslos anpassen, in neue Prozesse eingliedern und sie sogar mit initiieren, um ihren Arbeitsplatz nicht zu gefährden. Die Gewerkschaften scheinen unfähig zu sein, diese wichtige Komponente zu erfassen und zu politisieren.

Handel, Gewerbe, Industrie und Wirtschaft haben auf diesen Strukturwandel bereits schnell, unbürokratisch und mit hohem finanziellen Aufwand reagiert. Insbesondere die betriebliche Weiterbildung, das Training und zahllose Erfahrungstagungen mit Seminarcharakter im innerbetrieblichen Bereich sind die ersten Antworten auf die skizzierten Veränderungen.

Die außerschulische Bildung beschäftigt sich thematisch mit Einzelfragen dieser Entwicklung, ohne stärker auf die zu erwartende Veränderung der Sozialstruktur einzugehen. Sie vermittelt großenteils handwerkliche Fähigkeiten und praktikables Wissen, das beruflich oder privat genutzt werden kann. Sie vermittelt jedoch keine gesellschaftliche Handlungskompetenz.

Hier ist ein wichtiger Ansatz für eine Kommunikations- und Medienpädagogik zu sehen. Und dies bedeutet, der gesellschaftspolitische, wenn nicht sogar politische Denkansatz kann und darf nicht unterdrückt werden. Wir werden uns nicht gegen neue Technologien und Techniken wehren können, da wir sie selbst geschaffen haben. Wir sind die Schöpfer dieser neuen Zukunft. Diese Technik muß jedoch "Werkzeug" bleiben, und wir Menschen müssen befähigt werden, dieses Werkzeug sinnvoll und effizient zu nutzen, im Sinne jedoch einer kreativen und "erfüllenden" Tätigkeit.

Schulen und Hochschulen reagieren in ihren technischen Disziplinen auf die technischen Anforderungen und Bedingungen. Dort jedoch fachspezifisch und ohne die dringend erforderliche Diskussion über die möglichen individuellen und sozialen Wirkungen.

Fragen der medialen Handlungskompetenz, der Anforderung an den Menschen, die sich aus der Veränderung der Technik ergibt, der Funktion dieser sich rasant entwickelnden Technik in einem Sozialgefüge, scheinen dort tabu zu sein.

In den letzten 20 Jahren haben sich die einzelnen Wissenschaften immer weiter auseinanderentwickelt. Die verschiedenen wissenschaftlichen Disziplinen beschäftigen sich isoliert mit Detailproblemen. Für den einzelnen Menschen ist es unmöglich geworden, einen auch nur annähernden Überblick über das Gesamtwissen zu gewinnen. Und dabei verdoppelt sich das Wissen in den Naturwissenschaften in immer kürzeren Abständen.

Die Geisteswissenschaften scheinen sich mit den daraus entstehenden Problemen immer erst dann zu beschäftigen, wenn sie bereits manifestiert sind. Die Wirkung geisteswissenschaftlicher Überlegungen auf die Menschen scheint dabei gering, da jedermann deutlich geworden ist, daß technische Entwicklungen nicht mehr rückgängig gemacht werden können und nach Nutzung drängen.

Hilflosigkeit im Umgang mit dieser technisierten Welt sind das Ergebnis fehlender ethischer, sozialer und pädagogischer Aussagen, d.h. das Fehlen normativer Strukturen.

Der Übergangsbereich zum Nichtwissen wird damit immer größer, die Beteiligung von Menschen an der Auseinandersetzung, mit den Fragen, die sich aus den Erkenntnissen ergeben, wird immer geringer und elitärer.

Die Fragen, die sich in den letzten Jahren aus der rasanten Entwicklung der Kommunikationstechniken ergeben, führen in verschiedene wissenschaftliche Disziplinen und überschneiden sich gegenseitig.

Die Antworten, die von den Kommunikationsfachleuten und Pädagogen, aber auch von Unternehmensleitungen, Marketing-Experten und Managern gegeben werden müssen, haben daher stark interdisziplinären Charakter. Sie müssen die Synthese zahlreicher in Theorie und Praxis erworbener Erkenntnisse und Erfahrungen aber auch wissenschaftlicher Methoden zu einem sinnvollen Ganzen sein.

Für die Arbeit der Kommunikations-Fachleute - und dazu gehören auch Lehrer, Dozenten, Trainer, Meister und andere Personen, die "Wissen" vermitteln sollen - ist es eine Verpflichtung, über Fragen der Kommunikation, Kommunikationstechnik, Information, Informationstechnik und Pädagogik so zu arbeiten, daß dies den Anforderungen dieser Wissenschaften gerecht wird und für die Beteiligten verständlich und anwendbar ist.

Dies ist der Grund, warum der Gesamtkomplex von Kommunikation und Medien im Arbeitsfeld der Kommunikations-Fachleute (und dies werden bald sehr viele Menschen sein müssen) immer eine große Rolle spielen wird.

Mit Definition und Ausführungen, mit Nachdenken und Gesprächen, mit Seminaren und Workshops, mit Medienproduktion und Medieneinsätzen zu diesem Themenbereich soll und muß insbesondere bei Jugendlichen, Ausbildern und Lehrern, aber auch bei Sozialarbeitern und Sozialpädagogen ein größeres Verständnis für diese grundsätzlichen Probleme im Bereich der personalen und medialen Kommunikation geweckt werden.

Es geht aber auch darum, die bisher gewonnenen Erfahrungen in allen Bereichen medialer Arbeit (Produktion, Distribution, Präsentation und Rezeption) auszuwerten und verständlich darzustellen. Es geht darum, Analysefähigkeiten zu entwickeln, um tatsächlich kritisch mit dem medialen Geschehen in und um uns besser umgehen zu können. Es geht darum, Medien und ihre Wirkung auf den Menschen richtig einschätzen zu können oder dies zu lernen, da dies erlernbar ist.

- Es geht um Nutzungsmöglichkeiten moderner Informations- und Kommunikationstechniken durch deren Anpassung an Bedürfnisse und Verhaltensweisen des Menschen und nicht umgekehrt.
- Es geht um die Entwicklung neuer Berufsbilder in den Bereichen der Informations- und Kommunikationstechniken und ihre Berufsbegleitung.

- Es geht um berufsbegleitende Seminare zur Qualifizierung der Mitarbeiter in Arbeitsbereichen der Produktion und Distribution.
- Es geht um berufsbegleitende Seminare zur Qualifikation der Mitarbeiter in Arbeitsbereichen, in denen Medien immer stärker eingesetzt werden.
- Es geht um die qualifizierte Beratung und Begleitung der Mitarbeiter in allen Fragen der Informations- und Kommunikationstechniken, ihrer Entwickung und Nutzung sowie ihres effizienten Einsatzes.
- Es geht letztlich um den humanen Arbeitsplatz, um Unternehmensorganisation und Personalentwicklung.
- Es geht auch um sinnvolle Beschränkung des Leistungsumfangs moderner Informations- und Kommunikationssysteme durch geeignete Datenschutzmaßnahmen, um den ungezielten und gezielten Mißbrauch der Systeme zu verhindern.
- Und es geht um die zu erwartenden und unvermeidlichen Auswirkungen der Systeme und die dadurch sich entwickelnden Risiken für einzelne Menschen, für Familien, aber auch für das Sozialgefüge. Sie müssen analysiert und definiert werden.
- Es geht um die Frage der Wirkungen medialer Aussagen, um die Frage der Rezeptionsfähigkeit der Menschen und die Chancen, Medien als Mittler zu verstehen und mit ihnen handeln zu können.

Die Akademie Remscheid muß deshalb m.E. ihren Auftrag darin sehen, den betroffenen Personengruppen im Umfeld der personalen und medialen Kommunikation

- fundiertes Wissen zu vermitteln,
- das sich auf die Problemstellungen verschiedener Sozialgefüge praktisch umsetzen läßt,
- dabei die persönlich-beruflichen Belange jedes einzelnen berücksichtigt
- und die sich entwickelnden Gruppenprozesse in den verschiedenen Gruppen als Interaktionsprozesse in die Wissensvermittlung mit einbezieht.

Gutes tun und drüber reden!

Public Relations gehören zum Alltag der Sozial- und Bildungsarbeit heute

Gerhard Lück

Das Aufgaben- und Einsatzfeld sozialer und kultureller Arbeit ist in den letzten 30 Jahren um ein Vielfaches gewachsen. Freie Initiativen und Aktionen, Selbsthilfegruppen und Förderkreise haben sich auf Gebiete gewagt, die jahrzehntelang unangetastet etablierten Verbänden und Institutionen vorbehalten waren. Das gilt für den Bereich der Kinder- und Jugendarbeit ebenso wie für Dienste und Einrichtungen der Sozialarbeit und auch für die kulturelle Bildungsarbeit.

Autonome Jugendzentren boten Alternativen zur herkömmlichen Jugendverbandsarbeit an, Initiativgruppen sprengten festgefahrene Wege der Eingliederung behinderter Menschen, und Stadtteilgruppen erprobten neue Kommunikationswege mit eigenen Zeitungen und Festen.

Auch das Mitarbeiterfeld in der Sozial- und Bildungsarbeit veränderte und vergrößerte sich enorm. Die Professionalität hielt in einem bis dahin ungeahnten Ausmaß Einzug in ursprünglich ehrenamtliche Aufgabenbereiche. Immer neue Planstellen wurden im staatlichen und freien Feld der Sozialarbeit und Sozialpädagogik geschaffen, und selbst Bürgerinitiativen und Selbsthilfegruppen "hielten" sich ihren "Hauptamtlichen".

Dieser Glaube an die Unverzichtbarkeit von Profis in der Sozial- und Bildungsarbeit geriet dann vor einigen Jahren ins Wanken, als die Geldquellen auszutrocknen begannen und neue Stellen fast nur noch über Arbeitsbeschaffungsprogramme realisierbar schienen. Und daran hat sich bis heute kaum etwas geändert. Die Beschwörung des Ehrenamtes war seitens der das Geld verteilenden Politiker selten so stark wie derzeit.

Magische Zauberformel: Public Relations

Die Ausweitung des Marktes und die sich in den vergangenen Jahrzehnten rasant entwickelten Kommunikationsmedien haben u.a. dazu geführt, daß der Medien- und Öffentlichkeitsarbeit im Sozial- und Bildungsbereich eine ganz neue Dimension erwuchs. Hatten Sozialarbeiter beispielsweise häufig die Meinung vertreten, sie brauchten keine Öffentlichkeitsarbeit zu betreiben, da ihre Arbeit ja schließlich für sich spreche, erfolgte vor einigen Jahren ein weitreichender Gesinnungswandel bei Verantwortlichen und Mitarbeitern gleichermaßen.

In kaum einer Konzeption eines Verbandes, sozialen Einrichtung, Initiativgruppe, Freizeit- oder Bildungsaktion fehlt heute eine Aussage zur Öffentlichkeitsarbeit. Einer magischen Zauberformel gleich werden große Hoffnungen auf "Public Relations" gesetzt.

Aber - das berühmte Aber! Wollen und Wunsch nach zeitgemäßer PR-Arbeit im Non-Profit-Bereich - möglichst so perfekt wie bei den Profis in Wirtschaft und Industrie - sind die eine Seite der (PR-)Medaille. Realität und Können stehen auf der anderen Seite, und da ist eben nicht alles Gold, was glänzt. Das fängt dann damit an, daß zwar die Öffentlichkeitsarbeit als notwendige Aufgabe in der Verbands- oder Einrichtungskonzeption benannt ist, aber niemand weiß, wer eigentlich für diesen Aufgabenbereich verantwortlich ist. Kompetenzen sind nicht geklärt, und PR-Konzeptionen liegen nicht vor.

Es reicht dann vielleicht mal für einen Presseartikel, dessen Abdruckchancen oftmals sehr gering sind, weil allgemein gültige Regeln für das Abfassen eines Pressebeitrages nicht berücksichtigt wurden. Vielleicht gibt es auch einen Prospekt, in dem z.B. die Bürgerinitiative oder das "Haus der Jugend" vorgestellt werden. Inhaltliche Aussagen oder graphische Gestaltung reißen aber niemand vom Hocker, salopp gesagt.

Weitere Punkte, die auffallen, wenn man die PR-Arbeit im Sozial- und Bildungsbereich kritisch analysiert, sind u.a.:

- Häufig fehlt es an einer klar sichtbaren einigenden Klammer in Identität und Erscheinungsbild. Die in der sozialen und pädagogischen Arbeit oft sinnvolle und notwendige Vielfalt führt in der Öffentlichkeit nicht selten zu Mißverständnissen und Verwirrung. Einheitliche Signets, Slogans und Erscheinungsweisen sind viel zu selten anzutreffen.
- Obwohl gerade im Non-Profit-Bereich vielfach mit Geldern, die aus Zuschüssen oder Spenden mit viel Vertrauensvorschuß gewährt werden, gearbeitet wird, spielt das Geld bei den Inhalten der Öffentlichkeitsarbeit oft eine sehr untergeordnete Rolle. Öffentlichkeitsarbeit als Vertrauensbildung findet so nicht statt.
- Nicht zu unterschätzen ist auch, daß bei manchen Mitarbeitern erhebliche Identifikationsprobleme mit ihrem Anstellungsträger bestehen. Gerade bei sogenannten Tendenzbetrieben ist dies zu beobachten. Für die Öffentlichkeitsarbeit eines solchen Verbandes oder Trägers ist das verständlicherweise negativ. Wie soll die Öffentlichkeit Vertrauen gewinnen, wenn nicht die eigenen Mitarbeiter darum werben?
- Presse, Rundfunk und Fernsehen sind notwendige Medien, um eine möglichst breite Öffentlichkeit zu informieren. Die Kontakte zu den jeweils zuständigen Redaktionen erweisen sich oft als mangelhaft, und der Umgang mit Journalisten ist vielfach von Angst und Mißtrauen geprägt. Dabei ist gerade der persönliche Kontakt zu den Medienmachern das A und O einer guten Pressearbeit.

Sicher lassen sich weitere Analyseergebnisse zusammentragen. Hier sollen sie genügen. Den Verantwortlichen in Sozial- und Bildungsarbeit ist aber dringend zu empfehlen, ihren Platz in der Öffentlichkeit mit regelmäßigen Imageanalysen zu reflektieren.

Eins sei aber noch vermerkt: Daß es mit der PR-Arbeit im Non-Profit-Bereich so aussieht, ist z.B. den betroffenen Sozialarbeitern nur bedingt vorzuwerfen. Schließlich erhalten die in diesen Feldern tätigen haupt- und ehrenamtlichen Mitarbeiter wenig Einführung und Hilfe zur Bewältigung der PR-Aufgaben. In Fachschulen, Fachhochschulen und Universitäten gibt es in

Sachen Public Relations selten ein Lehrangebot. Lediglich im Fortbildungsbereich kann die notwendige Kompetenz erworben werden, doch dazu später mehr.

Public Relations brauchen Konzeptionen

Öffentlichkeitsarbeit in der Sozial- und Bildungsarbeit muß von der Vertrauenswerbung als dem obersten Ziel geprägt sein. Das Beziehungsgeflecht, in dem die vielen Verbände, Einrichtungen, Dienste, Institutionen landauf, landab stehen, erfordert eine ständige Information und Rechenschaft. Nur so können die Menschen in Gemeinden, Städten, Politik und Gesellschaft das "Alltagsgeschäft" der vielen unterschiedlichen Träger vertrauensvoll mittragen. Die inhaltliche Ausgestaltung der Informationen hat zwei Ziele:

1. Die Öffentlichkeit erhält Kenntnis von den Bedürfnissen, Problemen und Lebenssituationen einzelner Menschen oder ganzer Gruppen (z.B. Kinder und Jugendliche, Ausländer, Aids-Kranke, soziale Randgruppen, Arbeitslose...). PR-Arbeit wird zur Anwaltsfunktion!

2. Die "Betroffenen" erfahren, ob und welche Art der Hilfe, Beratung oder Lebensbegleitung sie von wem erwarten können, welche Angebote zur Freizeitgestaltung, Bildung oder zum Engagement es gibt.

Diese Globalziele müssen der jeweiligen Situation entsprechend in einer Konzeption zur PR-Arbeit formuliert werden. Ziele, Inhalte, Methoden und Zielgruppen von Öffentlichkeitsarbeit sind dort zu beschreiben. Nur wer weiß, was er will, wird wissen, wohin er will. Die Konzeption muß z.B. deutlich machen, daß zum Mittun motiviert wird, daß Grenzen der Arbeit aufgezeigt werden und daß Öffentlichkeitsarbeit mit politischem Handeln zu tun hat.

Politik sei hier nicht mit Parteipolitik verwechselt, Politik wird hier verstanden als bewußtes, engagiertes Mitgestalten der Gesellschaft und des Gemeinwesens. (Das parteipolitische Taktieren mancher Funktionäre im Sozial- und Bildungsbereich hindert eher an der Erfüllung des sozialen Auftrages und trägt nicht immer zur Vertrauensbildung bei!) Öffentlichkeitsarbeit z.B. der Jugend- und Sozialarbeit ist für die Sozialplanung in Gemeinden, Kreisen, Städten, Ländern und im Bund unerläßlich. Wie sollen Politiker sachgerechte Entscheidungen für Gesetze und Richtlinien treffen, wenn sie nur unzureichend oder bei Jubiläumsfeiern über die soziale Wirklichkeit informiert werden?! Selbstbewußt und erhobenen Hauptes sollten die Verantwortlichen in allen Bereichen ihre Erfahrungen und Forderungen auf's politische Parkett bringen.

Öffentlichkeitsarbeit - und das ist eine alte PR-Weisheit - beginnt im eigenen Verband, in der Einrichtung, im Dienst. Die Art und Weise, wie den Menschen, die auf ihre Fragen Hoffnung und Antwort und Wege in die Zukunft suchen, begegnet wird, ist erster und wichtigster Ansatz für Öffentlichkeitsarbeit.

Kein Mitarbeiter - ganz gleich ob ehren- oder hauptamtlich - kann seinen Dienst im stillen Kämmerlein verrichten. Seine Arbeit hat immer eine Wirkung nach außen, ist immer schon Teil der Öffentlichkeitsarbeit. Das von der Öffentlichkeit geforderte Vertrauen muß deshalb zunächst in der jeweiligen Organisaton bestehen - Offenheit und Vertrauen sind die Grundlagen für eine Atmosphäre, die zielgerichtete Öffentlicheitsarbeit zuläßt und kritischen Augen von außen nichts zu verbergen hat.

Elemente von Corporate Identity anwenden

Jede Zeit hat ihre Worte und Begriffe. Jede Zeit hat ihre Erkenntnisse. Die Öffentlichkeitsarbeit nimmt - wie könnte es anders sein - ihre Begriffe aus dem angloamerikanischen Sprach- und Erfahrungsbereich. Zu den neueren Erkenntnissen der PR-Arbeit gehört "Corporate Identity". Unter Corporate Identity (CI) ist der schlüssige Zusammenhang von Erscheinung, Worten und Taten einer Organsisation mit ihrem "Wesen" zu verstehen.

Das Verhalten (die Tätigkeiten), das Erscheinungsbild und die Kommunikation (Presse- und Öffentlichkeitsarbeit, Werbung) müssen mit der "Persönlichkeit" der Organisation, ihrem Selbstverständnis (Organisationsphilosophie, Identität) übereinstimmen. Große Unternehmen der Wirtschaft (z.B. VW, MAN, Deutsche Bundesbahn) haben die Chancen von "Corporate Identity" längst erkannt. "Wir müssen das visuelle und konzeptionelle Chaos überwinden", umschreibt Benno Keysselitz, einer der führenden CI-Berater, das Ziel von Corporate Identity.

Nun ist es allerdings nicht so einfach, das in der eingangs versuchten Analyse teilweise beschriebene "visuelle und konzeptionelle Chaos" der Öffentlicheitsarbeit im Non-Profit-Bereich mittels CI zu überwinden. Ein wesentlicher Anfang kann aber gemacht werden. Zu den Grundelementen von Corporate Identity gehört Corporate Design (CD) - das einheitliche optische Erscheinungsbild einer Organisaiton.

Mit der Unterstützung von in der Grafik erfahrenen Fachleuten können Leitlinien für das Erscheinungsbild einer Einrichtung, eines Verbandes oder einer Institution erarbeitet werden. Diese enthalten eine Fülle von Vorschlägen, die bei der Gestaltung von Briefbogen, Autobeschriftungen, Prospekten, Hausschildern, Visitenkarten u.v.m. Anregungen geben, damit die einzelnen Aktionen und Initiativen schnell und eindeutig einem gemeinsamen Werk zugeordnet werden können.

Fortbildung tut not

Wenn die Ansprüche an die PR-Arbeit in der Sozial- und Bildungsarbeit erfüllt werden sollen, sind Mitarbeiter notwendig, die dafür qualifiziert sind und die die notwendige fachliche Kompetenz haben. Es bedarf der Mitarbeiter, die in der Lage sind, klare Konzeptionen zu entwickeln, die Arbeit zu planen und die Realisierung zu betreiben.

Nun bestehen gerade in diesem Praxisfeld erhebliche Diskrepanzen zwischen Ausbildungsinhalten und Anforderungen im beruflichen Alltag - ganz gleich, um welchen Ausbildungsgang und um welches Ausbildungsinstitut es sich handelt. Sozialarbeitern,

Sozialpädagogen, Erziehern usw. bleibt in der Regel, wenn sie sich für Öffentlichkeitsarbeit engagieren wollen, nichts anderes übrig, als sich durch die Teilnahme an Fortbildungskursen auf dem Fort- und Weiterbildungsmarkt zu qualifizieren.

Auf diesem Markt spielt die Akademie Remscheid eine besondere Rolle. Ihre Angebote im Bereich der Medien- und Öffentlichkeitsarbeit sind vielseitig und praxisnah. Dabei kommt der Vermittlung von notwendiger Theorie ebensoviel Bedeutung zu wie dem "learning by doing". Als wesentliches Lernelement ist zu sehen, daß immer versucht wird, die Situation vor Ort, den Wirkungsbereich der jeweiligen Teilnehmer, in die Kurswirklichkeit einzubeziehen.

Begrenzungen erfahren die Teilnehmer allerdings immer dann, wenn ihrem Träger daheim die für eine sinnvolle Umsetzung der Lernerfahrungen notwendigen finanziellen und organisatorischen Mittel fehlen. Die Belastung durch viele andere Aufgaben - den 100 %en Öffentlichkeitsarbeiter gibt es im Non-Profit-Bereich sehr selten - schafft im Alltag weitere Grenzen.

Um so notwendiger sind klare Konzeptionen, Planungen, Arbeitsabsprachen und Kompetenzklärungen. Die Akdemie Remscheid könnte in ihrer eigenen Öffentlichkeitsarbeit noch mehr auf diese beruflichen Wirklichkeiten ihrer Teilnehmer eingehen und so zum Anwalt für qualifizierte PR-Arbeit im Sozial- und Bildungsbereich werden.

Sozialpsychologie und Beratung

Kreativität oder die Entdeckung der Vielfalt

Kurt F. Richter
Dipl. Psychologe, Psychotherapeut, Dozent für Beratung und Sozialpsychologie an der Akademie Remscheid

Kreativität und Humor

Hans-J. Schulz
Dipl. Psychologe, Schulpsychologe in Schwerte

Kreativität oder die Entdeckung der Vielfalt

Kurt F. Richter

"Therapie ist ein Prozeß sich ändernden Gewahrseins und Verhaltens. Das sine qua non des kreativen Prozesses ist die Änderung: die Transformation einer Form in eine andere, eines Symbols in eine Einsicht, einer Geste in eine Folge von Verhaltensweisen, eines Traumes in eine dramatische Darstellung. So sind Kreativität und Psychotherapie auf einer grundlegenden Ebene miteinander verbunden: Transformation, Metamorphose, Änderung" (J. Zinker, 1982, S. 14).

Der Markt der Möglichkeiten

In den Zeiten des "Kalten Krieges" und des "Sputnikschocks" (1957) kam es in der westlichen Welt zu einer Art Hochrüstung in Sachen Kreativität. Der Bildung wurde die Aufgabe zugeschrieben, den enorm angestiegenen Bedarf an Wissenschaftlern sicherzustellen.

"Um als Nation zu überleben, muß das Individuum kreativ werden" (Taylor, zit. nach E. Landau, 1984) lautete die Devise. Die psychologische Forschung arbeitete auf Hochtouren an Konzepten der Quantifizierung und Operationalisierung von Kreativität. Sie sollte so durch Tests meßbar und durch Trainings leicht lernbar werden. Der durch den analytischen Wissenschaftszugriff pragmatisch zugerichtete Kreativitätsbegriff war zwar keineswegs eindeutiger geworden, hatte aber kaum noch Bezug zu dem "Schöpferischen", für den er einmal stand. Leider wurde es auch versäumt, praktikable Konzepte für die Kreativität im Alltag zu entwickeln, also dem kreativen Gestalten von Leben und Zusammenleben. Aber gerade für die Bewältigung von Alltag scheint Kreativität ein immer notwendigeres Lebens- und Überlebensmittel zu werden. Es ist ein kaum noch zu übersehendes Phänomen, daß in nahezu allen Lebensbereichen die Fähigkeit zur autonomen Lebensbewältigung zurückgeht. Dies führte zu einem Boom an Beratungs- und Hilfsangeboten (sozusagen von der Wiege bis zur Bahre).

Immer neue Reparaturstätten für die Seele und Kulturwerkstätten zur Herstellung von Sinn und Sinnlichkeit (K. F. Richter, 1986) schießen wie Pilze aus dem Boden. Trotz dieses Überangebotes an psychologischer, kultureller und spiritueller Fastfood bleiben viele Menschen innerlich leer und chronisch hilfsbedürftig.

Für das aufgeweichte bürgerliche Ich scheint es noch kein gesellschaftsfähiges Nachfolgemodell zu geben. Die Ausbildung starker Über-Ichs und Persönlichkeitsstrukturen sind unserer schnellebigen Zeit nicht mehr angemessen; eine stabile Identität läßt einen Menschen eher antiquiert erscheinen!

Unsere Gesellschaft verlangt vom einzelnen ein hohes Maß an Flexibilität und permanente Veränderungs- und Lernbereitschaft. Gilt es doch die ständigen Veränderungen der Umwelt aufzunehmen, zu verarbeiten und darauf zu reagieren. Dem heutigen Menschen wird also eine starke responseability (F. Perls) abverlangt, d.h. die Fähigkeit, mit Leib, Seele und Arbeitskraft auf stets neue Lebensbedingungen zu antworten.

Davon sind viele Menschen überfordert. Es mangelt ihnen an halt- und orientierung-gebenden stabilen Strukturen, langfristigen Perspektiven und überdauernden menschlichen Beziehungen. In dieser Situation erweist sich Kreativität als durchaus zwiespältig, einerseits ein notwendiges Lebens-Mittel, andererseits Verführung zum unbenötigten Neuen.

Kreativität als Motor ständiger Neuerungen bleibt letztlich folgenlos. Die jeweils erreichten Änderungen sind gleich-gültig. Kreativität verbraucht sich so in dem steten Wechsel der Moden, z.B. des zweimal jährlich wechselnden Kleidergeschmacks, des post-modernsten Denkens, der aktuellsten Jugend-, Sub- oder Subventionskultur usw. Kreativität bedarf der Kontinuität, sei es als persönliche Identität oder als soziale oder kulturelle Tradition.

Daran kann sie ihr Potential aufladen und entzünden, sie fortsetzen, ergänzen, erweitern, korrigieren oder auch verlassen.

Wie kommt der Berater zur Kreativität?

Kreativität ist für mich eine anthropologische Grundkonstante, eine Möglichkeit des Menschen, die im Verlauf seiner Entwicklung entfaltet, behindert oder ganz unterdrückt werden kann. Winnicott (1978) hält die unkreative Persönlichkeit für krank, da ihre Handlungsmöglichkeiten auf das Reagieren beschränkt seien.

Was denn nun Kreativität sei, ist in unendlich vielen Definitionsversuchen eingekreist worden (vergl. die Definitionsübersicht von E. Landau, 1984). Es geht dabei immer um die Frage, wie entsteht das Neue aus bzw. statt des Alten. Die Formulierungen sind oft eher poetisch als genau. Vielleicht werden sie aber gerade dadurch dem schillernden Definitionsgegenstand Kreativität gerecht.

Ein schönes Beispiel dieser Definitionskunst möchte ich hier anführen: "Unter Kreativität verstehen wir den Ausdrucks- und Gestaltungsdrang, der allen Menschen innewohnt: der Chaos ordnet und Ordnung aufbricht um der Veränderung und des Neuen, um des Lebens willen. Sie ist im Spannungsfeld von Ordnung und Chaos das dynamische Moment, das zur Ballance zwischen Chaos und Ordnung führt" (B. Haller-Naphausen, B. Held 1985).

Kreativität ist in allen Lebensbereichen möglich. Sie wirkt in der Entwicklung neuer Erlebens-, Sicht- und Denkweisen. Sie hat ihre Hand im Spiel bei der Erprobung alternativer Handlungsmuster oder Formen des Zusammenlebens. Sie ist essentieller Bestandteil des Kunstschaffens. Werbeteams leben von ihr, und die Entwicklung von hochkomplizierten militärischen Vernichtungsgeräten wäre ohne sie nicht möglich.

Hier stellt sich natürlich die Frage, wann ist Kreativität wünschenswert, wann führt sie zu fatalen Fehlentwicklungen (siehe Eingangskapitel). Kreativität läßt sich ebensowenig verbieten wie Denken oder Phantasie!

Eine starke Herausforderung für die soziale und politische Kreativität ist die Entwicklung von konsensfähigen Zielen und Normen für Neuerungen (z.B. bei der Frage "kreative Weiterentwicklung der Genforschung, ja oder nein oder ..?).

Die psychologische Kreativitätsforschung interessierte sich besonders für drei Aspekte: a) Merkmale einer kreativen Persönlichkeit, b) Verlaufsformen des kreativen Prozesses und c) Kennzeichen eines kreativen Umfeldes (B. Flossdorf, 1981).

a) Die kreative Persönlichkeit ist viel erforscht worden. Sie blieb dabei häufig vage. Der noch am ehesten faßbare Ansatz (Flossdorf, 1981) ist der faktorenanalytische von Guilford (1959), der sowohl kognitive wie auch psychodynamische Faktoren in seine Untersuchung mit einbezieht.

b) Der kreative Prozeß ist immer wieder beschrieben worden, meist als Phasen- oder Stadienmodelle; z.B. als 1. Vorbereitungs-, 2. Inkubations-, 3. Einsichts- oder Illuminations- und 4. Verifikationsphase (Landau, 1984). Interessant dabei ist, daß dieser Viererschritt nicht nur beim Problemlösen, sondern auch in vielen therapeutischen Veränderungsmodellen auftaucht.

c) Das kreative Umfeld ist weit weniger erforscht. Hierzu gehören für mich nicht nur Organisationsaspekte, sondern auch die Qualität der Kommunikation und Beziehungen der beteiligten Menschen, die Anregung durch Informationen oder Dinge, die Atmosphäre, die räumliche und zeitliche Strukturierung usw.

Für meine praktische Bildungsarbeit erscheint mir dieser dritte Gesichtspunkt besonders interessant, geht es hierbei doch darum, ein kreatives Milieu zu schaffen, das die freie Entfaltung der einzelnen und der Gruppe gewährleistet. Ich biete in der Akademie Remscheid Kurse in kreativer Gestaltarbeit und medienintegrierten Beratung an. Die Teilnehmer sollen dabei die notwendigen Kompetenzen erwerben, um als "change-agent" kreative Innovations- und Veränderungsprozesse einleiten und begleiten zu können. So steht bei meiner Kursplanung an vorderer Stelle die Frage: Wie wird ein Berater kreativ? Wie muß das Kursdesign, der Dozentenstil aussehen, um eine optimale Entfaltung persönlicher und innovatorischer Kreativität bei den Teilnehmern zu bewirken?

Von Beobachtungen, Erfahrungen und Gedanken bei meinen Versuchen, auf diese Fragen praktizierbare Antworten zu finden, möchte ich auf den nächsten Seiten berichten.

Die Kunst des Lehrens

Wenn ich nur intensiv genug und auf die rechte Weise übe, dann steigt meine Gedächtnisleistung, wächst meine Muskelkraft, steigt meine Ausdauer beim Joggen. Leider ist der Kreativität nicht mit einer solchen einfachen pädagogischen Bemächtigungstechnik beizukommen. Nach meiner Erfahrung ist sie nicht direkt lehr- und lernbar, schon gar nicht durch Belehrung. Kreativitätstrainings fördern in der Regel mehr notwendige Basisfähigkeiten, üben flankierende Techniken ein (z.B. Selbstsicherheitstrainings).

Die Kreativität ist aber keine Technik, kein Kniff zum schnellen Lösen schwieriger Probleme. In ihrer Vielschichtigkeit und Komplexität ist sie schwer zu (be-)greifen, und bildet so erst recht eine Herausforderung an die "Kunst des Lehrens", also einer alterwürdigen, immer wieder erneuerten kulturellen Praxis.

In der "Kunst des Lehrens", wie ich sie verstehe, überschneiden sich dann auch alte, überlieferte Lehrpraktiken (z.B. des Zen- Buddhismus) mit neuen psychologischen, soziologischen und pädagogischen Erkenntnissen und Methoden. Das Wissen um die prozeßhaften Vorgänge der Selbst-Bildung führen zu einer elaborierten Praxis des ZEIGENS und der elementaren ERFAHRUNG. Ergänzt wird sie durch Formen intensiven Übens, die weit über das Erlernen einer Technik hinausgehen (Graf Dürkheim 1962, G.L. Herrigel, 1973).

Diese Lehrform ist nicht geeignet für den eiligen Kursteilnehmer, der mal eben eine Technik, ein Rezept für seine Praxis abholen möchte. Persönlichkeitsentwicklung ist immer ein zeitaufwendiger Prozeß, und die Entfaltung kreativer Möglichkeiten macht davon keine Ausnahme. Ohne eine solide Motivation, Mut und eine gehörige Portion Neugierde geht es nicht. Dies beginnt u.a. für den Kursteilnehmer mit der Erfahrung, daß er bei der Lösung seiner wichtigsten Lebensfragen immer wieder auf Paradoxien stößt, auf Sackgassen des Denkens und Fühlens. Alle bekannten Lösungsstrategien scheinen zu versagen.

Wenn du dich ändern willst, mußt du dich annehmen, wie du bist, lautet dann auch die paradoxe Aufforderung zur Veränderung in vielen Therapieschulen der humanistischen Psychologie. Lösungen tauchen oft erst dann auf, wenn man die Suche bereits aufgegeben hat oder sich eine Pause gönnt. Das Neue, die Wandlung, die Entdeckung usw. ist nicht durch Fleiß zu erreichen.

Gleichwohl scheint eine intensive innere Beschäftigung, eine Sättigung mit Wissen Voraussetzung dafür zu sein. Paradoxien lassen sich leicht lösen, wenn man sie aus einer anderen Ebene, im größeren Zusammenhang etc. betrachtet. Aber wie gelangt man auf die andere Ebene? Zwischen der Auflösung der alten Gestalt und der Herausbildung einer neuen Form gibt es einen unerklärten Rest. Die rational-analytischen Begründungen für eine Problemlösung werden oft als (unbewußtes) Mogelpaket nachgeliefert.

Als Höhepunkt der Kreativität bezeichnet R. May (1988) die Verbindung von Form und Leidenschaft mit Ordnung und Vitalität in Ekstase, d.h. einen Zustand, in dem die übliche Spaltung von Subjekt und Objekt aufgehoben ist. May nennt ihn suprarational.

In der psychologischen Literatur taucht dies Phänomen unter der etwas weniger pathetischen Formulierung einer "Regression im Dienst des Ich" auf. Diese kurzfristigen Spaziergänge am Rande des Unbewußten verlangen Mut, auch den sonst weitgehend ausgeblendeten (unbewußten) psychischen Anteilen ein Mitspracherecht einzuräumen. Eine solche Öffnung erleichtert die Entwicklung einer kreativen Lebenshaltung. Für die Lehrkunst bedeutet dies, den Teilnehmer zu ermutigen, sich auf einen oft verwirrenden und ängstigenden Prozeß einzulassen, in dem alte vertraute Muster sich auflösen und neue restabilisierende Formen manchmal lange auf sich warten lassen.

Der Kursdozent wird zu einem aufmerksamen Begleiter der Teilnehmer. Er unterstützt sie auf alle erdenkliche Weisen, aber übernimmt nicht die Führung. Er stellt Experimentierfelder für optimale Erfahrungen bereit, schult die Kursteilnehmer in der Kunst der Wahrnehmung, in der Ausweitung ihrer Begegnungsfähigkeit, stärkt ihre Entscheidungsfreude und hält sie dazu an, Verantwortung für sich zu übernehmen. Lehrkunst als eine besondere Begleitung der Lernenden setzt eine phänomenologische Sehweise voraus, einen raschen Blick fürs Offensichtliche (was gar nicht selbstverständlich ist!).

Der Dozent verarbeitet dabei sein aus Beobachtung und Empathie gewonnenes Material nicht als Interpretationsfutter für ein abstraktes, personen- und prozeßabgehobenes Konzept. Er betreibt den Prozeß des Verstehens als interaktionales, also auf Wechselwirkung beruhendes Geschehen. Verstehen vollzieht sich so als Prozeß der Verständigung über die möglichen Sichtweisen eines Problems, einer Szene, eines Ziels, einer Erlebnis- oder Handlungsweise usw.

Wichtigstes Medium der Lehrkunst ist die Persönlichkeit des Dozenten. Sein Zeitgefühl (d.h. die Fähigkeit abzuschätzen, wann er warten, wann er intervenieren muß), seine Ausstrahlung, Kreativität, Empathie, seine Fähigkeit zum Beobachten, zu stützen oder konfrontieren, zum Ermutigen und Motivieren ermöglichen ihm die Rolle des unaufdringlichen, aber stets präsenten und verläßlichen Begleiters auf dem oft verwirrenden und ängstigenden Weg der Wandlung und der Selbst-Entfaltung.

Die hier beschriebene Form der Lehrkunst, charakterisiert durch die Elemente: engagierte Begleitung, direktes Zeigen, Vermittlung elementarer Erfahrungen und Inhalte, intensives Üben und erlebnisnahe Reflexion ist besonders geeignet für die Entfaltung einer kreativen Lebenshaltung. Sie steht in der Tradition pädagogischer Verfahren, die aus der Gestalttherapie hervorgegangen sind (vergl. H. Petzold u. G.J. Brown).

Spiel mit den Grenzen

Kreativität als Grenzphänomen

"Kreativität entsteht aus der Spannung zwischen Spontaneität und Beschränkungen, wobei die letzteren (wie die Flußufer) die Spontaneität in die verschiedenen Formen zwingen" (R. May, S. 110, 1987).

Form wird nur wahrnehmbar, wenn sie sich abgrenzt gegenüber einem anderen, gegenüber einem Hintergrund. "Es ist das Wesen der Form, ein Grenzphänomen zu sein, weil Grenze Berührung und Abgrenzung in einem ist" (H. Petzold, 1987 S. 69). Das Ringen an den Grenzen ist nun die eigentliche Quelle des schöpferischen Prozesses (R. May, 1987). Grenzen können befestigt, verwischt, erweitert, überschritten werden. Jeder dieser Grenzvorgänge verändert die Form.

Kreativität bewirkt neue Grenzverhältnisse. Grenzen entstehen als biologische (z.B. die Lebensspanne), psychische, geistige, soziale, wirtschaftliche, politische Tatbestände. Sie strukturieren und formen unsere Lebenswelt. Einige sind veränderbar, andere zwingen uns zur Anpassung.

Die meisten Menschen haben in ihrer Entwicklung zu viele Grenzen verinnerlicht (Normen, Gebote, Verbote, Hemmungen, Ängste usw.). Dies nimmt ihnen den Raum für Bewegung, behindert die freie, autonome Entfaltung. Oft ist der tatsächlich gelebte Raum weit geringer als der mögliche. Das Gespür für die realen Grenzen (gleich, ob es sich dabei um soziale, biologische, künstlerische, denkerische Grenzen usw. handelt) ist verkümmert. Entfaltung ist ein raumgreifender Prozeß.

Durch ihn erreicht der Mensch seine optimale Gestalt. Darauf kann er sich aber nicht ausruhen. Die Grenzverhältnisse ändern sich. Er wird z.B. älter, muß seinen Lebensstil den veränderten biologischen Gegebenheiten neu anpassen. Entfaltung bedarf des Raumes, in den hinein sich ein Mensch mit Seele, Geist und Körper bewegen kann. Der Raum hat viele Gesichter, mal tritt er als Zeit-, Erlebnis-, Denk-, Bewegungs- oder Interaktionsraum in

Erscheinung, mal präsentiert er sich als verwirrende Dialektik von Innen- und Außenraum, von individuellen und gesellschaftlichen Räumen.

Im kreativen Spiel mit den Grenzen wird der Kurs zu einem Ort schöpferischer Freiheit (Walter H. J., 1977). Mit zwei Aspekten werde ich mich im folgenden näher befassen, dem Zeit- und dem Bewegungsraum.

Der Zeit-Raum

Meistens haben wir keine Zeit oder doch zuwenig. Und dann arbeitet die Zeit auch noch gegen uns. Die Zeit ist seltsamerweise zu einem Ding geworden, das man besitzen, verlieren oder erwerben kann. Zeit hat Warencharakter bekommen (H. Petzold, 1986). Zeit wird vorgegeben, sie strukturiert unsere gesamten Lebensvollzüge. Lebens- und Arbeitsprozesse entwickeln sich nicht mehr in einem ihnen gemäßen Tempo, sondern es wird ihnen ein Zeitmaß vorgegeben. Die pädagogische Stunde dauert 45 Minuten, die therapeutische Sitzung 50, und der Arbeiter muß für eine Stunde noch 60 Minuten arbeiten. In früheren Jahrhunderten war die Zeit noch nicht so stark ökonomischen Gegebenheiten unterworfen. Der Mensch lebte in größeren Zeiträumen und dies, obwohl seine Lebensspanne (zumindest statistisch) kürzer war als die Lebenserwartung heutiger Menschen.

Die eigene Zeitlichkeit wird oft verdrängt. Wir legen das Leben so an wie ein Wettkampf, den es zu gewinnen gilt. Später wird die Zeit dann knapp für den Sieg, bis wir uns endlich vom Tode besiegen lassen (Carse J. P., 1987). Wir haben es verlernt, auf Zeit zu achten, als die jeweils eigentümliche Ablaufgeschwindigkeit unserer Denk-, Erlebens- und Handlungsprozesse.

Statt das natürliche innere Tempo zu beachten, verlassen wir uns auf die Uhr. Ich gehe von der Annahme aus, daß uns durch die nahezu lückenlose äußere Zeitgebung ein Gutteil des bewußtseinsfähigen Erlebens verloren geht oder nicht ins Bewußtsein gelangt. Die Figur-Grund-Regulation, die ermöglicht, daß wir jeweils der Dinge gewahr werden, die zur Erledigung anstehen, ist empfindlich und permanent gestört.

Ein Mensch, der sein Schlafbedürfnis nicht mehr wahrnimmt, wird sich überfordern, spürt er seinen Sättigungspunkt nicht mehr, wird er mehr Nahrung zu sich nehmen, als er braucht usw. Viele Krankheiten entstehen, weil wir die Signale des Körpers nicht mehr verstehen. Wir gestatten uns nicht mehr die Erlebenszeit, um unsere Grenzen wahrzunehmen und in einen fruchtbaren Disput mit ihnen einzutreten.

Ein Beispiel dazu:

Ein Kursteilnehmer erzählt mit großer Sprechgeschwindigkeit von seinen Schwierigkeiten. Auf dieses Tempo aufmerksam gemacht, meint er, daß er den anderen Teilnehmern doch nicht die Zeit wegnehmen dürfe. Der Teilnehmer wird daraufhin vom Dozenten aufgefordert, sich beim Erzählen bewußt viel Zeit zu lassen, sich die Situation auch bildlich vorzustellen und zu verweilen, wenn Gefühle auftauchen sollten. Kurz darauf kamen dem Teilnehmer Tränen, sein Gefühl von Trauer und Schmerz brach sich Bahn.

In diesem Beispiel ermöglichte die Tempo-Verlangsamung die ganzheitliche Selbst-Wahrnehmung des Teilnehmers. Tempoverlangsamung von Bewegungen, von Mimik, von Gesten, aber auch dem Spiel ganzer Szenen ermöglicht häufig den Kontakt zu dem gefühlshaften Hintergrund der Ausdrucksbewegung und führt zu der darin enthaltenen Botschaft, zu oft schmerzhaften und ängstigenden Erinnerungen. In den Bewegungen ist die Erinnerungsspur des Körpers und der darin konservierten Geschichte des Menschen enthalten. Jedes Phänomen, das in den Vordergrund will, muß genügend Zeit und Raum bekommen, um Prägnanz zu entwickeln.

Viele Menschen leben ein zu schnelles Tempo, weil sie damit vermeiden können, mit den unliebsamen Tatsachen ihres Lebens in Berührung zu kommen. Sie werden dann auch das auf Entfaltung eingestellte Kurstempo als viel zu langsam und reine Zeitverschwendung empfinden.

In der Vergegenwärtigung des "Hier und Jetzt" finden alte Geschichten Ausdruck, über die aus Zeitgründen bisher immer hinweggegangen wurde. Verdrängungen beziehen sich aber nicht nur auf die Vergangenheit, sie können auch Zukunftsperspektiven betreffen. Die Vergegenwärtigung, der Ausdruck und der damit verbundene Kontakt mit einem solchen Schatten aus dem Unbewußten ist ja nur der Anfang eines Veränderungsprozesses. Die Wandlung, die Entfaltung des Selbst bedarf der Zeit.

Hier setzt häufig die Ungeduld der Teilnehmer ein. Der notwendige Zeitbedarf wird als lästig oder gar kränkend angesehen. Das führt dann zu Aussagen wie: "Ein Mensch in meinem Alter müßte das doch längst begriffen haben". Teilnehmer setzen sich selbst unter Zeitdruck. Erst wenn sie sich auf ihr eigenes Tempo einlassen, ihren notwendigen Zeitbedarf akzeptieren, hören sie auf, gegen ihre eigene Entfaltung zu arbeiten.

Aber auch der Dozent muß auf seinen Zeitumgang achten, z.B. aufpassen, daß er nicht den Teilnehmern sein eigenes Tempo überstülpt oder gegen Ende der Fortbildung zu treiben beginnt, damit seine liebgewonnen Ziele doch noch erreicht werden. Für seine Interventionen ist der rechte Augenblick von entscheidender Bedeutung. "Vielmehr muß er ebenso geduldig wie schnellhörig sein, um im richtigen Moment das richtige Mittel anzuwenden, das passende Wort zu sprechen" (Peterson, 1987, S. 35).

Der Bewegungs-Raum

Der Raum hat eine allesumschließende Grenze. Seine Ausdehnung und Form bestimmt die Bewegungsmöglichkeiten, die Beschaffenheit seiner Grenzen sowie seine Durchlässigkeit und Veränderbarkeit. Mir geht es hier natürlich nicht nur um den physischen Raum (z.B. den Unterrichtsraum), sondern zugleich um psychische, mentale, soziale, kulturelle Räume.

Man sagt, ein zu bescheidener Mensch nimmt sich nicht den Raum, der ihm gebührt. Ein depressiver Mensch beugt sich unter seiner Seelenlast. Ein ängstlicher Mensch zieht sich zusammen. Ein stolzer Mensch schwillt an. Ein Gedemütigter wird kleiner. Unter dem räumlichen Aspekt kann Neurose als ein Vorgang zunehmender sozialer, körperlicher, seelischer und geistiger Einengung beschrieben werden. Der neurotische Mensch schränkt seine sozialen Kontakte, seine Erlebnis- und Ausdrucksmöglichkeiten, seine vitalen und mentalen Prozesse ein. Entfaltung, aber auch therapeutische Heilungsprozesse sind raumgreifende Vorgänge. Zunehmende Ausweitung und Beweglichkeit führen zu einer Erhöhung des Raumbedarfs. Der Mensch in dem obigen Beispiel wird seine falsche Bescheidenheit ablegen und seine Raummöglichkeiten ausnützen. Der depressive Mensch wird sich aufrichten usw.

Im Kurs, als dem Ort schöpferischer Freiheit, gilt es also, die "Raumangebote" so zu gestalten, daß jeder Kursteilnehmer die ihm angemessene Weitung erreichen kann und seinen optimalen persönlichen Raum erfährt. Die Ausbreitung des Seelenlebens überschreitet die Grenzen des (psychischen) Innenraumes, erscheint an der Oberfläche als Ausdruck, als Sprache, als Bewegung. Im Außenraum trifft das Ich auf das Du. Durch Interaktion und Kommunikation gestalten sie den Zwischenraum, die Beziehung.

Sind mehrere Menschen an dieser Interaktion beteiligt, entsteht ein Geflecht von Beziehungen, ein Beziehungs- bzw. Gruppenraum mit einem jeweils unverwechselbaren eigenen Kommunikations- und Interaktionsstil.

Die Anfangssituation schafft schon ganz wesentliche Voraussetzungen dafür, ob eine Atmosphäre der Freiheit entsteht, in der Selbst-Entfaltung und Kreativität gedeihen können oder eine engende Stimmung der Ängstlichkeit, des Mißtrauens, der Unlust die Teilnehmer befällt.

Die Kunst des rechten Einstiegs besteht darin, daß der Dozent den Teilnehmern das optimale Maß an Unterstützung gewährt, die sie benötigen, um aus ihrer Anfangsreserviertheit und Isolation hinaus in Bewegung zu kommen. Dann beginnt die Neugierde, die Befangenheit zu übersteigen. Das Spiel beginnt. Die ersten Bewegungen führen zum Kontakt, und aus den Kontakten entstehen Begegnungen, erwachsen Beziehungen (H. Petzold 1986).

Anders wenn der Dozent ein Zuviel an Unterstützung einbringt, z.B. durch ein lückenloses, temporeiches Kennenlernübungsprogramm. Das führt meist zur Scheinbewegtheit der Teilnehmer. Statt ihre Neugierde zu entwickeln, kultivieren sie ihre Bequemlichkeit (Interventionskonsum) oder resignieren angesichts von so viel toller Dozententätigkeit. Es muß eine Eigenleistung und damit Erfahrungsmöglichkeit der Teilnehmer bleiben, die Situation der Fremdheit zu überwinden und sich einen vertrauten, bergenden und anregenden Raum zu schaffen.

Raumgreifende Vorgänge in der Zeit, das sind Bewegungen. Bewegungen im Innenraum der Person (Psychodynamik), zwischen Personen (Beziehungs- bzw. Interaktionsdynamik) oder in der Gruppe (Gruppendynamik). Dynamik läßt sich immer auf die Wirkung von Kräften zurückführen. Entscheidend dabei ist nicht nur die Menge der Kraft, sondern auch ihre Richtung. Das bekommt man spätestens dann sehr deutlich zu spüren, wenn man gegen den Strom schwimmt.

Eine Kursgruppe bewegt sich weitgehend aus eigener Kraft, setzt die Energien frei, die die Einzelnen benötigen, um sich zu entfalten. "Don't push the river, it flows by it's self", warnt dann auch Perls zu recht. Es ist nicht die Aufgabe des Dozenten, durch große Krafteinschübe den Prozeß voranzutreiben oder die Entwicklung in eine andere Bahn zu lenken. Die Kunst besteht vielmehr im leichten Anstoß zur rechten Zeit.

Nur in krisenhaften Momenten des Gestaltzerfalls, d.h. wenn der einzelne oder die Gruppe in eine ernsthafte Krise geraten, aus der sie aus eigener Kraft nicht mehr herausfinden, wird der Dozent seine ganze Kraft einsetzen, um eine stabilisierende Richtungsänderung zu bewirken.

Medien: Mittel der Kreativitätsförderung

Entfaltung und Wandlung sind nicht nur Ausdehnungen im Raum, sie bedürfen auch des Materials, des Mittels der Ausdehnung, der Materialisierung in einem Medium. "Die klassische Heilkunst, wie auch die traditionellen Künste haben solche Medien zu Genüge zur Hand: Die Substanz, das Wort, die Farbe, die Bewegung, die Form, die Sprache, den Ton, die Plastik ..." (Peters, 1987, S. 169).

Medien sind Informationsmittler, Ausdrucksträger und Katalysatoren von Beziehungen. Sie sind nicht aus sich heraus Ausdrucks- und Kommunikationsmittel. Sie werden dazu gemacht, indem sie zu einem bestimmten Ziel und Zweck verwendet werden. Das geläufigste Medium ist die Sprache. Es dient nicht nur zur Überbrückung des Zwischenraumes zum Du, es ist zugleich wichtigstes Mittel der Selbst-Verständigung und der Reflexion im psychischen Innenraum. Sprache ist ein unverzichtbares Interventionsmittel und Reflexionsmedium in der Kurssituation. Reduziert man jedoch das kommunikative Geschehen auf das Ausdrucksmittel Sprache, produziert man einen Zustand der Ausdrucksbeschränkung.

In meinem Ansatz der Kommunikationsberatung (K. Richter, 1976) stand die "Befreiung der Sprache" noch ganz im Mittelpunkt des Bemühens um die Entwicklung der Diskussionsfähigkeit freier, mündiger Bürger. Dieser Ansatz der Kommunikationsberatung war ein Schritt in die richtige Richtung, aber nur ein Schritt. Diese Sprachfixierung und Ausdrucksbeschränkung, die nicht mehr den ganzen Menschen in den Blick bekommt zeigt sich bei vielen Kursteilnehmern am Anfang der Fortbildung.

Dabei ist der kreative Ausdruck eine zutiefst menschliche Möglichkeit, die den meisten Menschen jedoch bedauerlicherweise zwischen Kindheit und Jugend abhanden kommt. Ein Kind nimmt Papier und Bleistift, wenn es malen will, singt ein Lied, wenn ihm danach zumute ist, plastiziert im Sandkasten seine Träume oder spielt mit seiner Puppe oder seinem Teddybär Phantasien und Probleme durch.

Entmutigungen aus der Schulzeit, starkes Leistungsdenken oder auch lange Abstinenz ("Das letztemal habe ich vor 20 Jahren gemalt") erschweren vielen Kursteilnehmern den Einstieg in die kreative Medienarbeit. In der Arbeit mit kreativitätsfördernden Medien kann der Kursteilnehmer seine Sprache differenzieren und seine expressiven Möglichkeiten insgesamt so erweitern, daß bisher unsagbare Gefühle, Stimmungen, Träume, Visionen einen vernehmbaren Ausdruck finden.

Medien sind hilfreiche Mittler zwischen der Zone des Schweigens und dem gestalteten informationshaltigen Ausdrucks. Aus seelischem Material wird auf diese Weise eine andere Wirklichkeit geschaffen, eine begreifbare Verstofflichung und Konkretisierung. In der jeweiligen Sprachform eines Mediums (im Bildnerischen, Musikalischen, Dramatischen usw.) wird Unsichtbares sichtbar, Leises hörbar, Sprachloses gesprächig usw. Der Kursteilnehmer kann bei den multimedialen Sprach- und Ausdrucksversuchen herausfinden, welche Medien und künstlerischen Mittel ihm besonders liegen, ihm also auch die größte Chance für eine differenzierte Ausdrucksgestaltung bieten.

Ähnlich wie bei den Künsten geht es in der pädagogischen Medienarbeit um die Gestaltung der inneren Erfahrungen, die bei der Begegnung mit anderen Menschen, Ideen, Dingen entstanden sind. Für den Prozeß der Selbst-Entdeckung und Selbst-Darstellung im pädagogischen oder therapeutischen Raum sind jedoch andere Formqualitäten relevant als die einer künstlerischen Ästhetik. (Eine ausführliche Beschreibung der Arbeit mit kreativen Medien findet sich in K. Richter, 1987, 1988).

Aber unabhängig davon hat Gestaltung viel mit Können zu tun, mit dem Vorhandensein von Technik und Wissen. Hier sind dabei der Arbeit mit künstlerischen Mitteln und Medien im Kurs enge Grenzen gesetzt.

Gestaltarbeit

Techniken des direkten Zeigens, der elementaren Erfahrung, des Experimentierens sind in der Gestalttherapie und Gestaltpädagogik in großer Zahl entwickelt und beschrieben worden. (Hierzu eine kleine Auswahl: Oaklander, V. 1984; Perls, F. S., Hefferline, R., Good. Man, P., 1979; Polster E. u. M., 1975; Rahm, W., 1986; Zinker, J., 1982; Petzold, H. und Frühmann, R. (Hrsg.), 1986.)

Möglichkeiten der elementaren Erfahrungsgewinnung wurden schon in den vorausgegangenen Kapiteln dargestellt, so daß ich mich hier kurz fassen möchte. Der Gestalttherapeut arbeitet in der Geistesgegenwart des Hier und Jetzt. Er läßt dabei den Klienten an seiner phänomenologischen Sichtweise teilhaben, fördert seine Bewußtheit für innere und äußere Vorgänge, übt ihn ein in die "Kunst der Wahrnehmung (J. O. Stevens, 1917).

Der Teilnehmer lernt, seine Aufmerksamkeit auf Hemmungen, Blockaden, Stockungen in seinem Inneren oder im intersubjektiven Außenraum zu richten. Er entscheidet sich, ob er seine alte Befindlichkeit beibehält oder eine Veränderung anstrebt. Eine Steigerung der Wahrnehmung erfolgt oft schon durch einfache Fragen des Therapeuten: Wie geht es dir jetzt? Wie erlebst du das? usw. Oder er läßt den Klienten eine bestimmte Ausdrucksbewegung wiederholen, evtl. soll sie schneller, langsamer, intensiver (lauter) oder leicht verändert ausgeführt werden.

In solchen kleinen Experimenten kann der Klient die in seinem Ausdrucksverhalten involvierte Botschaft und Erlebnisqualität spüren, Kontakt zu ihnen bekommen und sich bewußt dazu verhalten. Eine besondere Form der Wahrnehmungsschärfung und Kontaktaufnahme geschieht durch die Technik der Identifikation. Hierbei geht es um die Rückgewinnung von Gefühlen, Einstellungen, abgespaltenen Persönlichkeitsanteilen, die in die Umwelt projiziert wurden.

Beispiel:

Klient wird aufgefordert, sich mit einer Märchenfigur zu identifizieren, die ihn besonders faszinierte. Er sollte sich ganz in diese Person hineinversetzen, eine typische Haltung von ihr einnehmen, sie sprechen lassen: Ich bin der ...... Auf diese Weise bekommt der Mensch seine Schattenseiten zu Gesicht und muß sich mit ihnen auseinandersetzen. Alte, nie zu Ende gespielte Szenen und Dramen tauchen in der Alltagswirklichkeit immer wieder auf, scheinen in dem Lebensskript fest eingeschrieben. Sie lassen den Besitzer eines solchen Drehbuches stets an der gleichen Stelle versagen, davonlaufen, sich ängstigen usw.

Durch die Vergegenwärtigung und Neuinszinierung solcher alten unerledigten Szenen mit dem Gestaltdrama wird eine Auflösung des alten Bannes (immer wenn ..., dann ...) erreicht. Die in der Szene festgehaltenen Gefühle kommen zum Ausdruck. So kann z.B. eine alte, unterdrückte Wut endlich an die Oberfläche gelangen, eine eingekapselte Trauer befreit werden usw. Der Teilnehmer kann dann nach einer alternativen Lösung suchen, sein Lebensskript an dieser Stelle umschreiben.

Große Beachtung findet in der Gestalt auch die Phantasiearbeit. Hierzu sind viele Übungen entwickelt worden (z.B. J. O. Stevens, 1975), die die Phantasietätigkeit aktivieren aber auch entschlüsseln. So werden Phantasiereisen zu Spaziergängen im Vorgarten des Unbewußten. Traumlandschaften werden erzählt, gemalt, plastiziert, redramatisiert (s.o.), in Bewegungsformen umgesetzt. Hier wird deutlich, wie nahtlos Gestaltarbeit und kreative Medien zusammenwirken können.

Gestaltarbeit schärft nicht nur die Wahrnehmung von inneren und äußeren Vorgängen, sondern auch von Grenzen. Grenzen sind Zonen der Berührung, des Austauschs und der Abgrenzung zugleich. Grenzen sind die Nahtstellen von Veränderung.

Gestaltarbeit fördert nun den kreativen und flexiblen Umgang mit Grenzen. Sie stärkt die Fähigkeit, Grenzen auszuweiten, zu verändern, zu übersteigen oder neu zu gestalten. Das Überschreiten von Grenzen gibt den Weg frei für eine Wanderung in neue unbekannte Gefilde.

Literaturverzeichnis

Carse, J.P.: Endliche und unendliche Spiele; Die Chancen des Lebens, Stuttgart 1987.

Dürkheim, Graf, K.: Der Alltag als Übung, Bonn, Stuttgart 1962.

Flosdorf, B.: Kreativität, in Rexitius G. u. Grubitsch S. (Hrg) Handbuch psychologischer Grundbegriffe, Reinbek bei Hamburg 1981.

Guilford, J.P.: Traits of Creativity in Anderson H. H. (Hrg.) Creativity and Its Cultivation, New York.

Haller-Naphausen, B., Held, B.: Kreativität und Tod, München 1985.

Herriegel, G.L.: Zen in der Kunst des Bogenschießens, 1973.

Landau, E.: Kreatives Erleben, München, Basel 1984.

May, R.: Der Mut zur Kreativität, Paderborn 1988.

Oaklander, V.: Gestalttherapie mit Kindern und Jugendlichen, Stuttgart 1981.

Perls, F.S., Hefferline, R., Goodman, P.: Gestalttherapie 2 Bände, Stuttgart 1979.

Petersen, P.: Der Therapeut als Künstler, Paderborn 1987.
Petzold, H., Brown G.J.: Gestalt-Pädagogik, München 1977.
Petzold, H.: Zeit und Psychotherapie, in Integrative Therapie 3/1986.
Petzold, H.: "Form" als fundierendes Konzept für die integrative Therapie mit kreativen Medien, in Kunst und Therapie 11/1987.
Petzold, H., Frühmann R.: (Hrg.), Modelle der Gruppe, 2 Bände, Paderborn 1986.
Petzold, H.: Konfluenz, Kontakt, Begegnung und Beziehung als Dimensionen therapeutischer Korrespondenz in der integrativen Therapie, in Intergrative Therapie 2/3 1987.
Polster, E. und M.: Gestalttherapie, München 1975.
Rahm, D.: Gestaltberatung, Paderborn 1986.
Richter, K.F.: Kommunikationsberatung, Remscheid 1976.
Richter, K.F.: Ein Klumpen Ton und ein Gedicht, in Gruppe und Spiel 4/1987 und 1/1988.
Richter, K.F.: Einleitung zu Richter K. F. (Hrg.) Psychotherapie und soziale Kulturarbeit, Remscheid 1987.
Stevens, J.O.: Die Kunst der Wahrnehmung, München 1977.
Walter, H.H.: Gestalttherapie und Psychotherapie, Darmstadt 1977.
Winnicott, D.W.: Kreativität und ihre Wurzeln, Kraft, H. (Hrg.) Psychoanalyse, Kunst und Kreativität, Köln 1984.
Zinker, J.: Gestalttherapie als kreativer Prozeß, Paderborn 1982.

Kreativität und Humor

Hans-J. Schulz

Ich möchte den vorliegenden Aufsatz mit der Vorstellung des Phänomens Humor einleiten. Dazu ein Beispiel: Friedrich II. inspizierte einmal die Strafanstalt in Spandau. Jeden einzelnen Häftling fragte er, was er begangen habe und warum er hier sei. Alle erklärten, im Grunde schuldlos zu sein. Nur einer sagte reumütig: "Euer Majestät, ich bin ein ganz schlechter Mensch - schlechter als alle anderen hier". "Dann pack er sich hinaus", meinte der König. "Was soll ein schlechter Kerl unter lauter braven Leuten"? Und so wurde er entlassen.

In der Anekdote finden wir verschiedene Gegensätze bzw. Widersprüche: Unschuld trotz Verurteilung, Schuldgeständnis statt Leugnen, Reumütigkeit .. Verstocktheit. Friedrich selbst reagiert zuletzt in überraschender, paradoxer Weise: Ihn, der es am meisten verdient hätte zu "sitzen", läßt er frei, belohnt angesichts der Unehrlichkeit die Wahrheitsliebe. Das hat zur Folge, daß sich unsere Spannung, die sich durch die Widersprüche aufgebaut hatte, in einem Lachen löst. (Kant: "Im Lachen Erregenden ist etwas Widersinniges". Es entsteht aus der "plötzlichen Verwandlung einer gespannten Erwartung in nichts".) Als wesentliche Bestandteile der Humorsituation und des darin ablaufenden Prozesses ("Humor") lassen sich also feststellen:

1. eine Situation mit widersprüchlichen, unvereinbaren oder bedrückenden Elementen, die

2. eine Spannung erzeugen,

3. eine überraschende, unerwartete Aufhebung der Widersprüche oder Bedrückungen, die der Situation eine neue Qualität verleiht (Überraschungseffekt, Lösung, Synthese), und die auf

4. einer Einstellung, "das Heitere im Ernsten zu erblicken und so den Ernst des Lebens zu mildern" beruht, sowie

5. eine Tendenz, die dem Geschehen eine Zielrichtung gibt, und

6. eine physiologische Reaktion (Spannungslösung).

Welche Bewandtnis hat es mit obiger "Tendenz" (unter Ziffer fünf)? Es gibt viele Erscheinungsformen des Lachens (z.B. höhnisches, boshaftes, spöttisches, herzliches, verschmitztes Lachen). Die vielfältigen Differenzierungen in der Beschreibung des Lachens aber machen deutlich, daß sich in ihm unterschiedliche Zielrichtungen ausdrücken. Flugel (1954; zitiert nach Krech und Crutchfield, 1973) sieht als motivationale Funktionen, denen der Humor (aber auch der Witz) dienen können, einen

1. Ausdruck der Überlegenheit (z.B. gegenüber Schwächeren, Ostfriesen, Bayern und Bauern, Minderheiten),

2. Ausdruck einer Aggression (zumeist in einer gefahrlosen, sozial annehmbaren und einigermaßen indirekten Art und Weise z.B. gegenüber anderen in sozial überlegener Stellung oder bei Selbstüberschätzung),

3. Ausdruck von Sexualität (offenkundige Elemente der Sexualität und des Obszönen zeigen an, daß Witz und Humor einen bequemen Weg zur Umgehung sozialer Tabus bieten oder verführen wollen),

4. Verteidigung gegen die Realität (z.B. als Methode, sich gegen die Schmerzen und Drohungen der Realität zu verteidigen, um zu verhindern, daß wir uns persönlich gedemütigt fühlen oder zu schmerzhaft durch das tragische Geschick anderer angerührt werden).

Intensives Lachen löst im Körper eine Vielzahl von Reaktionen aus, die denen bei sportlichen Anstrengungen ähneln. Die dabei produzierten Hormone (Endorphine) lindern physische und psychische Schmerzen. Ihre stimmungsaufhellende Wirkung läßt uns die Welt eine Zeitlang wie durch eine rosarote Brille sehen.

Fazit: Lachen ist gesund.

Während die Philosophie der letzten 200 Jahre dem Phänomen Humor gar manchen Tropfen widmete, rückte es erst nach dem zweiten Weltkrieg in den Brennpunkt wissenschaftlichen Interesses, genauer: in den USA nach dem Sputnik-Schock (1957). Die damals verstärkt angelaufene Förderung der Kreativitätsforschung sollte den Technologievorsprung der Russen aufholen. Sie brachte - anfangs als Zufalls- bzw. Nebenergebnis - immer wieder Hinweise auf das Phänomen Humor.

So berichtete z.B. Gordon (1962), der in den USA eine dem Brainstorming ähnliche Technik für kreative Problemlösungen entwickelte ("Synectics"), er mache beständig die gleiche Beobachtung: kreative Menschen, die sich der Synectics - Ausbildung unterzogen, besäßen auch einen Sinn für Humor. In der Folgezeit untersuchte man nun die Beziehungen zwischen Kreativität und Humor gezielter. Häufiges Ergebnis dieser Experimente: Ein hoher Grad an Kreativität ist oft verbunden mit einem ausgeprägten Sinn für Humor (z.B. Treadwell, 1970; Rouff, 1975).

Was ist nun "Kreativität"?

(Ich lege meinen folgenden Ausführungen das Buch "Kreatives Erleben" von E. Landau, 1984, zu Grunde, das eine ausführliche Darstellung der Kreativitätsforschung bietet.)

Bei der Analyse kreativer Prozesse und beim Vergleich mit Denkprozessen fanden Psychologen heraus, daß der kreative Prozeß "... dem Problemlösungsprozeß analog ist (Arnold, 1962, Guilford 1967, 1957)" und "... daß allen kreativen Prozessen ... die eine gemeinsame Fähigkeit zu Grunde liegt, nämlich: die Fähigkeit, Beziehungen zwischen vorher unbezogenen Erfahrungen zu finden, die sich in der Form neuer Denkschemata als neue Erfahrungen, Ideen oder Produkte ergeben (Smith 1964, Parnes 1964, Guilford 1967)" (Landau, a.a.O. S. 14).

Über die Beziehungen zwischen kreativem Denken und Humor schrieb Rouff (1975), ihre Untersuchungen ließen die Folgerung zu, "... daß sie eine gemeinsame Basis in der Fähigkeit haben, ungleichartige Dinge (disparities) miteinander zu verknüpfen". (Übers. d. Verf.)

Betrachten wir noch einmal die Anekdote über Friedrich II. im Licht obiger Erkenntnisse: Zwischen Schuld und Strafe besteht für uns normalerweise die Beziehung: wenn jemand schuldig ist, dann wird er bestraft. Schuld und Strafe sind in unserer Vorstellung vereinbar, kompatibel. Friedrich verwendet dagegen ein gänzlich neues, überraschendes Denkschema, das eine neue Beziehung schafft: wenn einer schuldig (aber ehrlich) ist, wird er freigelassen.

Was lernen wir daraus? Der alte Fritz hatte nicht nur die "Langen Kerls", sondern auch Kreativität und Humor. Kreatives Denken, das auf vielfältige Lösungen ausgerichtet ist, sich der Erfahrungen vieler Disziplinen bedient, wird als "divergent" bezeichnet (lat. "in entgegengesetztem Sinne auseinandergehend"). Das Gegenstück zum kreativen ist das "konvergente" Denken (lat. "aufeinander zulaufend"). Es strebt nur eine Lösung an, die aus dem eng umrissenen Problembereich stammt. Ich möchte mich nun der Frage zuwenden, ob Kreativität lernbar ist. Wäre sie es, dann müßte sich ja auch der Humor in einem gewissen Umfang lernen lassen.

Es besteht in der Kreativitätsforschung Einigkeit darüber, daß Kreativität zu ihrer Entwicklung ein bestimmtes Klima braucht, das bereits in der frühen Kindheit vorhanden sein sollte. Von klein auf zeigt ein gesundes Kind ein natürliches Neugierverhalten, das es antreibt, mit seiner Umwelt zu kommunizieren, sie in Besitz zu nehmen, es will "be-greifen". Das bedeutet, daß dem Tastsinn bei der Beherrschung der Welt eine überragende Bedeutung zukommt.

Kluge Eltern vermeiden es daher, durch Verbote das Kind leichtfertig am Begreifen zu hindern. Sie richten es auch ein, daß sie Kinder im Bereich der anderen Sinnesorgane auf Reize aufmerksam machen, die deren Wahrnehmung fördern. Sie achten die Ideen der Kinder, haben Vertrauen in deren Fähigkeiten, räumen ihnen nicht alle Hindernisse aus dem Weg, sondern lassen die Kinder das selber tun und auch Mißerfolge erleben. Sie stören die Kinder nicht laufend beim Spielen und greifen nicht durch Vorgaben ein ("du solltest so bauen"; keine Malbücher mit nur auszumalenden Bildern). Sie sind tolerant, sie regen durch offene Fragen Denken an. Sie lassen dem Kind auch seine "Unordnung", in der es seine eigene Ordnung verwirklicht und die ihm eine Vielzahl von Gestaltungsmöglichkeiten bietet.

Kleine Kinder sind von Natur aus kreativ, denn sie sind im Gebrauch der Dinge noch nicht durch Gewohnheiten ihrer Umwelt eingeschränkt. Aber selbst wenn das Kind solche kreativitätsfördernden Eltern besitzt (es reicht schon, wenn sich diese immer wieder einmal in die Idealrichtung bewegen), dann hat es noch eine gewaltige Hürde vor sich, nämlich die Schule.

An deren Klippen hat schon manches kreative Schifflein Schiffbruch erlitten: Viele Lehrer erziehen zum konvergenten Denken allein durch ihre "enge" Fragestellung, die nur eine richtige Antwort zuläßt. Außerdem vermitteln sie viel Lernstoff in Monologform, statt durch Spiel oder eigenständiges Erarbeiten (Motto: "Wenn alles schläft - nur einer spricht - dann nennt man dieses Unterricht"). Die Folgen: "Der Mensch lernt sein Leben lang, mit Ausnahme der Schuljahre" (Laub).

Der größte "Kreativitätskiller"

- in der Schule wie im Familienleben - ist die Erziehung zum Konformismus, dem Anpassen an Normen und Rollen. "Wenn die Norm verlangt, konform, d.h. wie jeder andere zu sein, so wird der kreative Schüler schnell zufrieden sein und, nach der Beschreibung von Getzels und Jackson (1962), seine kreativen Fähigkeiten unterdrücken, um von der Gesellschaft akzeptiert zu werden. Orientierung an den Altersgenossen (peer orientation) bedeutet, nicht von der Konformität abzuweichen.

"Die Angst, anders zu sein als die Gruppe, verdrängt das Bedürfnis, die Umwelt selbst zu entdecken" (Landau, a.a.O., S. 100). Wie die Untersuchungen von Getzels und Jackson weiterhin belegen, beurteilen Lehrer die Schüler im Hinblick auf deren konvergentes Denken. Deswegen ist ein kreativer Schüler bei ihnen auch unbeliebter (Landau, a.a.O. S. 38). Unter solchen Bedingungen ist es nicht verwunderlich, daß die Kreativität in der Schule so häufig auf der Strecke bleibt, verdrängt, verschüttet und verpönt wird.

Als einer, den das Schulsystem geprägt hatte, stand ich eines Tages in der Akademie Remscheid, um eine Zusatzausbildung zum Gestaltberater zu absolvieren. Ich wollte meine Kompetenz in der Beratung hilfesuchender Menschen erweitern und Arbeitsprinzipien und Interventionstechniken der Gestalttherapie kennenlernen.

Im Verlaufe des Kurses kam ich in Kontakt mit Gefühlen und Problemen, die ich lange verdrängt hatte, die ich früher nicht wahrnehmen wollte oder konnte. Dazu trugen - neben den Erfahrungen der "Bewußtheit" und des "Hier und Jetzt" - auch die vielfältigen kreativen Medien bei, mit denen ich mich zu beschäftigen hatte (z.B. Schreiben von Märchen, Gedichten, Tagebüchern, Malen, Masken, Interaktionsspiele).

Alles Geschehen im Kurs fand in einer Atmosphäre statt, die mich als Menschen mit Stärken und Schwächen akzeptierte und mich offen werden ließ für meine eigenen Empfindungen und das Erleben der anderen Gruppenmitglieder. Rogers (1959) sieht in der dadurch geschaffenen psychologischen Sicherheit eine unverzichtbare Voraussetzung zur Entwicklung von Kreativität.

In der Einzelarbeit mit dem Kursleiter konnte ich Probleme gezielter angehen und so manchen "Knoten" lösen, was mit einem befreienden Lösungsgefühl verbunden war. Ich hatte das Gefühl, nach solchen Lösungen setzte ein Energiefluß ein, der Stücke verschütteter kreativer Fähigkeit freilegte.

Mir scheint, daß die "Knotenlösungssituation" in Beratung bzw. Therapie die Elemente der Humorsituation enthält: es liegen widersprüchliche Elemente vor (z.B. "Ich hab' das Bedürfnis, meine Eltern zu besuchen, jeder Besuch endet aber in heftigem Streit"), diese erzeugen im Klienten eine Spannung (z.B. "Soll ich hinfahren oder nicht"?), die eine Aufhebung erfährt (z.B. in Gestalt einer Einsicht: "Ich steh' dann einfach auf und hau ab"), die zugrundeliegende Tendenz (sie könnte z.B. aggressiver Art sein, etwa: "Geschieht ihnen recht, wenn sie dann leiden") und die psychologische Reaktion: ein Gefühl der Erleichterung (z.B. "Ich fühl mich nicht mehr so hilflos".), das eine gelassenere Einstellung begünstigt. Ich sehe deswegen das in Beratung/Therapie geübte Vorgehen als im Wesentlichen mit der Humorarbeit identisch an. In der Beratung/Therapie findet ein Training statt, das die Anwendung des Humors im täglichen Leben erleichtert (Übungstransfer).

Als Ergebnis aller drei Bedingungen - der Arbeit an den eigenen "Knoten", dem eigenen kreativen Tun und der fördernden Atmosphäre - erlebte ich als Erwachsener eine Wiedergeburt meiner Kreativität. Meine Erfahrungen lassen mich die eingangs gestellte Frage also bejahen: Kreativität ist - auch im späteren Leben noch - erweckbar, lernbar, wiederbelebbar, wenn gut ausgebildete kreative Helfer die Wiederbelebungsversuche durchführen, die das ja bekanntlich in der Akademie Remscheid (der "Ambulanz" Remscheid) erfolgreich tun.

Literaturverzeichnis

Brodzinsky, D. und Rubien, J.: Humor Production as a Function of Sex of Subject, Creativity, and Cartoon Content, Journal of Consulting and Clinical Psychology, 1976, 44, 4, 597 - 600.

Chapman, A.J. und Foot, H.C.: Humor and laughter: Theory, Research and Applications, Wiley & Sons, London 1976.

Eisler, R.: Wörterbuch der philosophischen Begriffe, 1910.

Flugel, J.C.: Humor and Laughter, in Lindzey, G. (Hrg.), Handbook of social psychology, Cambridge, Mass, 1954.

Getzels, J.W. und Jackson, P.W.: Creativity and Intelligence, Wiley & Sons, New York 1962.

Gordon, W.J.: Synectics: The development of creative capacity, Harper, New York 1961.

Kant, I.: Kritik der Urteilskraft (54), Hrg.: Preußische Akademie der Wissenschaften, Berlin 1902 - 1941.

Krech, D. und Crutchfield, R.S.: Grundlagen der Psychologie, Beltz, Weinheim 1973.

Landau, E.: Kreatives Erleben, Reinhardt, München 1984.

Laub, G.: Das Recht recht zu haben, Bastei/Lübbe, Bergisch-Gladbach 1984.
Lotz, J.B.: Lachen ist eine Gabe Gottes, Herderbücherei, Freiburg 1983.
Margolius, H.: Der lächelnde Philosoph, Bechtle, München 1963.
Mc Ghee, P.: Humor: Its Origin and Development, Freeman and Co., San Francisco 1982.
Rogers, C.R.: Towards a theory of creativity, in Anderson, H. (Hrg.), Creativity and its cultivation, Harper & Row, New York 1959.
Rouff, L.L.: Creativity and Sense of Humor, Psychological Reports, 1975, 37, 1022.
Titze, M.: Heilkraft des Humors, Herderbücherei, Freiburg 1985.
Treadwell, Y.: Humor and Creativity, Psychological Reports, 1970, 26, 55 - 58.